循证社会科学研究系列丛书

杨克虎 总主编

国家社科基金重大项目"循证社会科学的理论体系、国际经验与
中国路径研究"(项目编号：19ZDA142)的阶段性研究成果

# 法循证学理论与实践

刘光华／著

科学出版社

北 京

# 内 容 简 介

本书既是循证方法如何融入法学研究主流范式的探索，也是交叉创新的一个阶段性成果，分上下两篇，分别阐释法循证学的理论与实践。上篇基于法学研究范式的内部比较，总结了法循证学新范式的概念、特征、方法学意义以及静态构成要素；下篇从法循证学范式的动态流程角度，聚焦文献计量学、引文空间、内容分析和系统评价等主要法循证研究方法，借助不同法律和法学议题的循证研究成例，演示了方法的实操性与可能的限度。

本书适用于对实证法学、跨学科研究方法、大数据法学感兴趣的读者阅读。

**图书在版编目(CIP)数据**

法循证学理论与实践 / 刘光华著. —北京：科学出版社，2024.6

（循证社会科学研究系列丛书 / 杨克虎总主编）

ISBN 978-7-03-076251-1

Ⅰ. ①法… Ⅱ. ①刘… Ⅲ. ①法学-理论研究 ② Ⅳ. ①D90

中国国家版本馆 CIP 数据核字(2023)第 162610 号

责任编辑：刘英红 赵瑞萍 / 责任校对：杨 然
责任印制：师艳茹 / 封面设计：有道文化

科 学 出 版 社 出版
北京东黄城根北街 16 号
邮政编码：100717
http://www.sciencep.com

北京建宏印刷有限公司印刷
科学出版社发行 各地新华书店经销
*
2024 年 6 月第 一 版 开本：720×1000 1/16
2024 年 6 月第一次印刷 印张：14 1/2
字数：290 000
**定价：148.00 元**
（如有印装质量问题，我社负责调换）

# 总　序

循证社会科学（Evidence-based Social Science）是循证医学与社会科学交叉而成的一个新兴学科，主要基于最佳证据、运用循证方法来揭示和阐释社会科学领域的规律性问题、因果性问题和决策性问题。循证社会科学是随着 20 世纪 90 年代兴起的循证实践运动（Evidence-based Practice Movements）的发展而产生的，21 世纪以来逐渐受到关注并在国际上得到较快发展。目前，循证社会科学已成为一个具有一定学术影响力和社会影响力的新的学科交叉研究领域。

循证社会科学的兴起和发展不是偶然的，它反映了科学发展的规律和某种必然的趋势，也蕴含着深层次的驱动因素。具体来看主要有以下四个因素。

一是循证医学发展的科学影响。自 1992 年加拿大学者 Gordon Guyatt 等在《美国医学会杂志》上发表 Evidence-based medicine：A new approach to teaching the practice of medicine 一文标志着循证医学正式诞生以来，循证医学"基于问题的研究，遵循证据的决策，关注实践的后果，后效评价，止于至善"的理念和"有证查证用证，无证创证用证"的方法就广受科学界及社会高度认可。借鉴循证医学的理念、方法和技术，在社会科学领域通过最佳证据的生产、传播、转化和应用，进而促进科学决策的循证实践更是被誉为社会科学的第三次"科学化"浪潮。可以说，循证医学给了循证社会科学发展的理论基础和动力。

二是学科交叉融合的发展结果。当前，全球新一轮科技革命和产业变革呈现出信息、生命、材料等众多领域知识汇聚融合的新特点，在此大背景下，人类在解决经济、社会等关系人类生存和社会发展的重大问题时，越来越多地需要综合运用多学科知识，需要在不同学科间开展广泛的交流与合作。在此过程中，学科之间知识不断交叉、融合、渗透，科学研究呈现出从"单一学科"向"交叉学科"的范式转变的趋势，我们已经进入了交叉科学时代。循证医学独特的视角、先进的理念、科学的方法和跨学科、跨地域合作的创新模式对自然科学领域和社会科学领域各学科的发展产生了深远的影响。心理学界自 20 世纪七八十年代开始即制订了相关心理学实践的原则、手册、指南与标准，在学校心理学、咨询心理学、家庭心理学、行为分析甚至各种社会服务或社区服务等领域开展了一场声势浩大、席卷全球的循证实践运动，推动着循证的思想、理念与方法交叉发展并渗透到传统的管理学、教育学、社会学、经济学等社会科学领域，循证社会科学在不断深化的交叉融合下迎来了一次次发展机会。

三是科学研究范式的演变革新。随着大数据时代的到来和数据的爆炸性增长，计算机不仅仅能做模拟仿真，还能进行分析总结和理论阐释，这一时代的变化显而易见的是让数据模型构建、定量分析方法及利用计算机来分析和解决科学问题的第三科研范式——计算机科学有了丰富和可以计算的数据基础，更为重要的是推动了数据密集范式从第三范式中分离出来，成为一个独特的科学研究范式——第四范式：数据密集型科学研究范式。在数据密集型科学研究范式环境下，科学研究由传统的假设驱动向基于科学数据进行探索的科学方法转变，由大数据组成的科学数据成为科学家们进行科学研究的最佳证据选择，也就是说科学研究范式的演变革新为循证社会科学发展提供了坚定的证据保障及应用驱动。

四是社会重大问题的治理需要。循证的理念、思想和方法已经在西方发达国家的科学决策、政府治理和智库研究中受到重视并推广应用。1999 年，英国布莱尔政府公布了《政府现代化》（*Modernizing Government*）白皮书，提出"本届政府要更好地利用证据和研究的方法来制定政策，更多地专注于能产生长期影响的政策"。2007 年澳大利亚总理陆克文指出"循证决策是改革政府的核心"。2016年 3 月 18 日，美国第 114 届国会通过了成立"循证决策委员会"的法案[H.R.1831（114th）：*Evidence-based Policymaking Commission Act of 2016*]，以确保联邦政府在制定每年为社会服务提供 1.6 万亿美金的资助政策和干预措施时是基于证据的，同时评估联邦计划和税收支出的有效性。由此可见，循证社会科学已在社会治理、政府建设等领域得到一定的应用，循证社会科学的价值在实践层面得到了挖掘和彰显。

在我国，循证社会科学研究与实践尚处于萌芽阶段，虽然教育学、法学、社会工作、管理学等社会科学领域的从业者、决策者和研究者们逐渐意识到循证科学决策的重要性和紧迫性，但相关研究证据较少，涉及领域比较局限，而且也没有支持循证社会科学研究与实践的平台。此外，人们对大数据时代获取、生产、评价、转化利用社会科学领域证据的方法知之甚少。所以，开展循证社会科学的理论与实践研究，探索和厘清循证社会科学的理论、证据、应用、平台等问题，对填补当前我国循证社会科学发展的诸多空白，推动循证的理念、方法和技术惠及更多的社会科学研究及实践，显而易见具有重要的学理意义和实践意义。部分学者及国家相关机构也已经意识到了发展循证社会科学的价值所在，并开展了相应的自觉行动。2019 年 5 月 30 日，科技部组织召开的香山科学会议——"循证科学的形成发展与学科交融"（第 S49 次学术讨论会），就是国家在循证科学研究领域的战略布局和发展引领的标志。

兰州大学是教育部直属的全国重点综合性大学，是国家"985 工程""211工程""双一流"重点建设高校之一。成立于 2005 年的兰州大学循证医学中心一直重视将循证的理念和方法推广运用到社会科学的研究和实践领域，以推动循证社会科学研究的发展。中心邀请了国际循证社会科学权威学术组织 Campbell 协作网主席 Haluk Soydan 教授、美国南加利福尼亚大学社会工作学院 Iris Chi 教授等国际一流循证社会科学专家到兰州大学进行学术交流和开展培训工作。2010 年1 月，派出博士研究生拜争刚赴美国南加利福尼亚大学师从 Haluk Soydan 教授学习；2010 年 12 月，开始与加拿大麦克马斯特大学合作推出"卫生系统证据"数据库中文版，并联合培养循证卫生决策管理方向的研究生；2014 年，与南加利福尼亚大学社会工作学院签署合作备忘录，共同开发"中国儿童与老年健康证据转化数据库"，组织团队对 Campbell 协作网及 Campbell 系统评价进行学习研究；2016 年，在兰州大学的立项支持下组建了由法学、管理学、经济学、教育学、心理学、哲学、社会工作、公共卫生、医学等学科研究人员组成的循证社会科学研究团队，开展循证方法学的培训和学术研究；2017 年，派出博士研究生王小琴赴加拿大渥太华大学师从 Campbell 协作网主席 Jeremy Grimshaw 教授研修学习，12月，兰州大学正式成立"循证社会科学研究中心"，并将"循证社会科学研究平台建设"作为"双一流"建设项目给予优先支持。

扬帆起航的兰州大学循证社会科学研究中心以"原创导向、交叉融合、开放合作、超前发展"为指导原则，充分发挥兰州大学循证医学学科的人才优势和方法学优势，整合国内外及学校相关人文社会科学的优质资源，瞄准循证社会科学研究的前沿及空白点进行探索研究及应用。2018 年，编著出版国内第一本"循证社会科学"教材《循证社会科学研究方法：系统评价与 Meta 分析》。2018 年至2022 年，前后举办 10 期"循证社会科学研究方法"培训班，来自全国 20 余个省（自治区、直辖市）的近百所高校、科研机构的千余名学员参加培训，"循证社会科学研究方法"作为"研究生学科前沿交叉课程"得到兰州大学立项支持；每年主办"循证科学与知识转化"论坛，邀请国际循证医学创始人、加拿大皇家科学院院士、加拿大麦克马斯特大学 Gordon Guyatt 教授，全球证据委员会共同主席、加拿大麦克马斯特大学 John N. Lavis 教授，Campbell 协作网前执行总裁 White Howard 教授，Campbell 图书馆（Campbell Library）总主编 Vivian A. Welch 教授等国际循证社会科学权威学者来兰州大学讲学，分别与 Campbell 协作网、美国哈佛大学、美国南加利福尼亚大学、英国贝尔法斯特女王大学、加拿大循证卫生决策研究中心、加拿大麦克马斯特大学、加拿大渥太华大学、瑞士日内瓦大学签署了合作协议，就循证社会科学的人才培养、科学研究、学术交流、国际合作等方面开展了实质性合作。2018 年，兰州大学循证社会科学研究中心入选中国智库索引（Chinese Think Tank Index，CTTI）。2019 年 12 月，中心申请到全国第一个"循证社会科学"国家社会科学基金重大项目"循证社会科学的理论体系、国际经验与中国路径研究"（项目编号：19ZDA142），并率先开始在全国招收循证社会学方向的博士研究生。2021 年，"循证社会科学的课程体系及教材建设实践"获教育部首批新文科研究与改革实践项目立项支持，循证科学被兰州大学列入"十四五"规划交叉学科重点建设名单，获批国家留学基金管理委员会"循证社会科学创新人才联合培养项目"；2022 年，再次获批国家留学基金管理委员会"全球卫生青年创新人才联合培养项目"，两年间连续派出 11 位青年教师和研究生赴哈佛大学、麦克马斯特大学、贝尔法斯特女王大学、日内瓦大学、鲁汶大学等国际知名大学师从权威专家进行交流访学或接受联合培养。同年，"循证科学"交叉学科博士学位授权点正式获批；"循证社会科学交叉创新实验室"作为兰州大学哲学社会科学实验室(首批)获立项支持，Campbell 协作网前执行总裁 White Howard 教授被兰州大学聘任为循证社会科学交叉创新实验室外籍教授；与全球证据委员会合作，翻译并发布了《全球证据委员会报告》(中文版)；循证社会科学研究中心被列为兰州大学新型智库建设试点单位，并入选"CTTI2022 年度高校智库百强榜"；6门课程与 6 本教材获兰州大学立项建设，系列课程与系列教材渐成体系。

　　在已有的发展和研究基础上，兰州大学循证社会科学研究中心将目光瞄准到更为广阔的理论和实践领域拓展上，组织相关专家完成"循证社会科学研究系列丛书"以适应和回应循证社会科学研究和实践发展的需要。丛书包括杨克虎等的《循证社会科学研究方法：系统评价与 Meta 分析》，胡晓玲、柳春艳的《循证教育学概论》，魏丽莉、斯丽娟的《循证经济学》，李秀霞的《循证卫生决策研究方法与实践》，刘光华的《法循证学理论与实践》，王学军的《循证治理》，郭丽萍的《循证教育学研究方法与实践》，徐争的《循证艺术疗法理论与实践》，刘勐、袁陇珍的《循证图书馆信息实践》，以及《中国循证社会科学发展年报》等 10 余部著作、刊物。期待"循证社会科学研究系列丛书"的出版能为确立循证社会科学的理论体系，探索循证社会科学发展的中国路径，促进中国循证社会科学的发展，奠定我国在国际循证社会科学研究领域的学术地位发挥相应的作用。

　　本丛书的出版，得到了全国哲学社会科学规划办公室、国家自然科学基金委员会、甘肃省科技厅、甘肃省哲学社会科学规划办公室，以及兰州大学学科建设与发展规划处、社会科学处、科学技术发展研究院和中央高校基本科研基金的支持和资助，得到了许多领导和专家的关注和大力支持。在此表示由衷感谢！

杨克虎

2023 年 2 月

# 目　录

# 序：为新时代法治决策提供更好的科学证据

随着互联网人工智能的发展，以及大数据时代的到来，现代法学开始从不同侧面和关注点，回应大数据时代的新需求。在法学大花园中，催生出了七彩斗艳的大数据法学花朵，典型者如网络(信息)法学(Internet/Information Law)①、大数据法学(Big-Data Law)、人工智能法学(AI and Law)②、法循证学(Evidence-Based Law)③、计算法学(Computational Law)④等。⑤细究这些新兴法学交叉学科领域的共同点，主要体现为传统法学研究、法治决策与现代前沿科技、治理理念等的紧密结合。当然，上述法学交叉学科的聚焦点，也各有千秋：要么聚焦决策对象(大数据)和决策主体(人工智能)，要么关注决策手段(互联网技术)和方法(算法)，要么突出决策理念(高质量科学决策证据)。不同的侧重点，使得它们与法学经典思维及法律固有体系之间，不仅存在着亲疏远近关系，而且有着义理分殊之别。总之，法学交叉学科新领域，当下正处于百家争鸣、方兴未艾的发展初级阶段。各种观点如雨后春笋般层出不穷，孰优孰劣的论断与评述皆为时尚早。因此，之于法学研究者和法律实践者，尤其是法治决策者而言，依据自身理论和实践的内在需求，择善而从，方为明智之举。

---

① 刘品新. 网络法学[M]. 北京：中国人民大学出版社，2009；马海群. 信息法学[M]. 北京：科学出版社，2002.

② 陈亮. 人工智能法学学科建设中遇到的几个问题[EB/OL]. (2018-07-04)[2024-05-15]. http://rmfyb.chinacourt.org/paper/html/2018-07/04/content_140816.htm?div=-1；杨继文. 从实验法学到智能法学[EB/OL]. (2018-12-18)[2024-05-15]. https://www.spp.gov.cn/spp/llyj/201812/t20181218_402757.shtml.

③ 刘光华. 法循证学：法学与循证科学的交叉方法和领域[J]. 图书与情报，2018(3)：11-17，49.

④ 周学峰，赵梓皓. 解析计算法律学[J]. 中国计算机学会通讯，2017，13(5)：29-35. 也有人对计算法学进行了更加宽泛的理解和界定，清华大学申卫星教授认为：计算法学是融入计算思维研究法律问题，基于计算的对象、方法和能力等方面的差异，而研究其产生不同的法律问题以及与法律相关的技术问题，利用计算方法开展法律大数据分析，以及结合计算技术研究法律科技的一门学科。计算法学包括很多分支，在网络与数据法学领域具体划分为个人信息保护研究、数据流通利用研究、算法规则治理研究、平台市场秩序研究、网络系统安全研究、国际网络治理研究、新技术新业态治理研究等；在法律大数据实证研究领域研究对象涵盖法律量化研究方法、以数据为基础的法律理论与实践阐释、以法律数据为基础的循证决策方法等；在法律科技研究领域研究对象涵盖法律多源异构的文本处理技术、面向司法人员的智能办案技术、面向群众的公共法律服务平台技术、面向科研人员的法律数据归集与利用技术。参见于寅虎.专访申卫星：加快计算法学学科建设 助力数字经济发展[EB/OL]. (2023-02-06)[2024-06-05]. https://mp.weixin.qq.com/s?__biz=MzIzODk1NzY5NA==&mid=2247493838&idx=1&sn=a1f6750d05f31c7b640fece53979ae7&chksm=e933cddfde4444c93e1db180f7afb4caf7dd3a6c9412bd0a87d1b43e7ef5041d45f2b0d18264&scene=27.

⑤ 虽然名目繁多，但从人类法治决策角度，大数据法学大致可以分为服务法治决策的大数据法学(如法循证学等)和作为法治决策对象的大数据法学(如人工智能法学等)。

　　相形之下，法循证学作为法学和循证科学的交叉领域，则是对循证理念和方法与法学研究、法治决策目标、依据及其成效评估的会通和统合。与法学方法间的亲缘性，使其最有可能成为符合大数据互联时代特征的法学方法论；也最有可能为"纸面上的法"（law in written words）迈向"行动中的法"（law in action），搭建符合现代法治理念的实践通道；当然，更有可能为中国特色的"法治国家、法治政府、法治社会"三位一体建设，贡献科学与民主决策的机制与方法保障。

　　本书将通过追溯人类（法治）决策和决策证据之间的内在关系与历史演变逻辑，重点通过梳理近代以来人类法治决策的历史转向，即从近代西方法治（rule of law）分权语境下的司法决策，转向现代国家社会治理（rule of rules）语境下的综合循证决策，尝试提出未来循证法治决策的基本方法、主要步骤和完整流程，试图为法循证学方法在中国相关法学研究与法治决策中的引入和实操，展开初步的探索和总结。

## 一、从经验决策到大数据决策：无决策不循证

　　纵观人类的国家社会治理演进历史，不可否认的事实是，不管是依据龟壳裂纹和卦签的古老占卜，还是借助生存经验的善良家父，抑或是恪守有限法定证据（legal evidence）的法律计算机，人类所有的（法治）决策，都是循证决策。它们可能假借神明裁判、经验判断、证据推理甚或循证决策之名，但遵循证据进行决策，古往今来，概莫能外。所不同者，仅仅在于决策证据的可获得性，证据的数量、质量，以及决策者的价值取向等。

　　如果对最广义的人类循证决策进行历史还原、脉络梳理与本质呈现，不难发现，它们都是面向特定时空人类生活所提出的决策议题的合理、有度且高效的应对。即，循证决策实际上是人类通过使用-制造工具的实践操作，发现并构建的介于人类生产生活基本需求与满足它的工具方式和自身活动之间的恒定稳固、"恰到好处"的结构和形式，以及实践-实用中的秩序构成。①只要人类社会永续发展，循证决策就永远有生长的土壤和来自外界的需求。

　　当决策需要证据来提供合法性支撑时，就意味着，循证决策的本质，是通过向决策者外部具有更高位阶和权威性的证据，寻求证明自身决策正当的合法性依据。所谓主流的现代法治基本概念和制度的法律渊源，尤其是它在英美法系中的定义——为司法裁决（法官的法治决策）提供合法性依据——仅仅揭示了为特定司法判决（决策）构筑有效性的非常有限的形式化根据。实际上，根植于人性基本需求的循证决策动因，为我们展现了不同时空和文明环境下对（法治）决策的不同

---

① 李泽厚. 历史本体论[M]. 北京：生活·读书·新知三联书店，2002.

循证要求。

从"物竞天择，适者生存"的达尔文主义"丛林法则"（the law of the jungle），到对司法人员"刀把子"的比拟，乃至而今美国通过"中兴""华为"事件所新鲜再现给世人的"长臂管辖"（long arm jurisdiction）、"域外适用"（extraterrestrial application）①等法治决策，无不揭示出任何法治决策都无法绕开或者不能抽离的原始物性证据（material evidence）；近代文艺复兴将人的本性定位于"思"——"我思，故我是"（I think，therefore I am）②，一切（以西方文明为中心内核的）人类法治决策都围绕思的产物——理性证据（rational/reasonable evidence）展开，理性知识（语词为骨肉，逻辑为经络）不仅形塑（虚构）了全新的人（"人"的启蒙与发现）及崭新的人类社会（商品世界），而且，成为法治决策的终极力量/权力源泉[知识就是力量/权力（Knowledge is power），有理走遍天下]③，以司法决策为中心和代表，现世俗务的纷争不再允许原始物理暴力下的复仇决斗，而必须经由书面证据为代表的法定（符合证据三性的）法律证据，并在客观真实之外格式化、构造和还原出所谓的法律事实/真相（truth）④，进而，依据普世无殊的逻辑推理规则，形成确定无疑的法治（司法）决策，以及潘德克顿法律帝国（人造世界中的人造秩序）。这种理性证据基础上的法治决策，在近现代非西方世界（the rest）被西方（the west）文明征服兼而对它折服的语境下，几近成为人类法治决策的唯一、大写真理模式。但实际上，在西方文明之外的各方文明中，广泛存在着早于或者共时于西方文明及其法治决策，主要依据理性证据之外的其他证据类型的治理决策，有：东方文明中的感性证据（emotional evidence）决策，如中华文明中通过滴血来认亲的程序，依靠"隐隐的预感"破案的法官，"礼不下庶人，刑不上大夫"的执法；中东文明中，以所罗门王（Solomon）等为代表的智者们（Sophists）对旷世难题的智慧化解；南方文明中的灵性证据（spiritual evidence）决策，如佛陀的以身饲虎；甚至如至今还在为地球上无数个体的人生乃至人类整体的未来指点迷津且盛行不衰的民间占卜与宗教神启；等等。它们作为人类的决策证据，虽被近代西方法治及其理性证据决策所边缘化，但在所有现代人类国家社会治理中，绝不是微不足道和毫无意义价值的。

总之，任何法治决策都是循证决策，所不同者，仅在于决策证据及其获取便

---

① 刘光华. 美国经济法的域外适用及其对我国立法的启示[J]. 兰州大学学报，1997（4）：68-73.

② 笛卡尔. 谈谈方法[M]. 王太庆，译. 北京：商务印书馆，1996.

③ 培根. 培根论人生[M]. 何新，译. 北京：中国友谊出版公司，2001.

④ 近代西方法治，将司法决策证据限定为对案件事实（fact）的法律固化（即法律事实），并与法律根据（或法律渊源）区分看待的理念和制度，在突破了物性证据的野蛮藩篱之后，同时也受困于其形式主义原子论法学（positivism atomic law）范式，将循证决策矮化与窄化成了（私人）理性证据。实际上，包括立法、政府管制和司法先例在内的公共理性证据，亟待在现代系统论法学范式指导下，平等而全面地纳入法治决策证据范围。

利与评估指标。不能将法治决策狭义化为理性证据基础上的决策。而且，现代社会中，任何具有制度价值的法治决策，都是在理性证据基础上对物性证据、感性证据甚至灵性证据的综合评估与整合，即证据的系统评价（systematic review）；或者说，任何复杂法治决策都是在综合考量天理、国法和人情证据的基础上开展并获得合法性支援的。只不过，当下人类对高质量的精准科学决策证据的综合运用能力和获取水平，在现代互联网大数据、人工智能尤其是法循证科学方法的助力下，得到了极大提升。下面这则关于大数据管理的网络段子，就是传统经验证据被网络大数据循证证据所取代后，决策科学性与精准性的绝佳例证。

　　某比萨店的电话铃响了，客服人员拿起电话。
　　客服："您好，请问有什么需要我为您服务？"
　　顾客："你好，我想要一份……"
　　客服："先生，烦请先把您的会员卡号告诉我。"
　　顾客："16846146***。"
　　客服："赛先生，您好！您是住在兰州路一号12楼1205室，您家电话是2646****，您公司电话是4666****，您的手机是1391234****。请问您想用哪一个电话付费？"
　　顾客："你为什么知道我所有的电话号码？"
　　客服："赛先生，因为我们联机到CRM（客户关系管理）系统。"
　　顾客："我想要一个海鲜比萨……"
　　客服："赛先生，海鲜比萨不适合您。"
　　顾客："为什么？"
　　客服："根据您的医疗记录，你的血压和胆固醇都偏高。"
　　顾客："那你们有什么可以推荐的？"
　　客服："您可以试试我们的低脂健康比萨。"
　　顾客："你怎么知道我会喜欢吃这种的？"
　　客服："您上星期一在国家图书馆借了一本《低脂健康食谱》。"
　　顾客："好。那我要一个家庭特大号比萨，要付多少钱？"
　　客服："99元，这个足够您一家六口吃了。但您母亲应该少吃，她上个月刚刚做了心脏搭桥手术，还处在恢复期。"
　　顾客："那可以刷卡吗？"
　　客服："赛先生，对不起。请您付现款，因为您的信用卡已经刷爆了，您现在还欠银行4807元，而且还不包括房贷利息。"
　　顾客："那我先去附近的提款机提款。"
　　客服："赛先生，根据您的记录，您已经超过今日提款限额。"

顾客："算了，你们直接把比萨送我家吧，家里有现金。你们多久会送到？"

客服："大约 30 分钟。如果您不想等，可以自己骑车来。"

顾客："为什么？"

客服："根据我们 CRM 全球定位系统的车辆行驶自动跟踪系统记录。您登记有一辆车号为 SB-748 的摩托车，而目前您正在天水路东段华联商场右侧骑着这辆摩托车。"

顾客：（当即晕倒……）

## 二、从司法决策到法治决策：决策证据的演化

近代西方社会的政法格局中，根据其自身国家社会治理经验所提炼的三权分立体制，原本应该贯穿于法治全过程的决策活动，实际上，被司法决策所垄断和替代。具体而言，在英美法系主导的西方法治决策体系中，表面中立、消极和保守的司法机关，实际上通过先例必守、普世管辖等法治理念和法律制度设计，在分权制衡的国家权力体系机关中，压倒了政治博弈的立法机关和甘当夜警的行政机关，成为真正且最为重要的法治决策主体。以司法裁判为代表的司法决策，化身为整个国家所有法治决策的代言人，司法裁判的实体准则和程序规则（三大诉讼法及正当程序等），尤其是司法裁判的理性证据及其《证据法》规则（evidence law），俨然成为古典时代人类法治决策的基准与标配。

原本基于人类本性，在社会私人生活和公共领域的决策中都须臾不可分离的不同性质和类型的决策证据，要么被妖魔化，如雇用私家侦探或者采取其他秘密窃取等私力救济途径所获取的物性证据，就成了"毒树之果"（the fruit of the poisonous tree）①；要么被招安化，如经由街坊邻居的具状呈情等形成的感性证据，就被改造成"十二怒汉"组成的陪审团自由裁量后的良心证据。②对此法治决策进程，我们美其名曰"法律的格式化（formatting）与转化（transforming）"。正反之间，使得人类（法治）决策尾随司法决策，进入了只能基于严格法定的法律证据，并固守"谁主张，谁举证""证据之所在，胜负之所在"原则的决策死胡同（至少是华山羊肠道）。以死洗冤、被别人打掉牙齿自己咽的好人悲剧与辛普森式的坏人喜剧，

---

① 所谓"毒树之果"，是美国刑事诉讼中对某种证据所作的一个形象化概括，意指"根据刑讯逼供等非法手段所获得的犯罪嫌疑人、刑事被告人的口供，所获得的第二手证据（派生性证据）"。以非法手段获得的口供是毒树，而以此所获得的第二手证据是毒树之果。20 世纪 60 年代美国联邦最高法院以微弱优势正式确立了刑事司法的"毒树之果"规则——"美国联邦政府机构违反美国宪法规定所取得的证据材料，在审判中不具有证明力"。"毒树之果"原则作为非法证据排除的规则，对遏制办案人员刑讯逼供，保护刑事被告人的基本权利有着进步作用。

② 《十二怒汉》（12 Angry Men）是由美国米高梅公司制作的一部黑白电影，于 1957 年 4 月 13 日在美国上映。影片讲述了一个在贫民窟中长大的男孩被指控谋杀生父，案件的旁观者和凶器均以如山铁证呈堂，担任此案陪审团的 12 个人于案件结束前，在陪审团休息室里讨论案情，为法官裁判结案提供一致性的陪审团意见的故事。

在狭隘法治决策理性证据的配合下，轮番上演。

进入现代复杂社会或者说风险社会后①，法治决策范围和领域在不断扩展，越来越多地通过整合不同属性的决策证据，力争形成人性、科学和高效"三位一体"的法治决策。这不仅需要进行科学、规范的决策证据转化，而且需要转变(广义循证)决策的观念，实现法治决策从狭义的理性证据决策，到广义的综合性证据整合或系统性证据评估基础上的多元证据决策的转向。即，要求现代社会的法治决策证据，实现从狭义的专业司法证据到广义多元的法治证据转变，让循证决策做到对立法决策、监察决策、行政决策、司法决策乃至日常守法决策的全覆盖。

事实上，在此过程中，即使司法决策本身，也在与时俱进地不断回应现实法治决策的内在需求，探索出了包括证据庭前交换等制度来回应和舒缓内在张力。② 当然，其中最为关键的是，现代法治决策的思维结构和内在逻辑也需要随之发生转向，探索实现从传统司法决策中形式逻辑为内核的三段论法律推理，到现代法治非形式逻辑支撑的法律论证的路径。③

这样，网络大数据分析给循证法治决策从正反两个方面带来了三个大的影响和挑战。首先，大数据分析基础上的法循证方法，以全体海量数据(大海捕鱼)而非抽样数据(池塘捞鱼)为分析对象和样本的特性，在某种程度上改善了传统社会调查等数据分析方法的质量并保障了其结论的可靠性。其次，大数据法循证方法通过结构化、半结构化和非结构化的数据来探寻和预判未来的关系和行为模式，而非在固有理论模式下寻找数据支撑或分析数据关系，重视研究成果的产出效率而非研究结论的绝对精确的方法论特点，则凸显了大数据循证决策的风险应急性、问题回应性及智库对策性，表明了它与传统基础性、本源性法学研究之间为互补而非替代关系。最后，法循证方法强调大数据决策证据与法治决策建议之间的大概率可能而非确定性因果的特性，则要求不管是法循证方法的应用者还是循证法治的决策者，都应该恰如其分地认识、评价和运用法循证学研究成果(循证证据)，尽可能兼顾大概率趋势和可能性分析结论与特定"行为模式-法律后果"之间的精准因果推论相互补证。

为了回应互联网、大数据、人工智能、信息社会等全新语境对法学教育、法学研究和法治实践所带来的挑战，从 2016 年开始，我们充分利用兰州大学综合学科优势，特别是兰州大学具有国际研究水准的循证医学平台与研究团队的优势，探索大数据计算分析背景下的法学与循证科学的交叉领域、学科和方法，借鉴法循证学的国际研究经验，率先提出了在国内法学教育、教学、研究和实践中引入

---

① 乌尔里希·贝克. 风险社会[M]. 何博闻, 译. 南京: 译林出版社, 2004.
② 刘光华. 证据、审前交换与中国转型时期新型纠纷的解决、审判与实践[M]. 兰州: 甘肃人民出版社, 2004.
③ 刘光华. 经济法的分析实证基础[M]. 北京: 中国人民大学出版社, 2008.

法循证学方法的学术建言，并从 2017 年开始组团开展了包括法循证学在内的兰州大学"新文科"改革实践——兰州大学循证社会科学。2018 年出版了教材并发表了包括法循证学在内的系列循证社会科学论文；2019 年获得国家社会科学基金重大项目"循证社会科学的理论体系、国际经验与中国路径研究"资助 (项目编号：19ZDA142)，开展了三届循证社会科学和知识转化国际论坛，以及兰州大学师生循证社会科学方法培训，开设了本科生通识选修课"循证社会科学方法"、研究生专业特色课"经济法治与循证决策"，等等。

经过多年的实践探索，我们认为法学传统学科领域和围绕互联网、人工智能、大数据、信息技术等开展的"法学+"的交叉学科领域、方法之间的体用不能混淆，后者需要融入法学主流的学科、领域和方法；同时，各种"法学+"的交叉新领域、新方法之间并行不悖，且各有分工。比如，从传统的自然法学、制度法学和分析法学角度，可以分别将互联网、人工智能、大数据和信息技术等作为全新的人类社会新现象、新理念或者作为新的调整规范对象的交叉研究；将它们产生的全新的制度现象和问题作为研究对象的交叉研究；将其中的全新的制度规则，如算法规则，以及如冯象教授所说的具有硬法性质的网络文本规则的研究等作为研究对象的交叉研究。①当然，还需要从法治实施效果角度进行补白；需要我们的法学教育和研究从价值推导的应然研究转向"奉行实践检验真理标准"的经验实证研究，还需要进一步面对当下新时代法治提出的新标准和新要求——科学立法、公正司法、严格执法，让人民群众在每个案件中感受到公平正义，进一步实现法律公平正义从某些职业群体的逻辑判断，向人类命运共同体的集体共识转变。互联网大数据基础上的循证方法评价，不仅是整个法治各个环节进行科学决策、科学评估的必要的和被国际公认的交叉学科方法，而且是"新法科"未来发展的四大支柱之一。②总之，包括计算法学、法循证学等在内的法学跨学科思维与方式的不断深入拓展，一定会为未来中国"新文科"特别是"新法科"建设探索出"顶天立地"的新领域和新方向！

---

① 中国法律评论. 一场跨越法律、人文、科技的学术研讨会! [EB/OL]. (2019-11-11) [2021-06-30]. https://www.ilawpress.com/material/detail?id=426170273134281216&t=material.

② 刘光华，刘娇，马婷. 法学专业本科培养方案对新文科建设的回应——基于内容分析法[J]. 新文科教育研究，2021(4)：74-87, 143.

# 上篇  法循证学理论

"Paradigm"源自希腊语"Paradeigma",意指"范式""模型""模范"或"模式"。它在1962年被美国哲学家托马斯·库恩(Thomas S. Kuhn)在其《科学革命的结构》一书树立成经典概念。迄今为止,虽然范式概念的确切含义及其作为分析工具的有效性仍饱受争议,但作为"特定的科学共同体从事某一类科学活动所必须遵循的公认的'模式',它包括共有的世界观、基本理论、范例、方法、手段、标准等等与科学研究有关的所有东西"[①],或者作为一种普遍接受的看待研究对象的方式和视角,被人文社科领域广泛借用。

范式决定了我们如何看待研究对象,把研究对象看成什么,在研究对象中该看到什么,又该忽视什么。文化社会学家杰弗里·亚历山大(Jeffrey C. Alexander)直白地解释道:"每个范式(模式)都描述了一个在我们的环境中不断出现的问题,然后描述了该问题的解决方案的核心。通过这种方式,你可以无数次地使用那些已有的解决方案,无须再重复相同的工作。"[②]也正因此,一个主流范式若不能提供解决现实问题的适当方式,它就会失去存在的合法性,从而出现库恩所谓的"范式转移"(paradigm shift),即需要我们对某一知识和社会活动领域从全新和变化了的视角来解释,进而推动决策者改变并尝试新的政策工具。否则,在现有范式中被证明是反常(anomalous)的特别事件就会大量增加,继而导致政策失败(policy failure)。因此,新范式的逐步磨合成型的过程,也是政策(准确地说是政府决策)不断修正的试验过程。

---

① Alexander J C. The Meanings of Social Life: A Cultural Sociology[M]. New York: Oxford University Press, 2003: 11-26.

② 库恩. 科学革命的结构:第4版[M]. 金吾伦, 胡新和, 译. 北京:北京大学出版社, 2012:9.

# 第一章　法循证学范式

"工欲善其事，必先利其器。"互联网和大数据叠加的"大智移云"新局面，在对法学研究提出诸多新挑战的同时，也为法律问题的解决提供了新方法。法学作为面向法治实践的社会科学研究领域，必须始终铭记问题导向的研究宗旨和服务法治决策的研究归宿。传统法学研究大多注重定性的价值论研究，即使有定量和实证倾向的制度法学、分析实证方法，也缺少必要的途径、技术和手段来直接回应现实法治决策需求。然而，背靠临床实验数据（然后互联网大数据）的循证方法，一经与传统医学联姻而为循证医学①，就立刻显现出其强大的生命力和创新力。在医学领域功成名就的循证方法，很快在包括法学在内的国际社会科学领域大显身手。②虽然国内学界对此问题的关注、跟踪和研究与国际上相比时滞不大，而且中国在循证医学领域还取得了国际瞩目的成就，但是，国内社会科学领域尤其是法学领域的研究目前呈现出"点"（循证社区矫正）有余，而"面"（整个法学法律领域的循证）不足；"学"（循证技术）有余，而"思"（法循证学方法论）不足；"研"（文献计量学分析）有余，而"践"（循证法治决策）不足等现状和特征。

事实上，不管是在法律纯粹化的语境下，还是在法治多元化的语境下③，也不管是在立法、执法、司法和守法的哪个法治环节，更不管在法律适用中，法律规则下的选择与对法律规则的选择之间的法治含义有多么不同，甚或对法律规则及其适用的事先、事中、事后评估（典型者如立法前与后的评估），等等，上述所有以找法并适法为特征的法治活动，都可简化为一种可与医疗决策相媲美的决策活动。也就是说，立法的核心即立法决策，监察的重点是监察决策，司法裁判可等同为司法决策，行政决定早就被当作一种行政决策，而守法更多地被视为理性人的守法抉择。这样，在医治社会疾病的法律与诊疗生理疾病的医学之间，就具有了一种基于决策（decision/policy making）及其程序的内在共通性。进而也就为我们

---

① Guyatt G, Cairns J, Churchill D, et al. Evidence-based medicine: A new approach to teaching the practice of medicine[J]. JAMA: The Journal of the American Medical Association, 1992, 268(17): 2420-2425.

② 杨克虎，李秀霞，拜争刚. 循证社会科学研究方法：系统评价与 Meta 分析[M]. 兰州：兰州大学出版社，2018：67-70.

③ 刘光华. 经济法的语境论研究进路[J]. 兰州大学学报，2002(2)：80-87.

借鉴循证医学的成功经验①，在法律和法学领域引入循证方法，提供了知识保障与范式背书。

为此，我们需要站在互联网大数据时代法学和现代循证科学的交叉视角，与时俱进地为传统法学分析实证范式注入新内涵，跨学科并辩证地思考循证范式之于法学研究的学科和方法论意义，之于科学的法治决策的一般实践价值，为中国法循证学范式的生根发芽与茁壮成长，提供一点正本清源的基础性思考。

# 第一节　法循证学概述

## 一、循证科学概述

循证科学，是循证医学历经 20 多年的发展，逐步渗透到循证公共卫生健康（evidence-based healthcare，EBHC）等循证实践领域（evidence-based practices），并最终形成了具有一般方法论意义的循证方法后，不断积累完善、进化成长的方法与知识体系。循证方法虽原生于医学专业领域，但天然具有不断向其他学科领域扩张渗透的能力，现已成为一种跨学科领域的通用研究方法（图 1.1）。甚至在某种程度上，是互联网大数据时代主流学术的一种基础路径依赖。

图 1.1　循证方法的医学实践技术路线

---

① 李幼平. 循证医学[M]. 北京：人民卫生出版社，2014：1-3.

循证科学的前述理论认知与知识发展路径，不仅制约了法律和法学领域对循证研究的理解与引入，而且还必然会影响其后续相关具体研究工作的展开、研究方法的推广与研究成果的交流等核心问题。

顾名思义，医学中的"循证"就是在个案病患的医疗决策中，自觉、明确且睿智地使用当前所能获得的最好的证据。与传统经验医学相比，循证医学的精髓就是强调了最佳证据、医生经验与病患需求这三方面的缺一不可、紧密结合，共同构成了循证医学决策这个等腰三角形的三大基石。最佳证据和病患需求，是循证医学对医疗决策的新要求。如果说最佳证据体现了循证医学的科学精神的话，那么病患需求则因突出了病患的主体地位而闪耀着人道主义的光辉。所以，"循证医学小蓝皮书"——《如何阅读医学论文》的作者特丽莎·格林哈尔希(Trisha Greenhalgh)等人，在此基础上进一步阐释了循证医学的内涵，即循证医学是通过系统地列出可以回答的相关问题，并应用数学的方法评估其概率和危险性，进而改进临床医生在诊断、治疗、预防及相关领域中传统技能的一种方法。由此可见，循证医学的这一理念，与中国传统中医的"整体观""辨证论治"等具有异曲同工之妙。它们"以人为本"的指导思想，成为循证医学理念和方法在中华大地落地生根的思想根源。

循证科学的核心思想，即决策应尽可能以客观、最佳、评估证据为依据。由此，小到医生开具的每一个处方，中到政府在公共设施、公共事业和公共服务领域的政策制定与项目执行，大到国家宏观政策和法律的制定与实施，都应当参考当前可得的最佳证据进行，更应该在关注其决策科学性的同时，注重对决策效果的事中、事后评估，为后续决策提供科学证据。

以文献计量为基础、系统评价为代表的循证方法，在引入社会科学各相关学科领域并加以探索应用后，都受到了尊重并被置于学科引领位置，催生了包括法循证学、循证管理学、循证教育学、循证经济学等在内的"循证+"交叉领域和方法。而且，与传统交叉学科领域和方法相比，循证方法大有后来者居上，为包括法学在内的传统社会学科在互联网大数据时代增添新势能、开辟新道路的意味。

缘起于西方临床流行病医学实践的循证方法，伴随着循证医学的突飞猛进及其向循证(管理)决策(evidence-based management/policy-making)的成功推广，逐步说服包括法律和法学在内的西方社会科学界，特别是在以英美法系为代表的西方法律和法学界。目前英美法学界因为有着 20 世纪以来法经济学(law and economics)、法律与文学(law and literature)等法律交叉学科的学术熏陶与成功鼓舞，不断地在其法学研究和法治决策领域，由远(广义决策依据)及近(狭义评估证据)地学习、引进、反思和实践循证思想与方法。除了率先在经典的"问题意识"最突出的刑事司法领域开展法循证学研究[如以坎贝尔(Campbell)协作网和坎贝尔图书馆

(Campbell Library)为载体的国际法循证学研究]外,还出现了循证公司法(evidence-based cooperation law)、循证医事法(medical evidence-based law)等全新概念与理论探索,其共同点皆在于思考探索循证方法在特定法律领域的功能与地位,研究成果例如《法循证学:刑事司法体系中的地位》(*Evidence-based Law: Its Place in the Criminal Justice System*)等。另外,还出现了以"严格有效证据,促增政府绩效"(Increasing Government Effectiveness Through Rigorous Evidence About What Works)为愿景的非政府和非营利组织——循证政策联盟(Coalition for Evidence-based Policy),以及由美国乔治梅森大学犯罪学、法律和社会系(Department of Criminology, Law and Society at George Mason University)于 2008 年创建的专事犯罪和刑事政策科学研究方法的科研平台——循证刑事政策中心(The Center for Evidence-based Crime Policy,CEBCP),等等。更需要指出的是,美国第 114届国会还于 2016 年通过了成立"循证决策委员会"的法案[H.R.1831(114th):*Evidence-based Policymaking Commission Act of 2016*]。这个法案在特朗普政府期间,也超越党派成见再次获得了通过。可以预见,随着人工智能在法律和法学领域的日益推广,大数据技术的日渐成熟及其在法学研究领域的深入应用,循证学方法在法治决策和法学研究领域的引入,必将成为一种充满技术势能的新锐力量和不可逆转的时代潮流。

## 二、法循证学的概念

### 1. 法循证学的命名

古人云,"名不正,则言不顺,言不顺,则事不成"。由此可见,法律和法学领域引入循证方法后新生事物的命名问题,并非中外文简单对译之事,尚需细思量与多琢磨。我们认为,从初始就借鉴循证方法在医学、社会学、管理学、教育学等学科领域的拓展实践,参考新兴交叉学科的汉语翻译语法、命名惯例和定义规则对其进行命名和界定,是非常有必要的。

首先,从汉语法学与其他学科领域的交叉经验来看,产生了如下(公认)的"法学+新学科、新领域和新方法"的命名模式。择其要者,如法哲学、法经济学、法社会学、法医学、法律与文学,等等。它显示了法学作为比肩神学和医学的人类最古老的三大学科之一,所始终保有的那份"舍我其谁"的尊严。其次,如果说,对前述循证社会科学领域新名词的命名规则进行词序调整,如医药循证学、管理循证学、教育循证学等,可能也不会有多少现实违和感,甚至还可能更加凸显"循证"的新理念与新方法。但是,如果对法学交叉学科领域的命名进行词序颠倒,那么,我们将会得到一个迥异的结果,即经济法学、社会法学、艺术法学、医事法学,等等。因为,后者大都是一国(尤其是中国)特定法律系统中现实存在的有机组成部分,而前者则更多地是一种法学交叉学科研究新范式。

综合上述两个方面的原因，同时，也考虑到法律和法学领域还存在着一个与其名称非常类似的法律亚部门或者专业学科——证据法学（evidence law），我们认为，对于以文献计量为基础、系统评价为代表的循证方法在法律和法学领域的引入，以及由此所能形成的法学新领域、法治新活动和研究新范式——evidence-based law，在汉语法学中可以将其命名为"法循证学"，而不是循证法学。①

2. 法循证学的内涵

科克伦协作网（Cochrane Collaboration）中关于系统评价的权威定义如下：系统评价，是指针对界定清晰的具体论题，使用明确规范的研究方法，甄别、筛选和严格评价相关研究成果，进而收集和分析从中获得的研究数据的评估活动。②同时，比较借鉴循证科学其他领域的成长经验，如被广泛接受的大卫·萨基特（David Sackett）教授对"循证医学"的定义：慎重、准确、明智地运用当前所能获得的最佳证据来确定患者的治疗措施。目的在于将最好的研究证据与临床医生的技能、经验和病患的期待、价值观三者完美结合，并在特定条件下辅助实践。③我们认为，法循证学是针对明确、具体而实际的法治决策议题，借助循证方法甄别、筛选相关法律文献证据，进而依据本土法治资源、主流法律价值和法治实践经验来严格评估证据，最后再辅之以成本-效益分析，来获取最佳实用性决策结论的方法、流程与活动。

与循证方法的上述本质紧密相连，所有的循证证据（即符合循证评价标准的文献资料）、本土资源、主流价值、实践经验等法循证学要素，皆服务于特定法治语境下的法治决策议题。其中，高质量的循证法治决策证据，既包括本土的循证证据，也不排斥外来的循证证据。但迄今为止，即使在国际循证社会科学领域最权威的坎贝尔协作网的图书馆中，虽规则上允许收录所有语种的循证证据，但事实上也并没有英文之外的其他语种（包括中文在内）的系统评价报告被收录。当然，中、外文循证决策证据二者之间的权衡取舍，并非简单的"中体西用"或"洋为中用"的主从关系，从循证科学理念出发，它主要取决于相关决策主题下研究文

---

① 如同"法经济学"的另一个命名是"法律的经济分析"一样，从严格意义上讲，法循证学应该是"法律的循证分析"。但国内法律学者由于受到大陆法系传统思想的影响，更倾向于"学问"与"学术"等表达方式。故而，本书将"法循证学"作为当下的次优选择使用，留待后续的学术批判来不断寻求共识。

② A systematic review attempts to identify, appraise and synthesize all the empirical evidence that meets pre-specified eligibility criteria to answer a specific research question. Researchers conducting systematic reviews use explicit, systematic methods that are selected with a view aimed at minimizing bias, to produce more reliable findings to inform decision making. See, Cochrane | Trusted evidence. Informed decisions. Better health[EB/OL]. [2023-11-19]. https://www.cochrane.org/node.

③ Sackett D L, Rosenberg W M, Gray J A, et al. Evidence based medicine: What it is and what it isn't[J]. BMJ, 1996, 312(7023): 71-72; 赵南. 循证医学相关名词解释[J]. 循证医学, 2001(1): 54.

献的证据质量高低与数量多寡。其涉及法学与医学间的学科特别是科学性差异。例如，除了心理疾病和精神疾病学外，医学被公认是研究客观现象的自然科学的经典组成部分；而法学不仅肯定不是自然科学，而且，它至今还被纠结于到底是人文科学还是社会科学，抑或到底是科学还是艺术的两难问题中。[①]事实上，即使是形式上理性色彩极为浓厚的西方法治，其法治经验也表明，法律和法学具有更关注具体人际关系的利益冲突、价值判断和道德情操等的本相。

　　3. 法循证学的外延

　　广义上，循证方法与传统法学实证研究方法之间，具有方法论上的亲缘关系。中义上的循证方法，则主要是指涵盖了基于原始数据的实证研究、研究文献的二次评价研究和决策证据转化研究等在内的所有基于证据的研究方法。当然，这种中义循证方法，需要立足于循证医学和循证社会科学领域的实践经验，并结合法律属性和法学特色进行适应性改造。狭义的循证方法，则主要是指坎贝尔协作网（也包括科克伦协作网）所规范与认可的、以系统评价与元分析（meta analysis）为代表的定量分析和定性分析方法。

　　循证方法所经历的从循证医学生发，到循证社会科学开枝散叶，再到循证科学的方法定型的发展路径，不仅显现了循证方法从狭义向中义、广义的内涵式扩展态势，而且也是循证方法自身不断适应新的理论和实践需求，并不断自我改造和更新的必然过程。循证方法在新时代中国特色法治和特色法学中的引入，已成为大势所趋。事实上，包括中国司法界尤其是律师界在内的法律事务领域，因为其天然的"问题导向""实效为本"的职业价值和追求（典型者即以"案结事了"为终极目标），早已开始先行先试，品尝了大数据、人工智能为法治决策所摆上的第一场螃蟹盛宴。

　　总之，当下循证方法适时进入法律实践和法学研究领域，有着一定的合理性和必然性。因为，它本身是传统法学经验和分析实证研究方法对互联网大数据和信息技术潮流的积极顺应，而非无根无据的天降神兵。同时也是对传统法治决策机制和法学定量实证研究方法的吐故纳新，并非一场颠覆性革命。

## 三、法循证学的范式特征

　　循证方法作为一种对传统法学研究范式的大数据化革新，具有如下特征。

　　1. 法循证范式具有方法的科学性

　　恰如表 1.1 所示[②]，比之主流法学研究中的非系统评价研究，法循证方法作为

---

　　① 郑戈. 法学是一门社会科学吗？——试论"法律科学"的属性及其研究方法[J]. 北大法律评论, 1998(1)：1-30.

　　② López-Arrieta J M. Evidence-based oncology: Systematic reviews and the Cochrane collaboration[J]. Oncologia, 2000, 23(3)：20-28.

系统评价方法在法律和法学领域的应用，具有方法的科学性特征。包括系统评价在内的循证方法所具备的研究目标清晰、方法步骤可重复、研究结果和客观研究结论可比较等特质，实际上意味着法循证学研究需要借用自然科学的科学目的、科学精神和科学方法，借助科学证据来对相对主观的法治实践特别是决策活动及其实效做出科学评价。

**表 1.1　系统评价和非系统评价比较**

| 比较对象 | 系统评价<br>(systematic review) | 非系统评价<br>(non-systematic review) |
| --- | --- | --- |
| 研究问题 | 常为窄且专的问题 | 常为宽而泛的领域、方向问题 |
| 研究策略 | 明确公示且能重复 | 不清 |
| 研究定位 | 评价指标明确具体且能重复 | 不清 |
| 研究方法 | 方法和利益目标明确具体<br>包含研究质量评估和敏感性分析 | 不清 |
| 研究结果 | 多注重特征、结构、趋势研究<br>研究结果的相关构成要素均可比较 | 横看成岭侧成峰，常因研究而异 |
| 研究结论 | 结论来自数据或证据推导 | 缺乏证据支撑的个人价值立场、观点方法、<br>文献选择等影响结论 |

换句话说，不同于既往以价值定性为主的法学研究方法，循证方法在法律法学领域的引入是基于研究对象的确定性、研究方法的逻辑性、研究步骤的可重复性，因而使得每个法循证学研究结论都具有了更加一般化的确定性。因此，包括系统评价在内的循证基础上的法治决策，又被认为是"质量运动"（quality movements）的有机组成部分。拜互联网和人工智能技术所赐，循证方法第一次真正架通了大数据与法治领域高质量决策之间的桥梁。

2. 法循证范式具有目标的靶向性

作为一种内生于医疗活动、根植于医学规律的全新研究方法与决策工具，不管是其针对不同医疗决策环节的特定问题所发展出的不同循证方法，如二次研究、原始研究和转化研究，还是这些方法内部的具体操作规程，如二次研究方法中的元分析与系统评价的再评价，以及原始研究方法中的病因及危险因素研究、卫生经济学研究，转化研究方法中的临床实践指南、临床决策分析，针对上述不同循证方法所研发的不同工具、不同研究证据质量评价标准、证据分级标准与证据推荐强度、流程和方法（Grade），等等，这些透明且结构化的研究方法，都充分展现了循证方法鲜明的问题导向性和实践操作性。这种方法的循证特色，恰与法律实践和法学研究突出的实践性特征相吻合，与近代以来中国法治研究中出现的盲目移植西方理论结论、不接中国特色法治地气的学术现象，以及针对它所提出的"多谈些问题，少讲些主义"的学术理论之间，也是心有戚戚焉。

借助循证方法，我们就可以在纷繁复杂的法治决策面前，充分利用大数据基础上的科学研究方法和统计分析工具之长，在卓有成效的证据研判基础上精准施策。当然，我们更可以展望未来包括 ChatGPT 在内的强人工智能，作为独立自主的研究者依托大数据所进行的主体性法治决策研判。在此意义上，法循证学研究将真正让法学逼近理论与实践相结合的道路。

3. 法循证范式具有知识的系统性

循证方法，尤其是系统评价方法，作为一种文献综述形式，有别于传统文献综述的两大特征：一是系统性，即它能依照确定的标准、流程和策略，穷尽所有前期海量研究文献；二是规范性，即它能够严格按照事先制定的标准、流程和策略，评价现有文献的质量，进而甄别、筛选和整合最佳研究证据，为法治决策服务。这样，循证方法就对传统法学文献综述方法的"随意性评价"（haphazard reviews）局限，进行了弥补和超越。①

随着循证方法在法学研究中的引入，法学研究领域的所谓"文献研究法"就可以被正名并激活，使循证方法成为一种名副其实的文献研究法；以文献计量为基础的法循证方法被纳入法学研究基本方法家族，编进规范的法学研究方法队列，可以很好地为所有法学领域研究工作的开展奠定坚实的基础。不仅如此，法循证学方法的系统性，还体现在其定性研究与定量研究相结合的方法特征上。以元评价为例，虽然其初设目标是定量评价，但当系统评价纳入的研究缺乏可用数据，或者数据异质性过大，无法实施元分析时，也可以进行定性描述。当然，此时的定性描述，必然是建立在实证研究证据基础上的。

4. 法循证范式具有独特的学术评价性

作为一种新兴法学研究方法，法循证学方法目前面临着与当年文学及文学评论方法进入法学领域时同样尴尬的际遇。自文学（评论）方法与法律结盟之初到现在，法律+文学的方法杂交，衍生出了三个不同的产物：文学中的法律（law in literature）、作为文学文本的法律（law as literature）和法律与文学（law and literature）。纵观今天的大数据法学研究，似乎也在重走当年"法律+文学"的老路。具体而言，在大数据法学研究的大旗下，目前聚集着关于大数据的法学（law of big data，如关注大数据时代的隐私权保护）、作为大数据的法学（law as big data，即人是数据的集合体）、法学的大数据化（big data of law，法律法学数据库的建设）等貌合神离的

---

① Petticrew M, Roberts H. Systematic Reviews in the Social Sciences: A Practical Guide[M]. New Jersey: Blackwell, 2006.

分支议题。①

实际上,法学与大数据时代结缘的渠道方法有千万条,但古往今来任何时代的法学研究与法治实践都需要一个共同的安身立命之点:有效性(effectiveness)及其客观评价。依此,研究者在依照科学流程和规范工具展开法循证学研究的过程中,不仅要对海量数据中徒有其名、名不副实、文不对题或自相矛盾的研究成果(即决策依据)进行甄别、筛选和评价,形成可靠的决策证据,还需要根据决策证据的真实程度、有效与否及效力大小等质量标准,对其进行整合分类和决策推荐;甚至还要持续不断地对特定议题的研究结论与决策效果评价结果进行再甄别、再筛选和再整合评价,典型者如系统评价的再评价。故此,在某种程度上,法循证学研究实际上充当了对现有法学研究成果的真伪②、研究水准的高下、学术逻辑的自洽、学术传承及流派的有无等的专业、客观的同行评价(peer review)。

当然,恰如所有法学研究方法一样,专长于法治决策的法循证学方法,其自身也是优缺点并存,与主流法学研究方法之间互补共生。对于价值论规范法学方法、分析实证法学方法及法社会学方法等主流研究方法,它既无心排斥,也无力替代。相反,所有的适格法学研究文献被循证证据化后所形成的大数据,虽然可以呈现为某种数据比例、数据流趋势及数据关系,却无法单纯地通过数据自身完成一种自洽的客观言说。它仍然需要具有主观立场的研究者结合社会系统、法治语境、主流价值和逻辑修辞,对文本进行点面结合的解读分析,最后才能达致一个主、客观和谐统一,价值、文本和制度三维支撑的循证结论。③换句话说,循证学方法在法律和法学领域的引入,为传统法学研究方法真正走出象牙塔,并与法治实践牵手协作,插上了科学方法和大数据的翅膀。

## 第二节 法循证学范式的意义

### 一、法循证学范式概述

法治活动,不管是立法、执法、监察、司法和守法,还是法治环节中的每一

---

① 另外,也有学者从计算社会科学入手,提出了基于计算的对象、方法及能力等方面的差异而产生不同的法律问题及与法律相关的技术问题,从而融入计算思维研究法律问题,利用计算方法开展法律大数据分析,以及结合计算技术研究法律科技的一门学科——计算法学,并对计算法学进行了作为法律科技的计算法学、作为数量分析的计算法学和进行综合研究的计算法学等多种广义和狭义的分类。参见申卫星,刘云. 法学研究新范式:计算法学的内涵、范畴与方法[J]. 法学研究,2020,42(5):3-23.

② 即决策证据的名义与实质。

③ 刘光华. 经济法的分析实证基础[M]. 北京:中国人民大学出版社,2008:293-296.

次或重大或微小的法治抉择与决定选择，尤其是重大的法治决策活动，实际上都是一种与循证医学非常类似的循证决策，都要求实现在有效证据基础上的科学法治决策。回顾人类社会的既往决策史，在有经验的领域，我们依赖自身的生活经验或者长老的生存智慧来决策；没有经验的地方，则依赖天命与神灵来裁判。近代以来，文艺复兴影响下的西方社会，则更多地依赖逻辑推理，包括从公理出发的演绎推理和从实据出发的归纳推理，进行法治决策。前者衍生出了大陆法系，后者又催生了英美法系。

虽然，源自西方的狭义法治决策属于一种追求超越人类个体有限经验和感性情绪的理性决策，但是，囿于人类理性自身的有限性，以及经验数据本身在质与量两个方面的主观、割裂和阙如，再加之缺乏有效的技术手段如互联网、大数据和信息处理技术等的有效保障，使得即便是立法、执法、司法和守法等理性决策，也会因为决策证据的单薄、片面和非科学性而显得漏洞重重，冤假错案从未终绝。只能躲在"无知之幕"背后，采取"摸着石头过河"的实用主义路线，"新三年，旧三年，缝缝补补又三年"。其所预设的理想化的普适主义(universalism)，始终为世人所诟病。法律及其法学研究活动，一直不敢面对它到底是技术还是艺术的诘问。

其后，随着上述制度障碍、技术瓶颈和观念桎梏被打碎与突破，法学领域也频频被身披科学主义(即理性主义)铠甲、手持技术分析与数据统计长矛的所谓帝国主义学科——前有经济学、后有社会学——等所侵入与征服。"法律+经济学"和"法律+社会学"所衍生出的法经济学、社科法学等方法和领域，渐次成为法学研究尤其是成果发表的新势头，风头甚至盖过了其母体。最新的"法学+大数据"所正在孕育的大数据法学，以及我们在此讨论的法循证学等，依然是法律和法学领域中的理性主义新风潮的产物。

## 二、法循证学范式的法治实践意义

这一法律和法学领域的新风潮，依我们的观察研判，依然是人类在20世纪末21世纪初，利用新的时代条件和比较优势资源，对包括法学在内的理性主义研究范式的又一次修补与深耕。如同大数据在电子商务领域精准营销方面的案例所揭示的那样，如果有足够数量和质量的法治决策大数据，依赖大数据的统计和分析，我们就可以基本实现人类近代以来深埋的法治梦想——法治决策的"自动售货机化"和"法律计算机化"。实际上，今天中国司法系统中已经推行的包括法信系统在内的法律智能裁判系统，就怀揣着这样的法治实践梦想。

随着这一梦想步步逼近现实，在中国特色社会主义法治实践中，权力、关系、人情、金钱等法外因素对法治公平正义价值的干扰，首先就可能会被降到最低限度。中国特色法治梦想的公平正义之光，就更有可能照进每一个案件并被每个案件当事人所感知。应该说，伴随第四次科技革命，中国社会经济实现直道超车的同时，也为包括法治在内的国家治理方式的弯道超车，提供了实现的可能与捷径。

另外，在具体的法治实践中，循证方法在法律领域引入的更积极意义还在于，它将为党的十八大以来围绕法治国家建设所提出的科学、民主和法治决策，公众参与集思广益，提供更加坚实有效的决策证据支持。不仅使得法治决策能够获得作为民主指标的海量高质量证据的支撑，而且，循证的科学方法和规范操作流程，也为决策的科学性注入了真实的内涵与贯通的活水。

最后，随着类似科克伦与坎贝尔图书馆等相关循证法治决策证据大数据库的不断积累和完善，它们最终将助力整个中国特色法治体系、法学体系建设这一宏大目标。我们未来的法治决策，将不再依赖个体性的经验(尤其是长官意志)、不再依赖脱离本土实际的西方理论结论(尤其是所谓的法律移植)。当然，它也不拒绝对本土经验中普世逻辑的提炼推广，以及对国外法治经验中高质量证据的借鉴采纳。只有在循证基础上的法治体系和法学体系，才能真正讲出兼具民族性和世界性的法治故事。

## 三、法循证学范式的法学理论意义

循证方法在法律和法学研究领域的引入，在理论上具有如下重大意义。

首先，循证方法作为一种定量和定性相结合的实证方法，在传统医学、社会学、教育学、管理学等领域所取得的前瞻性和颠覆性工作实绩，必将使其成为未来中国法学"走出去"需要追随的新趋势和攻占的学术新高地。为此，在中国法学研究中引入系统评价在内的循证方法，有利于中国法学研究跟踪甚至赶超法循证学的国际学术前沿；也能让国际化程度欠缺的中国法学研究成果，借助循证方法的比较优势，真正实现与不同国家相关领域的法循证学研究成果之间的相互印证与对接。

其次，循证方法在法学领域的引入，还有利于不断丰富和完善中国法律人的研究方法工具箱。循证方法的引入，不仅会为由比较研究、历史研究、实证研究等所组成的传统法学研究方法家族增添新丁，而且，有助于长期依赖价值推演的中国法学研究，借助"大智移云"时代的新技术和新资源，为法律价值和研究立场奠定客观数据基础，使中国特色法学研究迈上跨越发展的新台阶。

再次，讲求"让证据说话"、遵循证据决策的循证方法在法律和法学领域的引入，有利于矫正既往中国法学研究成果中普遍存在的直觉式感想、禅宗式顿悟、辞赋式会通的方法倾向，以及只可意会不可言传，更不可比较、评价和实操的文风特征。有利于把日益陷入自言自语、私人评述式的法学研究从泥淖中拯救出来，纠正现有法学理论研究成果与法治实践措施，尤其是与各法治环节的决策之间相互脱节的"两张皮"现象。

最后，循证方法在法律和法学领域的引入，还有利于借助国际化、专业化与体系化的学术评价体系与标准，总结过去四十年来积淀的转型中国法学和特色法治成果，发挥去伪存真、去芜存菁、刺破泡沫的学术净化功效，以及凝练学术共识和预判学术发展前景的学术引领功能。

当然，内生于医疗活动和医学规律的循证方法及其分析工具，就整体上而言，虽然是一种二次研究方法，如系统评价与元分析、系统评价的再评价等，但它也不排斥包括社会调查、虚拟实验等在内的原始研究方法。特别需要指出的是，基于法律和法治自身的宏观政策研究与复杂决策特性，盛行于临床实践指南、临床决策分析、卫生技术评估、卫生政策研究领域，包括循证卫生决策（evidence-based health policy-making）、知证卫生决策（evidence-informed health policy-making）等在内的转化研究方法，可能更加契合法循证学的内在气质。

一言以蔽之，不管是计算社会科学，还是循证社会科学①，它们作为"大智移云"时代的思想产物，都彰显着人类在哲学层面逻辑认知的新提升，预示着人类法治思维开始走出近代因果逻辑和关联关系，衍生出了基于量子效应的纠缠关系等新的逻辑认知，构成了我们认知微观世界、精神世界乃至智能本质的下一个逻辑出路。它是人类认知手段拓展的体现，通过机器与人高度融合并代替人类特别是科学家的自然眼睛、鼻子、耳朵、嘴巴乃至内心感受，实现更宏观同时又更微观的跨层次"直观认知"。今天的"机器认知"与"人类认知"碰撞的"认知计算"②，正在为人类的科学研究寻找下一个新范式。

## 第三节　循证社会科学的国际前沿进展③

西方传统的社会科学关注对社会及其个体成员的研究，而政策则阐释原则和行为目的，社会科学研究在一些职能部门如中央和地方政府中发挥着很大的作

---

① 杨克虎，李秀霞，拜争刚. 循证社会科学研究方法：系统评价与 Meta 分析[M]. 兰州：兰州大学出版社，2018：67-70.

② 吴先超. 认知计算："机器认知"与"人类认知"的碰撞[EB/OL]. (2020-09-14) [2021-08-02]. https://36kr.com/p/872899850286464.

③ 本节内容是意大利都灵国际大学学院 (International University College of Turin Italy) 行政院长朱塞佩·马斯特鲁佐 (Giuseppe Mastruzzo) 博士应邀为本书专门撰写的，本书作者对内容进行了适当的翻译润色和补充完善。

用。①在这个背景下，英国医疗部门开始采用循证政策来管理一些可能基于非实证研究的医疗活动；尤其在医学实验的早期随机对照试验（randomized controlled trial，RCT）中，循证政策应用广泛。制定涉及公共和个人问题的政策时，社会科学的研究结果可以为其提供信息，循证政策的应用范围也自然而然地从医学政策领域扩大到其他社会政策领域，并从英国传播到整个欧美以至全世界。②

西方循证社会科学的最新批判方法强调，虽然人们对社会现象的理解和解释基于论点、论据，但不能就此假定科学是中立客观的，相反，它具有社会性和政治性。③也就是说，虽然科学证据可能有助于以科学方法得出事物的运作方式和真假虚实，但科学并没有教会人们如何使用证据，提供证据的科学家并没有规定如何使用他们收集的证据。④当然，对于特定的政策问题，证据只能证明解决方案的有效性，并不能自然得出解决方案的适当性。

因此，必须批判地看待社会科学中的推理论证。事实上，证据和知识会因时间和空间而异，并受个人政治立场和社会地位的影响，那么如何运用知识、证据或研究结果制定政策的问题，就变得至关重要。人们普遍认为，使用的证据越多，所制定的政策越好，但这一观点至今没有得到证实。此外，相关决策机构近期在推动循证政策的应用，进而向研究人员提出了方法论问题，关于证据和知识使用方式的政治影响问题，以及循证理念最终是否有益于决策并有益于社会的问题。

其实，当今西方社会的决策过程涉及多方的利益相关者、利益关系和组织结构，这些都影响着证据在政策中的是否使用、为何使用及使用方式。科学证据与决策过程中的其他多种因素相互竞争，共同发挥作用，例如政治议程和周期、选举策略、其他利益相关者的利益、技术主义和官僚主义的可行性、政治宣传和动员的叙事，等等。此外，虽然社会科学作为支撑决策的学科被特别重视，但当今西方循证社会科学研究是在"后真相"时代的讨论中进行的，这留下了一个问题：社会科学家如何更好地改善他们与政策制定者之间的关系。这里的"后真相"是指客观事实对公众舆论的影响，小于情感和个人信仰对其的影响。⑤

如今，西方国家正运用大量资源，致力于在决策和实践中提高证据和知识的地位，发挥其作用。毫无疑问，利用技术来增强生成和提供证据的能力，以及让

① Nutley S, Webb J. Two Evidence and the Policy Process[M]// What Works? Evidence-based Policy and Practice in Public Services. The Policy Press University of Bristol, 2000: 12-41.

② Baron J. A brief history of evidence-based policy[J]. The ANNALS of the American Academy of Political and Social Science, 2018, 678(1): 40-50.

③ Grundmann R. The problem of expertise in knowledge societies[J]. Minerva, 2017, 55(1): 25-48.

④ Cairney P. The Politics of Evidence-based Policy Making[M]. New York : Palgrave Macmillan , 2016.

⑤ Stoker G, Evans M. Evidence-based Policy Making in the Social Sciences[M]. Bristol: Bristol University Press, 2016.

信誉良好的非政府组织创建证据库，并不能百分百保证有效的循证政策，因为政客们仍然可能捏造和曲解证据，进行政治营销。无论多么科学的证据，都不能越俎代庖，完全取代公共领导。然而，当有了各种各样的渠道可以获得现实依据时，决策者就会更有可能听取建议。在某种程度上，能够有多个来源提供合理证据，会对政治家的决策造成压力。

因此，循证决策并不意味着政策制定应仅基于证据。完全仅基于科学证据制定政策是技术官僚主义的行为，这并不是西方议会民主的政治目标。证据与政治的关系往往涉及事实与价值的关系。事实本身并不能决定目的或行动适当性，而价值观却可以决定。①因而，西方决策者通常会将现有的最佳证据与他们对社会需求的理解结合起来，即从他们认为符合人民期望和价值观的角度来阐释证据。当政策制定者回应科学建议，根据该建议做出决定时，必须牢记某些措施的社会经济成本及其假定的公众接受度。西方越来越多参与制定公共政策的组织选择吸收社会科学家的经验，但他们必须认识到，循证政策的构建不能依赖施加于公众的技术官僚主义路径：政治语境（和竞争）是必不可少的，没有一种科学方法论可以解决和澄清所有问题。尽管如此，幸运的是，今天的社会科学有一系列方法可以提供循证的政策信息，比以往更有助于解决公共政策问题。公共政策的目标之一是改善人民的生活，但循证方法可以提供一个机会，在后真相时代背景下阐明决策者的愿景。许多西方决策者对社会科学如何帮助他们解决难题感兴趣，这就促成了社会科学新发现在决策领域的应用。

在西方，循证政策有不同的定义方式。理性的决策模型会假定研究证据和决策之间存在直接的关系；然而，正如上文所言，现实中这个关系往往不那么直接，科学证据的作用也不那么明确。还有一个主要问题是，如果政策要显著地改善人民的生活，循证决策是至关重要的，但社会科学家和政策制定者的现实生活大相径庭，这就产生了阻碍。社会科学和循证决策并不总是协调一致。这是有充分理由的：政治进程和社会科学工作的某些特点造成了二者关系的紧张。他们所处的环境不同，其中的激励机制也不同，社会科学家的成功是因其专业水准，为解决日益复杂的问题，量身定制科学的研究方法；决策者则必须与各种利益相关者进行谈判，多方的价值观很可能互相冲突。简而言之，二者激励机制的不一致性，不利于社会科学家融入政策制定之中。

通常来说，传统的西方循证社会科学研究，主要体现为相当枯燥的成本-效益分析，但当代社会科学为其提供了一些不怎么为人所知但广泛适用的方法。西方社会科学家近年来为推广循证政策的应用和提高其有效性提出了许多建议。有的科学家建议通过在政府中创建"知识经纪人"组织，设置职位，在研究者和决策

---

① Hammersley M. The Myth of Research-based Policy and Practice[M]. London: SAGE, 2013.

者之间建立"桥梁"，这是一种解决方案①；有的科学家则强调官员作为科学证据与政治之间的中间人，具有关键作用②，并提出政府机构内的经济学家等专家对政策具有影响力。③如前所述，这并不意味着专家和科学家应该取代政治家来做出决策，将政治或政客排除在决策之外是不可能的，并且也不民主、不合法④，而是意味着把搜集、使用和评估决策证据的适当性，以及在证据应用的实践中学习等环节制度化，作为政府的专门职能。

决策者需要掌握科学证据以履行决策职能，社会科学家则需要理解植根于民主合法化的政治进程逻辑，互相学习对二者而言都非常重要。因为它涉及一个重要的问题，即社会科学家和决策者之间的分工。这个界限有时可能没有那么容易划定，关键是要明确，社会科学家的作用是提供建议，而不是做决定。⑤还有一个重要的问题，即科学证据通常只是政治决策中的一个因素。政策制定者可以使用创新性的工具来实现"更智能的学习"，目前西方的研究着眼于这些工具，包括系统评价、随机对照试验、定性比较分析（qualitative comparative analysis，QCA）、叙事和可视化，特别是当在议的政策问题没有时间进行初步研究时，运用现有证据是必需的。

随机对照试验最近已成为评估公共政策的首选方法。西方决策者越来越多地使用随机对照试验去评估一系列的政策，仅列举几个正在应用随机对照试验的领域：发展援助、教育实践创新和促进企业发展的措施、健康干预措施如锻炼、戒烟和出席医疗诊所等。随机对照试验通常与行为经济学相联系，近年来越来越受到西方国家政府的欢迎。今天，许多西方决策者将随机对照试验视为证据的黄金标准。尽管科学家们对定性数据、讲故事与理解同等重视，但他们还是更喜欢随机对照试验和其他实验、准实验研究的结果。⑥

定性比较分析可以帮助决策者做出更好的决策。定性比较分析易于使用，因为它遵循日常生活逻辑，很多人都已经在用这些逻辑去辨析相冲突的证据，从而做出决定，定性比较分析利用简单的工具扩展可用的证据基础，并能够评估不同

① Smith K. Beyond Evidence-based Policy in Public Health[M]. New York: Palgrave Macmillan, 2013.

② Christensen J G. Bureaucrats as evidence brokers[J]. Journal of Public Administration Research and Theory, 2018, 28(1): 160-163; Gains F, Stoker G. Special advisers and the transmission of ideas from the policy primeval soup[J]. Policy and Politics, 2011, 39(4): 485-498.

③ Christensen J. The Power of Economists within the State[M]. Stanford: Stanford University Press, 2017.

④ Cairney P. The Politics of Evidence-based Policy Making[M]. New York: Palgrave Macmillan, 2016.

⑤ Cairney P. The Politics of Evidence-based Policy Making[M]. New York: Palgrave Macmillan, 2016.

⑥ Buss T, Buss N. Four Controversies in Evidence-based Public Management[M]//Shillabeer A, Buss T, Rousseau D. Evidence-based Public Management. ME Sharpe, 2011: 17-45; Smith K. Beyond Evidence-based Policy in Public Health[M]. New York: Palgrave Macmillan, 2013; Stoker G, Evans M. Evidence-based Policy Making in the Social Sciences[M]. Bristol: Bristol University Press, 2013.

背景下措施的影响，得出更系统的结论。它作为一种审查和比较证据的方法，在西方的影响力在过去 30 年来稳步增长。①

西方社会科学研究中经常使用定量法，但近期，叙事和讲故事引起了研究人员的更多关注。不可否认，西方的合法化在传统上与宏大叙事和所有类型的历史哲学有关，后者制定社会道德和政治规则，被规范并视为真理的裁决，而且，它们也随之规范决策并赋予权力（With it，they regulate decision-making and give power）。这些叙事为人们提供了社会运行的底层规则，为共同社会纽带的形成打下基础。因此，故事及其描绘的图像至关重要。事实上，每一项新立法、每一项政策建议或指导，本身都是一种叙事，以独特的方式将信仰、行动和制度联系在一起。②价值由叙事和图像承载，与身份相联系，并掌握着机构的关键（Values are carried by narratives and images，they link with identities，and hold the keys to agency）。此外，可视化现在是一种以新的方式与利益相关者互动的常规工具，当今社会科学和艺术的各种视觉手段为西方政治提供了信息。③

目前，循证决策的主要工具是大数据、聚类分析和微观模拟。发展数据挖掘技术，以应对当前可用数据的爆发，这是循证社会科学和决策的关注重点。当前社会瞬息万变，社会科学家和政策制定者都严重依赖统计分析，要从收集的数据中寻找规律。然而，收集有关社会复杂性的信息，并了解错综复杂的信息来源之间有何联系，是一项艰巨的任务。因此，近年来，许多决策参与者已转向因子分析和其他多元统计技术工具，来为他们的决策提供信息，提高决策的可信度。④微观模拟就是如此，它是一种建模形式，先在单个单位的层面运作，然后汇总以获得更高级别的结果。微观模拟模型是一种计算机程序，它模拟政府计划的运作，从地域或人口统计学角度模拟人口中个体成员的运动过程。通过汇总个体数据，微观模拟可以识别特定地区或群体的政策变化结果。微观模拟最常见的用途应该是用于人口统计和税收。通过汇总从调查或行政记录中获取的个人数据，微观模拟模型可以按家庭类型确定税收政策变化对收入的影响，以及哪些收入群体最受该政策变化的影响。⑤微观模拟是辅助政策分析的强而有力的工具，任何其他类型的模型都无法替代它。

---

① Thomas J, O'Mara-Eves A, Brunton G. Using qualitative comparative analysis（QCA）in systematic reviews of complex interventions: A worked example[J]. Thomasetal Systematic Reviews, 2014（3）: 67.

② Bevir M, Rhodes R. Governance stories[M]. London; New York: Routledge, 2005.

③ Margolis E, Pauwels L. The SAGE Handbook of Visual Research Methods[M]. London:SAGE, 2011.

④ Pennings P, Keman H, Kleinnijenhuis J. Doing Research in Political Science: An Introduction to Comparative Methods and Statistics[M]. London:SAGE, 2006.

⑤ Citro C F, Hanushek E A. Improving Information for Social Policy Decisions – The Uses of Microsimulation Modeling: Volume I, Review and Recommendations[M]. California: National Academy Press, 2006.

政策要如何制定才能使公民回到民主的中心？应该看到，社会科学中循证决策的流行是让行政行为重新得到大众认可的呼吁。当公共政策的制定加入公共讨论途径时，它的内涵会更丰富，因为这为解决相关行为人和受影响行为人之间的冲突提供了平台。社会科学中的任何分析工具都无法直接解决争议，并提供无可辩驳的证据论证行为的有利影响。让公民共同参与审议过程甚至共同构建公共政策，则可以提高行政效率、改善政策效果。

因此，在西方循证社会科学最近的研究中，"发挥公民作用"开始变得重要起来。公民社会科学是一种向普通群众开放社会科学研究的途径，能够为解决复杂的公共问题（如关于低收入人群、边缘化群体和公民引领社会变革等问题）带来新动力。同时，推进公民社会科学的主流化也面临着挑战，因为这可能需要承诺向公民开放政策制定过程，更加公开透明地进行决策。要解决复杂的政策问题，需要在政策、社会科学和公民之间建立更有成效的关系，但这些关系往往无法令其中的参与者竭尽所能，毫无保留。公民社会科学有多种形式，但从本质上讲，它是指非专业人士更多地参与对政策的理解、辩论、设计和科学研究。以正确的方式应用公民社会科学，本身具有未被使用的潜力，是一种积极的发展。以正确的方式应用，才能开发其潜力，促进公民社会科学的积极发展。①

像人工智能和气候变化这种涉及科学技术问题的决策，属于特定的循证研究领域。在我们的日常生活中，四处渗透蔓延的技术引发了广泛的政策问题，包括安全、隐私、安保、道德和环境等方面。西方社会技术的不断发展在不知不觉中催生了详细的技术评估研究。技术评估（technology assessment，TA）是一个科学、互动和交流的过程，旨在改善被科学技术问题影响的公共舆论和政治见解。技术评估研究的简报提供政策选项，根据其对社会各领域可能产生的影响进行评估，为决策者提供参考信息，让社会提前适应，从而能够在未来应用这些技术。②

为了让社会做好准备迎接未来，政策制定者必须做出战略性的政策选择，以应对更普遍的挑战。要想提出可靠的政策建议，需要人们探索创新，深谋远虑，系统思考，既要广开言路，集思广益，还要未雨绸缪。在这种情况下，展望思维可以说是面向未来的决策的支柱。展望学（foresight）是一门收集和处理有关未来环境的信息，研究未来的学科。它要求系统地思考未来，旨在提高能力，为未来可能发生或可能需要做的事情做好准备。展望学关注短期和长期发展的批判性思维。通过设想发展的各种可能性，从非常有可能到非常不可能，从可取到不可取，从

---

① Albert A, Balázs B, Butkevičienė E, et al. Citizen social science: New and established approaches to participation in social research[C]//The Science of Citizen Science. Berlin: Springer, 2021: 119-138.

② Banta D. What is technology assessment?[J]. International Journal of Technology Assessment in Health Care, 2009, 25(Supplement 1): 7-9.

有意到无意，探索新颖的或者正在发展中的可想象的未来，并评估它们对社会的潜在影响。①展望学包括战略展望学和探索展望学：战略展望学是一门规划未来的学科，可以促进各类组织制定形成共同的愿景，而探索展望学的研究有望促进预期治理，即研究面向未来的政策。为了避免出现政策措施超过公众的接受度，或考虑到某些利益相关者的担忧，展望可能有助于更有效地制定政策。政策制定过程中，展望让决策者得以在整体社会背景下权衡循证政策选择，并预测所考虑措施对利益相关者可能产生的影响。因此，展望使决策者能够预测其政策未来可能对社会产生的影响，并提前把这些影响纳入规划。证据为政策和社会提供了可信的知识和真相，而远见在政策中起到了补充的作用，其作用范围比科学证据更广泛。当然，没有证据它也就无法发挥潜在作用。

在展望学研究中，"瞭望"（horizon scanning）是对事物发展或转变的趋势和方向进行系统研究的过程，它能够提供目前已知的信息（证据和事实），放眼设想未来，包括不太可能发生的事情和可能发生的事情，理想的和不理想的未来。②展望学应用情景分析方法推进政策的制定，通过情景分析方式，它有助于洞察应当为哪些政策的实施做准备，并将这些设想的情景回溯到立法文本中，为决策过程提供了压力测试，增加了政策分析中政策评估结果的可信度。③

通过设想、分析未来情景，展望可以映射出朝向或背向该情景的路径。该映射确定了如何从当前情况出发达到可能的未来情景。因此，它能有效检验政策对可能出现的未来情景是否准备完善，即对政策进行压力测试。压力测试能找出政策措施的缺点，并检验这些措施是否为未来可能的发展做好准备。在实践中，为了构建一组不同的压力测试情景，必须要考虑可能发生的事情。④为压力测试情景设定叙事，通常从现有的证据开始，集合一系列关于未来的不同故事，有助于考察群众出现极端情绪的情形。

总而言之，西方政治体制未来的合法性取决于是否能有效制定良好的、有针对性的政策。这些决策结果必须基于可靠的数据，才能易于理解、评估、持续发展并面向未来。事实证明，人们越来越多地依据事实证据和统计数据对这些决策进行评估与评价。循证决策是基于科学研究的决策方法，这就区别于那些基于直觉、习惯或现有做法来设定议程的传统决策方法。如果决策者能更深刻地认识到当今循证社会科学这一工具的多元性和有效性，将定性和定量分析相结合而综合

---

① Miles I, Saritas O, Sokolov A. Foresight for Science, Technology and Innovation[M]. Berlin: Springer, 2016.

② Cuhls K E. Horizon scanning in foresight – Why horizon scanning is only a part of the game[J]. Futures and Foresight Science, 2020, 2(1): 23.

③ Dreborg K H. Essence of backcasting[J]. Futures, 1996, 28(9): 813-828.

④ Hassani B. Scenario Analysis in Risk Management[M]. Berlin: Springer, 2016.

评估政策影响，严谨考察多种证据来源，明确最佳可用证据来进行决策，其在纷繁复杂的政治环境中就更占优势。总之，循证决策是一种远近兼顾的新范式，能够增强社会干预的有效性。

最近，有学者借鉴证据革命的国际发展经验，将过去 30 年间证据革命（主要是在西方）的发展，概括为"四次浪潮"（图 1.2）：首先是作为 20 世纪 90 年代新公共管理"结果导向议程"（results agenda）之一的"产出监控"（outcome monitoring）[①]；随后是 21 世纪初以来，特别是 2003 年伴随随机对照试验（RCT）而兴起的影响评价（impact evaluation）所形成的第二次浪潮；第三次浪潮则表现为 2008 年以来处在证据革命潮头浪尖的系统评价（systematic review）；第四次浪潮则是 2010 年知识经纪系统（knowledge brokering）的出现，尤其是以美国和英国的"真管用运动"（What Works）为代表，对决策证据的应用和转化的制度化探索。当然，作者还预测了第五次浪潮，认为它更大可能来自人工智能、机器学习和大数据的潜力。前述证据革命的五次连续浪潮，每一次都建立在前一次浪潮最后一个波的基础上，它们一起构成了证据体系结构的供给侧。[②]

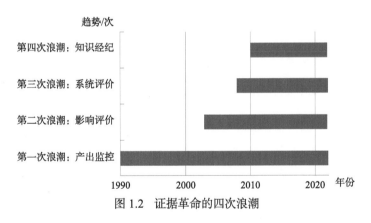

图 1.2　证据革命的四次浪潮

鉴于目前大数据主要还停留在通过互联网和计算技术的便捷，对现实世界的数据化存储、传输与呈现层面（如各种商业和消费平台，也包括科学研究数据库平

---

① 新公共管理的开先河者与典型代表是英国撒切尔内阁和美国里根政府。它是为了回应 20 世纪 60 年代以来西方特别是英美国家包括民权运动、经济滞胀、公共安全、环境污染、社会保障等社会问题与传统公共行政模式之间的反差。新公共管理具有浓厚的实践导向特征，目的在于对政府和公共组织的内部结构、公共服务的供给方式进行根本性改变，以更低的费用、更高的效率实现公共目标。"公共行政注重的是过程、程序和符合规定，公共管理涉及的内容则更为广泛。一个公共管理者不仅仅是服从指令，他注重的是取得结果和为此负有的责任。"参见休斯. 公共管理导论[M]. 彭和平，等译. 2 版. 北京：中国人民大学出版社，2001：6-7.

② White H. The twenty-first century experimenting society: The four waves of the evidence revolution[J]. Palgrave Communications, 2019, 5（1）：47.

台等），尚未达到大数据的计算或者开发利用，或者以大数据为基本素材来构筑全新逻辑的人类虚拟生活场域或元宇宙(Metaverse)①，所以，对于大数据为本质的"大智移云"新时代，尚不能简单化和盲目乐观地视为"未来已来"。在此情形下，也需要客观冷静地看待大数据基础上的法循证学的发展现状与前景，同时还要着眼未来，积极推动现实世界及法律关系的数据化。基于问题导向、立足实践需求，由点到面地不断尝试和推动大数据计算，通过虚拟世界的镜子，为人类更清晰地认识现实自我、社会关系与世界秩序等，提供周全的决策参考。

---

① 元宇宙(Metaverse)，钱学森先生将其命名为"灵境"。它是人类运用数字技术构建的，由现实世界映射或超越现实世界，可与现实世界交互的虚拟世界，或者具备新型社会体系的数字生活空间。"元宇宙"本身并不是新技术，而是集成了一大批现有技术，包括 5G、云计算、人工智能、虚拟现实、区块链、数字货币、物联网、人机交互等。2021 年是元宇宙的元年，在这一年，很多全球知名的科技互联网巨头开始进入元宇宙这个行业，尤其是扎克伯格的 Facebook，还特意将公司名字改成了与元宇宙相关的"Meta 公司"。实际上，不管是元宇宙还是元分析，其中都蕴含了共同的数字化社会的价值理念。

# 第二章　法循证学范式要素

根据前述库恩的范式理论，范式作为从事科学研究的群体所共同遵从的某一特定世界观和行为方式，共同的基本理念和操作方法，基本定律、理论、应用及相关的仪器设备等是其构成要素。当然，各构成要素之间隐含着李泽厚先生所谓的恰到好处的"度"。范式的三大构成要素为：思维视角、方法论和实践规范。

基于范式的科学内核，同时也为了共同探寻未来法循证学在范式层面可能为研究者提供的可模仿的成功先例和实操流程，最终推动循证社会科学不断走向成熟，我们从范式构成要素角度，将法循证学方法的构成要素分为静态构成要素和动态流程要素。

## 第一节　法循证学范式静态构成要素

### 一、法律数据库

实际上，早在二十年前的 20 世纪末，人类的数字先知们，不管是借微软创始人比尔·盖茨之手为人类指出的"未来之路"[①]，还是由"互联网之父"美国学者尼葛洛庞帝之口所道出的人类"数字化生存"的本质真相[②]，都预言了数字社会的到来。在今天，我们的数字化梦想终于变成了虚实交织且须臾不可分离的数字社会现实。

法律数据及数据库之于法循证学方法的重要性，恰恰根植于人类正在全方位地从工商业社会踏入数字化社会的这一历史趋势之中。尽管对于其中什么是"数字生活"的界定，言人人殊，但是，它所具有的"不可抗力"般的动因和势能，已经让数据如同工业革命初期的煤炭和 20 世纪的石油一般，成为 21 世纪人类社会的新能源、新资源和"新石油"；进而化身为大数据时代的算据，与算力、算法和算容一起，合力成就了大数据生产方式和生产关系。

---

① 盖茨. 未来之路[M]. 辜正坤，译. 北京：北京大学出版社，1996.
② 尼葛洛庞帝. 数字化生存[M]. 胡泳，范海燕，译. 海口：海南出版社，1997.

在这个大的历史背景下，法律数据及其机构化的呈现——数据库，必然成为数字社会的法律思想市场中的基础性生产资料。法律数据的有无、多寡及质量水准，法律数据的生产、加工能力和开发应用水平，最终决定了数字(数据)社会中从个体成员、社会组织到国家区域的法学研究与法律治理的能力水平、比较优势及竞争力。法循证学范式正是应法律数据库之用而生的，具有鲜明时代特征的法学思维视角、方法论和实践规范，二者互为前提条件，共生共荣。

在目前的法律数据库市场中，以中国和美国为代表，用不同的理念和大致相同的技术，引领着世界法律数据化，以及法律数据库的产、供、销或者产学研用的产业流程。前者是由政府或公共机构背景的社会科学界特别是法学界主导的，如 CNKI 与北大法宝；后者则是由市场化的法律公司——如汤森路透西法网(Thomson Reuters Westlaw)与律商联讯(Lexisnexis)两大公司——主导的。当然，在法律数据库的国际化水平方面，美国已经遥遥领先，中国也正在不断扎实推行。世界其他国家的法律数据库建设，大体上可以概括为具有混合特征的第三种类型。①关于法律数据库的具体情形，我们将在第三章进行详细介绍。

## 二、分析工具软件

如同人类认识和改造世界的能力是与生产工具的不断进化同频共振的一样，在数字化社会和数据生产关系共向演进的过程中，分析工具也从最基础也最有代表性的 Excel、SPSS，发展到更加专业的数理统计工具 Stata、CiteSpace，以及最流行的编程性的 Python、Java 等各种数据分析工具类软件。②分析工具软件的发展，不仅在"工欲善其事，必先利其器"层面具有前置重要性，而且，作为以大数据分析软件为代表的法律信息分析工具和手段，在法律数据的生产与再生产过程中，也具有基础性和决定性的意义。这正是法循证学方法交叉学科范式的优势所在。法循证学的大数据分析软件，目前主要还是借用循证医学及其他循证社会科学领域所发展成熟的通用软件。一方面，这些现成的大数据分析软件自身还在根据循证决策实践需求而不断演化完善；另一方面，未来更需要真正结合法治决策对大数据分析的特殊需求，对分析软件进行特殊定制和自我开发。

那么，现今开展法循证学实践，就需要从数字社会与法律数据库建设、法律数据产品生产加工的双向互动角度，重新审视传统法学研究范式，并精准定位以法循证学为代表的数字化法学研究新势力对法学范式的可能新贡献。对于传统法

---

① 表面上看法律数据库建设只是一个非常技术性甚至可以"一键复制"的简单化体力劳动，事实上，任何电子数据库从设计理念到具体运行，都有着非常鲜明的价值倾向与文化特征。

② 大体可以分为以下 5 类：Excel 生态工具、数理统计工具、BI 工具、数据库工具、编程工具。其中 Office 家族的 Excel 应用场景广泛，用户基数最为庞大。

学范式中被视为可有可无的写作形式，如关键词的筛选、模糊随意的写作规范的具体评判标准，学术"四题"——话题、问题、主题、标题——之间的关系，以及包括文献检索原理、检索技术和检索方法等技术规范，就需要彻底更新和转变观念。需要基于一种具有主体性意义的实质内容立场，从法学教育体系、学科体系和话语体系三个方面，对大数据时代的法学研究范式和学术规范进行体系性完善与制度性重构。

## 三、数据排纳标准

基于上述两个原因，特别是考虑到法律数据库中的研究文献以非实证二次研究居多的事实，以及在同一个电子图书馆中，不同思维视角、方法论和实践规范，乃至不同数据库工具基础上所搭建的不同类型的法律数据子库并存的基本现实，表面上借用人类通用的 0 与 1 实现了数据化的法律，在法律知识的底层逻辑与法律大数据的分类编码等方面，却都存在着较大差异。即，现阶段开展法循证学实践，必然是基于一种次优选择即非规范、非统一的法律数据库进行的。

为了平衡法循证学的学术理想与法治现实之间的天平，特别是为了最大限度地保证法循证学方法可重复验证的科学性，法学研究者就需要在运用法循证方法排除和纳入适格法律数据之前，熟知和明了各种类型法律数据库的特点和不同种类数据统计分析工具的优点，在此前提下选定适配的法律数据库和统计分析软件，然后针对 PICOS (patient or population, intervention, comparison or control, outcome, study design) 黄金法则所确定的特定研究课题，按照统一规范的检索策略，最大限度地进行相关法律数据的全库检索和跨库检索，继而进行数据整合。因为，大多数情况下的法循证学研究所涉及的海量数据，是传统纸媒时代的法学研究所无法比拟的，它需要一个多人跨学科团队来分工配合处理。而且，团队成员对于检索策略的共识本身，又是形成法循证学研究共识的前提。对于数据检索中的认定标准等疑难复杂问题，还需要召开内部集体讨论会来确定。在必要的情况下，甚至需要单独征求特定法律行业领域的权威专家的意见，来最终确定适格数据的排纳标准。①接下来，对于所获得的形式上符合排纳标准的数据，还需要团队成员内部相互间开展背对背的双盲分组检索核对，排除类似会议综述、新闻报道及其他事实上不符合主题的研究文献，并对检索结果去除重复后才能获得真正有用于循证分析评价的适格文献。最后，如果所获得的适格文献与研究者的专业经验判断之间存在某种偏差，还需要进行研究文献的手工补充检索。

---

① 正是因为数据排纳标准本身的如此烧脑，所以，也反衬出传统以逻辑推导和个案剖析为主流的法学研究范式中，某些笃定的看似不可置疑的确定性研究结论，实则是一种让人后背发凉的盲目自信。

## 四、数据统计分析

依照所设定的数据排纳标准,检索获得适格研究文献后,需要紧扣特定法循证研究的主题和目的,选用匹配的数据统计分析软件开展循证研究。

虽然人们已经在"数字日常"中开始享受大数据和互联网技术带来的种种便利,但现实生活的数字化并不等于"数字化社会",特别是并不会自动实现一种数字化的法治治理;对法律数据库中的数据进行统计分类,也不等于循证研究,无法自动获得法循证学研究结论。数据(甚至统计表格的堆砌)本身,并不能自证或者自我解决面临的现实问题。就如同我们只有戴上增强现实(augmented reality,AR)眼镜,才能拥有现实世界之外的全新数字世界一样,在数字或者数字化社会之外,还需要我们借助人类迄今已沉淀层积形成的所有知识、理性和智慧,去有意识、有目的地探寻数据之间的关系和意义,继而推动人类走向信息社会。再通过概括总结大数据背后具有因果性的数字规律,最终实现大数据规律与数字背后的人与人之间社会关系的理性映射,带领人类真正进入全新的知识社会。当然,人类正在可见的范围内,进一步探索和延展着另一种社会升华的可能,那就是数字化社会的最高阶段——元宇宙。

所以,法循证学的每一步分析及其结论,都一定要立足于大数据的统计分析,否则其作为一种新的研究方式所具有的范式意义和价值,就失去了存在的合法性基础。那种数据统计和文字分析"两张皮"的所谓大数据研究,都是"挂羊头卖狗肉"的徒有虚名。但是,每一个(组)统计数据,能够传递出什么样的社会信息,人类每天重复着的产品生产、分配和交换活动①,又能通过何种大概率规律折射出来,最终成为道德和法律之外的一种全新的"公共规则约束",这个复杂的论证过程或者对大数据规律的有效解读,既需要获得传统法学研究范式的配合,也需要借助更加符合法学等社会科学要求的叙述话语和逻辑来表达。因此,在法律领域引入循证方法而想当然地与传统法学研究范式搞对立的思维,是完全行不通的。法律数据的信息化进而知识化,是法律数据分析的内在逻辑,需要大小数据的结合,法循证方法与传统法学范式的高度统一。

## 五、报告撰写论证

从严格意义上讲,基于法循证学方法的实证范式特征,不同于依据逻辑三段论为内核的传统法学价值论研究范式,后者是按照"大前提(法律的应然价值理念

---

① 恩格斯指出:"在社会发展的某个很早的阶段,产生了这样一种需要:把每天重复着的产品生产、分配和交换用一个共同规则约束起来,借以使个人服从生产和交换的共同条件。这个规则首先表现为习惯,不久便成了法律。"参见马克思,恩格斯. 马克思恩格斯选集:第 3 卷[M]. 北京:人民出版社,2012:260.

或者蕴含应然权利的法律规定)—小前提(现实社会问题引发的权利争议或案件纠纷)—结论(应然的权利义务界定或风险分配的逻辑结论)"的逻辑来完成范式论证的；前者则必须遵循已在循证医学领域被证明了的 PICOS 黄金法则。即，紧扣实证范式的最大实践价值，遵循不以人的意志为转移的客观规律和成功实践经验提炼出的主观规则。通过事先可控且易懂的方式，将研究话题所涉及的内外部、实在与潜在的不确定性因素，降低到可控范围或可控程度。由此出发，为了摆脱定性研究和逻辑推导中存在的各说各话与以偏概全的通病，未来法学研究需要转变为一种从研究计划开始就基于可沟通、可辩驳的科学设计的实证研究。所以说，PICOS 研究策略的有无，成为循证方法与其他实证方法的分水岭，是法循证学研究的进入门槛。

从循证医学的角度，任何一个基于循证方法的医学研究，都是由患者、干预、比较、结果和试验设计等要素和流程组成的，循证医学将它们的首字母缩写后称为 PICOS 原则。P(population，研究对象)指患有某种疾病的特定人群；I(intervention，干预措施)指干预组的治疗方案或暴露因素；C(comparison，对照措施)指对照组的治疗方案或暴露因素；O(outcome，产出结果)指包括有效性、生存率等在内的重要临床结论；S(study design，研究策略)指具体的研究设计方案如随机对照研究、队列研究、病例对照等。[①]

我们借用循证医学的这一方法论准则，立足法学等社会科学的研究特性，在对其进行适度改造后，获得了法循证学研究中 PICOS 黄金法则的 5 个组成要素及其含义，分别如下。

P(population，研究对象)，即需要运用法循证学方法研究分析的特定利益相关者人群及其存在的具体现实社会问题。

I(intervention，干预措施)，指对上述研究对象拟采用的新法治干预措施或观察指标。

C(comparison，比较组)，指用以评价新、旧法治干预措施的对照组或观测指标。

O(outcome，产出结果)，指获得能够证明新的法治干预措施实施效果的定量产出成果或观测数据。

S(strategy study design，研究策略)，指根据上述 PICOS 逻辑所具体采取的有针对性与实操性的研究设计方案。

也就是说，法循证学方法指引下的法学研究，根据其实证分析范式要素的要求，首先需要确定主要的研究目的，如待评估的特定法律手段或者法治措施的有效性和成本效益等。在此基础上，通过建构研究主题的 PICOS 方案，来提炼清晰

---

① 在此，我们能够非常直观地看到医学与文学的最大交集：都直面了人类最本质的身(肉体)、心(精神)需求。

明确的研究问题，最终协力实现预定的研究目的。一言以蔽之：针对某类人群或社会问题(P)，为评价某种法律干预措施(I)相对于对照法律措施(C)的实施效果(O)，而需要采用的研究设计策略(S)。从循证医学的发展经验来看，法循证学研究既可以选择针对现有的二次研究文献进行系统评价(systematic review)，也可以选择基于随机对照试验等开展原始研究。

总之，从法循证学范式的要求出发，当我们提出任何一个法学研究问题，特别是与法治实施效果相关的研究问题时，都可以而且应当按照 PICOS 黄金法则的实证逻辑思路转化成完整的研究策略，扩展出规范的研究内容。当然，最后形成的法循证学研究成果，如果严格地按照坎贝尔国际循证社会科学协作网(Campbell International Evidence-based Social Science Collaboration Network)的规范要求，还必须遵循如下摘要性的论文结构：论文标题、标题(title)与作者(authors)、摘要(abstract)、研究背景(background)和研究目标(objectives)、研究策略(search strategy)、选择标准(selection criteria)、数据收集和分析(data collection & analysis)、研究发现(main results)、研究结论(reviewer's conclusions)。①

我们试举如下例证。

题目：母语在法循证学研究中重要吗？基于坎贝尔图书馆中犯罪与司法类文献语种的评价分析

作者：刘光华

研究摘要：（略）

研究背景：坎贝尔协作网作为一个为特定社会项目、社会政策和社会实践的有效性提供研究证据和高质量系统评价的国际支持网络，与科克伦协作网相同，其目的都在于运用科学而规范的系统评价方法，为全球公共与私人服务提供更明智的决策和更高的效能。其自身的特点是：需要充分考虑决策目标、资源和效果的地方性。这样，基于母语进行的所有地方性资源尤其是研究证据的获得和系统评价，就显得非常必要和重要。

为此，坎贝尔手册(Campbell Handbook)中也明确指出：当国际性循证研究文献适当时，它应当被纳入分析，而不用考虑这个适格研究报告所使用的语言。当研究要求只能提交英语报告时，评估报告应当确保这一限制不会遗漏研究的主体或重要内容。

但事实上，不管是坎贝尔手册本身，还是目前已经收入坎贝尔图书馆的所有评价资源（题目、方案和报告），都是以所谓国际通用语言英语作为其存在和表达形式的。那么，对于任何其他非英语母语的研究者，自然而然地会有这样一个问

---

① 杨克虎，李秀霞，拜争刚. 循证社会科学研究方法：系统评价与 Meta 分析[M]. 兰州：兰州大学出版社，2018：224-247.

题：到底非英语的其他母语研究在坎贝尔图书馆中的分布状况如何，非英语的研究成果何以可能进入坎贝尔系统评价体系，并如何被整合到以英语为主体的坎贝尔图书馆系统评价体系中？

研究目标：我们的研究意图揭示非英语的其他母语法循证学研究成果被纳入坎贝尔系统评价的程度、范围和途径，进而对坎贝尔手册中关于系统评价研究语言规则的有效性做出评价结论。

研究策略：我们的研究将对坎贝尔图书馆中所收录的与犯罪和司法主题相关的全部文献的语种进行统计分析，重点针对坎贝尔图书馆中全部的系统评价文献所使用语种、系统评价所研究的证据文献的语种，以及系统评价文献作者本人和所在研究机构的官方语种等的数据统计分析，来达到研究目的。

样本选择：我们的研究选取坎贝尔图书馆中有关犯罪和司法主题所有标题、摘要和系统评价报告等开展系统评价分析。

数据收集及分析：我们的研究根据前述的研究策略，并针对所选定的研究样本设计了数据提取表，采取双盲方式对数据进行统计。在此基础上，运用系统评价等特定研究方法，开展定性实证研究分析。

主要结果：我们的研究结果可视化地显示了非英语的母语研究在坎贝尔系统评价中的现状。

作者结论：我们的研究结论是坎贝尔手册中有关系统评价的语言政策的有效性目前并没有实现。

小结：最后，与法循证学方法的上述本质密切相连，证据、经验、价值、资源皆服务于本土法治决策议题，到底是以中文证据为主还是以外文为主，需要综合考虑法学和医学的学科差异，以及坎贝尔的局限与社会科学研究的本相等复杂问题。

## 第二节 法循证学范式动态流程要素

如何将上述法循证学的静态构成要素，依照循证法治决策理念，形构和转化成一套可以技术性实际操作的法学方法，进而服务于科学、民主的法治决策，就成为法循证学在方法论层面所关注的核心议题。即，如何界定法治决策证据的种类和范围，如何获得法治决策证据，如何使用与评价法治决策证据，以及如何最终将循证法治决策成果变身为现实法律制度与政策。这样，经由动态循证流程，就可以从实操方法层面将循证法治决策化，约为法治决策证据的循证科学生产、应用和转化，最终实现系统整合的高质量法治决策目标。

依托法循证学内涵的界定，即针对是非争议的法治决策议题，借助循证方法甄别、筛选相关有效法律文献证据，进而依据本土法治资源、主流法律价值和法治实践经验来严格评估证据，最后，再辅之以成本-效益分析获取最佳实用性法治决策结论的方法、流程与活动①，我们提出如下法治决策的循证操作流程，以及不同流程的证据转化准则。

## 一、明确界定法治决策的具体议题

如果说在古代社会或者前现代社会，人类生活状态或者现实问题都是一种依照神意与自然法的编码与排序，生动活泼，色彩纷呈，对于失序后的社会生活，也主要通过物性证据的自然丛林法则、灵性证据的神明裁判及感性证据的亲情规则等，重新进行编码与复位，那么，进入近(现)代社会后，发端于西方资本主义的工业文明，则彻底打乱了人类社会的自然秩序和编码，并重新设计了一套以金钱或资本为密码或代码(code)的人类社会理性编码与排序。以金钱算计为天职的"理性经济人"，成为人类的代言人(公法，representatives；私法，agents)。一切的纷争及其救济，甚至人类的内在规定性(生老病死与爱恨情仇)及其安妥，都被形式化为等价的金钱或资本。人类的生活被其所折射的完全理性证据和程序基础上的人定法及其形式化规则所主宰。进入21世纪的互联网与大数据后现代社会后，人类更是沿着这条道路，以互联网大数据为代码，将此前人类甚至上帝关于人类及人类社会的所有自然编码与理性金钱密码，都通通数据化、格式化和智能化。

如同区块链所蕴含的意义那样，大数据时代的人类存在，仅仅呈现为一串数据，而且是非常个性化的精准数据链；人类的关系、行为、利益甚至情感思想，尤其是对它们的表达和规范等，也都通过数据及其相互关系来实现。近代以来确立的理性主义学术范式，将再次发生深化与转向。基于情感立场的价值性法律议题，如应不应该进行人类的基因编辑，或者对人类基因进行编辑好不好？②在数据化后面临着向是非论题转变的新要求，即针对人类基因编辑的现有研究证据有哪些？哪些证据是支持的，哪些证据是反对的？支持或者反对的证据各自的质量与

---

① 杨克虎，李秀霞，拜争刚. 循证社会科学研究方法：系统评价与 Meta 分析[M]. 兰州：兰州大学出版社，2018.

② 英国《自然》杂志于 2018 年 12 月 18 日发布了 2018 年度科学人物，该杂志每年遴选出十位对科学界产生重大影响的人士，囊括全年最重要及最受争议的科学事件。当年入选的中国科学家贺建奎因为宣布他编辑了一对双胞胎女婴的基因组，而引发了全球关注，并受到了普遍批评。参见张梦然. 《自然》发布 2018 年度十大科学人物，22 岁中国物理学家曹原入榜[N]. 科技日报，2018-12-19.

效力等级如何？它们分别能够支撑什么样的科学法治决策？

要实现这种法学研究范式的转向，就需要法学界内部的自觉反思与历史超越，需要法学研究者努力从目前大行其道的空泛领域研究与方向研究，转向真正的问题(problems rather than questions and issues)导向的决策研究。[1]不仅如此，大数据时代的法学研究者与法治决策者还需要清晰地意识到，必须在所有的法治问题都被 PICOS 黄金法则明确为具体而实证的法治决策议题，并获得相应(可以获得的最高质量)的循证证据支持后，法治决策才会具有其合法性。

## 二、匹配适宜的数据统计分析方法

首先，法循证学方法的定量科学范式要求，以及其精准、交叉的方法特征，不仅仅需要体现在循证分析过程和研究结论中，更体现为需要针对特定研究主题和研究目的，来匹配适宜的数据统计分析方法。

其次，针对所研究的不同性质的法治问题，特别是立足所检索到的适格法学研究文献中的整体质量，选择具有不同匹配度的统计分析方法。对于定性研究与定量研究主导的不同性质的文献，研究策略和设计类型也应该因事制宜。

最后，适宜的数据统计分析方法还包含着统计分析软件的匹配性问题，不同统计分析软件背后的算法不同，使得实现研究目的的能力和程度也会有差异，需要研究者熟悉不同统计分析软件的特性并跟踪其最新发展变化。

## 三、科学甄选最佳的法治决策证据

有了明确、实证的法治决策议题，就需要我们摆脱立足于有限甚至狭隘的亲身经历来完成的经验决策，经过规范的循证方法甄别、筛选相关法律(文献)证据。当然，其中包含对已积累或者已被证明具有效力等级的证据进行再循证评价后所形成的新证据。

循证医学以服务 PICOS 研究策略为目标，根据证据质量水平的差异及层级关系，目前已形成了相对成熟的循证证据金字塔(图 2.1)。[2]证据金字塔从下往上的排序，是基于对研究设计上限的考虑。不同的研究主题，所需要的证据水平并不相

---

[1] 有学者通过真假论题与学术研究之间的关系深刻地阐述了社会科学研究中的是非决策议题的基础性和首要性地位。参见刘南平. 法学博士论文的"骨髓"和"皮囊"——兼论我国法学研究之流弊[J]. 中外法学，2000, 12(1)：101-112；陈瑞华. 法学研究方法的若干反思[J]. 中外法学，2015, 27(1)：22-28.

[2] 循证医学的证据金字塔图(the evidence pyramid)，大多使用 2001 年美国纽约州立大学医学中心(Medical Center of State University of New York)所提出的模型(又称九级证据金字塔)，该证据分级简洁、直观，传播广泛。其中，首次将动物研究和体外研究也纳入了证据分级系统，拓展了证据的范畴。参见证据金字塔(九级证据金字塔)[EB/OL]. (2019-03-21)[2022-08-08]. https://ebn.bucm.edu.cn/xzffxzy/zjfjxt/54217.htm.

同，最合适的就是最好的，无须"杀鸡非用宰牛刀"般的强求。针对同一研究问题，证据与研究问题之间的因果关系自下往上逐步递增并强化。为达到最佳的论证和决策效果，就必须全力获得、选择和使用最佳证据，当然，绝不能为了照顾自身经验认知的缺陷而掩盖甚至篡改科学证据。

图 2.1　循证证据金字塔

结合法学等社会科学的特性，以及既往开展法循证学研究的实际经验，我们认为，法循证学研究对法治决策证据的甄别和筛选，包括三个不同的功能层次，可以称之为法循证学证据甄选的"三部曲"。

首先，运用循证技术，通过统计分析软件工具，对特定法治决策议题下的研究证据进行初步甄别筛选，为法治决策包括法学研究和法治发展描画地平线。具体而言，通过对特定时空区间内的法学研究、法治建设成果进行数据化改造，在此基础上实现对法治决策证据的文献计量学可视化分析。这种借助文献计量学方法对法治决策证据的甄选与分析，在某种程度上，第一次让通行于包括法学在内的社会科学研究方法中的"文献研究综述"，真正有了现实载体和技术保障。作为法循证学方法的前端功能，以文献计量学为代表的循证方法，应该成为大数据时代法学研究和法治决策的标配方法之一。

其次，对符合纳入排除标准的有效决策证据，通过自变量、因变量的数据化设定和效应量求证，进而获得对特定法治决策证据的无效、中性或有效等效度的科学实证评价，最终实现对有效、高质量法治决策证据的发掘与生产。继而，对不同层次法治措施的运行现状展开实证化循证评价，对相关问题提出有针对性的制度完善建议。它作为法循证学方法的中端功能，集中体现在国际上以坎贝尔图书馆为代表的、针对特定法治措施实施效果（effectiveness）的系统评价证据及其数据库。①

最后，通过"有证查证用证，无证创证用证"的循证准则来甄选证据，实现对未来宏观、中观和微观法治决策的循证化与科学化证据支撑。即具体通过面对和回应不同类型的实际法治决策问题，开展在证据甄选基础上的分类循证法治决策。其中既包括对某个具体议题与案例(debate and case)的应急决策或短期决策，也包括对某类一般性问题的中期决策和战略决策，如循证决策指南(guidelines)等。当然，不管在哪个层次上，高质量的循证法治决策证据，都既包括本土的循证证据，也不排斥外来的循证证据。这是法循证学方法的高端功能，同时也是有待世界循证社会科学界一同继续努力开拓的领域和方向。

由此可见，法循证学范式基于其循证科学或实施科学(implementation science)特性，内在地要求对决策证据进行"系统+评价"(systematic and meta review)，天然地内含了法治决策的实践性和问题导向性。它不仅要求法循证学研究努力摆脱象牙塔式传统法学学术研究取向，同时还期待法循证研究与循证法治决策之间积极互动配合，法循证学与循证社会科学不同领域的循证研究成果之间相互助力。

## 四、加权赋值本土的法治决策资源

循证科学与其他自然科学之间的结盟，譬如循证医学，它的学科特性决定了，跨时空的循证证据与医疗决策之间可以无缝隙穿越甚至替代借用。②法循证学作为循证科学与法学这一人文社会学科的交叉，不管是其中关于法的本质与民族精神、统治阶级意志抑或是地方性知识之间内在关系的揭示③，还是"可以市场化经济，但不能市场化政治与社会"的西方法治经验，都凸显了法治决策中本土资源或者本土法治决策证据的特殊性与重要性。④我们可以学习借鉴其他民族的精神智慧、不同时空条件下不同国家和社会治理的地方性知识，以及不同统治阶级意志主导下的法治经验，但决计不能实施简单的"法律移植"或"法律接轨"。我们可以对不同法治方案与背后的社会治理需求之间"恰到好处的度"⑤——内在逻辑结构——进行本土化再表达⑥，但绝对不能简单地以整个西

---

① 具体参见坎贝尔图书馆官网：https://www.campbellcollaboration.org/library.html. 需要进一步指出的是：这种决策证据及评价数据库的建设，不仅直接关涉到一个国家的学术话语权，而且潜移默化地影响到未来国际规则制定的话语权。

② 包括循证医学的定义在内，从来都只讨论循证证据的普世性效力等级，而从不讨论证据的地方性效应价值。

③ 具体参见马克思、萨维尼、吉尔兹等西方学者对于法的本质所作出的不同于主流西方形式主义理性法治的理解和认识。

④ 苏力. 法治及其本土资源[M]. 北京：中国政法大学出版社，2004.

⑤ 李泽厚. 历史本体论[M]. 北京：生活·读书·新知三联书店，2002.

⑥ 坎贝尔图书馆中没有一篇中文甚至英文之外的其他语种的研究文献这一事实，本身就说明了目前英语学术界事实上值得非西方世界(the rest)深思与警惕的知识霸权。

方法治(rule of positivism law)及其结论作为非西方世界法治逻辑三段论推理的大前提。这种法治思维的潜(下)意识,已经成为包括中国在内的非西方世界实现国家社会治理现代化的真假试金石。

我们不反对人类法治经验尤其是法治决策证据中的共通性,但各国本土法治决策证据的加权赋值,却是我们不得不重视的。再以法治决策中非常经典且基础的循证证据——法律渊源为例来讨论,我们认为,中国在未来的法治建设中,亟待反思和摆脱西方特别是英美法系的判例法传统,不能再局限于将司法决策及其证据作为合法性来源,而应该扩展到包括立法、执法、司法和守法在内的法治全过程,并尽可能包容形式化理性立法规则(即作为正式制度的有权立法的存在和表现形式)之外的,包括感性政治政策、商业惯例、法治意识规则,以及硬、软法规则甚至锐实力(hard,soft and sharp power)博弈等在内的物性规则,尤其是独具地方知识特色的非正式制度法律渊源。它们都应该系统全面地作为法治决策的循证证据来源而纳入统计分析和循证系统评价。

## 五、兜底检测主流社会的法治价值

正如我们此前关于法循证学范式的方法特征所做的总结:法循证学方法具有科学性、靶向性、系统性、评价性等方法论特性。[①]其中的评价性,除了意味着法循证学方法在其前端和最基本功能方面所具有的学术评价性外,就循证法治决策而言,它主要体现为对法治决策证据及决策的推理过程,依据特定国家和社会的主流法律价值所进行的评估赋值。因为,不管是法学研究、法律建构还是法治运行,其共同和基础性的角色都是:实现公平(justice)与秩序(order)价值目标下的行为规范与治理体系构建。循证方法借助大数据人工智能技术,通过对有价值数据的标签化整理和分析,再结合其他相关数据的深度挖掘(data mining),为我们揭示出隐藏在事物表象之下的各种内部和外部相关性,为个人、社会和国家治理带来巨大的规范价值。在中国特色法治语境下,为了实现与西方公民社会不同的、体现社会主义"人民社会"主流价值的法治决策,就必须坚持实事求是、群众路线和发展全过程人民民主等具有中国特色的社会主义民主政治的决策准则,必须揭示并保障高质量循证决策证据与人民主体、公众参与及民意民心之间的互联互通;同时还必须厘清法治决策中情绪主导下的乌合之众盲从与反映科学规律的循证决策结论之间的界限。

主流价值与大数据之间的关系,虽然目前已成为科学领域和知识论行文中泛

---

① 刘光华. 法循证学:法学与循证科学的交叉方法和领域[J]. 图书与情报,2018(3):11-17,49.

指的思维方式，但正如库恩本人也反复强调的那样，包括法循证学在内的所有范式，都应该是本体论、认识论和方法论的综合体，它们系统地回答事物存在的真实性问题、知者与被知者间的关系问题及研究方法问题，而且，还应该是科学家共同体所普遍接受的思维方式。然而实际上，不管是从马克思主义实践论角度来推导，还是范式所明确内含的"共同信念"，都直接指向了特定社会甚至人类公认与约定俗成的价值理念。人类社会发展到"大智移云"时代，本身就在经历着世界观、价值观与人生观的更新再造。在这个意义上，循证法治决策就是通过社会主流价值的融入来保证大数据法治决策的"启智向善"的。①

只有经受了主流价值观或者核心价值观目标检验的循证方法、证据、流程与活动，才可能在本土化法治决策中真正获得最佳实用性决策结论，继而服务特定法治语境下的法治议题，以及现代法治各环节中的循证法治决策。否则，就可能在科学中立决策的名义下剑走偏锋甚至自毁法治长城。

## 六、验证补漏法治决策的地方经验

不管是前述的法治决策中需要综合考虑的本土法治证据资源，还是社会主流法律价值观，实际上都揭示了法治决策与不同层次的地方法治决策经验之间密不可分的关系。因为，法循证学在本质上是通过链接和揭示人类自身数据与人类行为规范之间的内在关系，预先研判、防控与化解行为风险，实现自身福利的最大化的。它虽然与适格的法律数据(库)、匹配的分析方法(软件)、规范的分析流程(双盲纳入排除、专家意见)等严格规范的决策证据甄选、评估流程息息相关，但更与这些数据背后的行为主体尤其是其特定文化模式、情感结构与信仰体系密不可分。人类不管是作为平等关系的行动主体还是作为隶属关系中的治理主体，都不可能是价值无涉、立场中立与情感脱敏的。人类所处的特定物质生产生活条件所决定的上层建筑——法律及法治决策，不仅是地方性治理知识与经验的复现，而且还是一个与人类一起生生不息的过程，它要求所有的循证法治决策，都必须考虑地方法治决策经验及它的过去、现代、未来。

恰如我们在关于如何对 evidence-based law 进行中文命名时所顾虑的那样②，实际上，从严格意义上讲，将 evidence-based 对译为"循证"，有着诸多望文生义，甚至不严谨之处。③细究中国传统国家社会治理及其关于循证决策证据的态

---

① 傅莹. 人工智能的六点原则[N]. 北京日报，2020-03-09.

② 刘光华. 法循证学：法学与循证科学的交叉方法和领域[J]. 图书与情报，2018(3)：11-17, 49.

③ 1996 年由王吉耀教授将 evidence-based medicine 翻译为"循证医学"一词，从而引入我国。参见复旦大学循证医学中心主页 http://www.zs-hospital.sh.cn/zsyy/n33/n35/n48/n405/n406/u1ai2251.html.

度，我们不难发现，不管是元诗所言"人来每问农桑事，考证床头《种树篇》"①，还是清人所说"天下学问之时，有义理、文章、考证三者之分，异趋而同为不可废"②，传统国学中用以准确描述"循证"方法、过程与活动的语词，应该都是以训诂、校勘和资料搜辑整理为主要方法，以乾嘉学派为代表的"考据"或"考证"。因此，基于中国的国家社会治理经验和地方性知识，如果更贴切也更本土化地对 evidence-based law 进行命名，那么，就应该是"法考据学"或者"法考证学"。

## 七、评估分析决策方案的成本效益

最后，要让循证法治决策摆脱传统经验法学的耳听为实与跟着感觉走，除了依照上述的综合科学证据实施法治决策外，至少在包括西方现代法治经验在内的现代市场经济法治语境中，都还有一个非常值得借鉴的社会科学属性的法治决策实施和评价指标，那就是法律经济学的评价指标。具体而言，在依照法循证学方法进行法治决策时，我们在完成上述决策议题设定、最优证据甄选、本土证据加权、主流价值赋值和地方知识验证等法循证操作流程，并获得初步的法治决策结论后，还有待进一步通过对拟议中的法治决策方案的制定、实施成本与实施效益的评估分析，最后获取循证法治决策的实操性效益证据。法治决策方案的成本-效益评估分析，将为特定循证法治决策问题解决决策实施的"最后一公里"问题。反观党的十八大以来中国特色社会主义法治关于政府法治决策的要求——科学决策、民主决策和依法决策，尤其是党的十八届四中全会所提出的健全依法决策机制，把公众参与、专家论证、风险评估、合法性审查、集体讨论决定确定为重大行政决策法定程序，随后建立的行政机关内部重大决策合法性审查机制、重大决策终身责任追究制度及责任倒查机制等法治决策制度，甚至包括上到原国务院法制办公室关于重大行政决策程序的立法草案，下到一些地方政府关于重大行政决策程序所颁布的规范性文件等，一定程度上忽视了法治决策的成本-效益评价分析问题。它们不仅可能会影响到法治决策的落地生根，而且最终可能会妨碍法治决策从传统"正当程序决策"向"科学证据决策"的转变。

法循证学方法或法治决策行为的上述六大动态流程要素，既涉及循证科学方法进入包括法学在内的社会科学领域所必须纳入的基本评价要素（主流价值观、本土经验知识等可能还是独特要素），同时也形成了一个前后衔接的、螺旋式不断上升的证据转化链条。具体而言：既有社会事实/信息（information）→经由人的有意识、有目的的收集加工，转化为大、小数据（big or small data）→经过法定程序和证据标准检验，转化为个别化证据（evidence）→再经过循证方法甄选（狭义的举证

---

① 语出元代刘因《夏日饮山亭》。
② 语出清代姚鼐《夏秦小砚书》。

质证），转化为决策参与者的共识性（法定）证据，即高质量的循证决策（司法裁判定案）证据→最终形成新的社会事实/信息，为下一步更高阶段的法治决策服务。

上述循证法治决策评判要素与循证证据转化操作流程，是保证循证法治决策结论更专业理性、更客观从容的基本前提。当然，它们又并非每个循证法治决策的必经环节，决策者可以根据特定法治决策的性质和目标进行适当调整。恰如有学者在论及循证方法与新闻学的结盟前景时所言："循证新闻是媒体融合条件下新闻生产方式的创新。""完整意义上的循证新闻不仅仅是对数据挖掘、背景调查或逻辑证明的单独运用。它更追求综合采纳上述方法和工具，试图在同一新闻产品中既见数据又见故事，既有数学统计又有理性分析，从而极大提升新闻的能量密度。"①

总之，它们作为现阶段概括总结的法循证学的规范方法流程，在具体的法循证学研究工作中，在保障不偏离主旨和主线的情况下，还可简化为三部曲：第一，依据 PICOS 原则确立研究主题、研究思路或者技术路线；第二，借助系统评价方法，筛选决策证据，依照本土资源、主流价值和实践经验评估证据效力；第三，辅之以成本-效益分析来最终完成对特定主题法治决策的系统性循证评价。

以数字经济平台为代表的互联网大数据时代，其核心技术和关键要素涉及数据、算法与算力三个方面。对于数字经济，习近平总书记曾反复强调："面向未来，我们要站在统筹中华民族伟大复兴战略全局和世界百年未有之大变局的高度，统筹国内国际两个大局、发展安全两件大事，充分发挥海量数据和丰富应用场景优势，促进数字技术与实体经济深度融合，赋能传统产业转型升级，催生新产业新业态新模式，不断做强做优做大我国数字经济。""加强关键核心技术攻关。要牵住数字关键核心技术自主创新这个'牛鼻子'，发挥我国社会主义制度优势、新型举国体制优势、超大规模市场优势，提高数字技术基础研发能力，打好关键核心技术攻坚战，尽快实现高水平自立自强，把发展数字经济自主权牢牢掌握在自己手中。"②

实际上，在我们迈入"大智移云"时代之际，上述论断对包括法治在内的上层建筑的各个领域都是同样适用的。这样，如何实现中国社会及其法治治理理念与方式的数字化转型，就成为其中的关键环节。目前法治数字化转型的最大挑战之一便是"数据孤岛"问题：对于不同主体所生成和掌握的数据，基于对数据安全保障、数据利益分配等的担忧，使得人们在现有法律框架下无法实现对一个个"数据孤岛"的有效联通；与此同时，同一主体、行业和系统内部高耸的"数据烟

---

① 傅华. 论循证新闻的方法与意义——一种媒体融合背景下新闻生产方式创新[J]. 中国记者，2016(6)：25-27.

② 习近平. 习近平谈治国理政：第四卷[M]. 北京：外文出版社，2022：206.

囱"，虽然可以通过行政命令实现某种程度的强行拼接，但由于部门利益、权限管理、安全保障等障碍的存在，也无法依靠简单的行政管理要求进行完全整合。①因此，法律数据库作为法治数字化转型的现实载体和直接成果，强化其建设并最大限度地突破法律"数据孤岛"和"数据烟囱"困境，是未来相当长时间内中国特色社会主义法治建设的重要和基础性工作。

---

① 姚期智，郁昱. 奋力攻坚关键核心技术　加快构建数据基础制度[N]. 光明日报，2022-12-23.

# 第三章　法循证学数据库

## 第一节　国内主流法律数据库

### 一、法律数据库概述

广义的法律数据库，是开展法学研究的基础文献资源，也是进行法治决策的专业证据来源之一。一个叫哈佛（Harvard）的人赠送自己的全部私人藏书，就冠名了一所大学；中国古人拥有一座藏书楼，就意味着拥有富可敌国的财富；"要消灭一个民族，必须先毁掉他们的图书馆"。这些史实和警句充分呈现了图书馆作为一个国家和民族的精神支柱与文化脊梁所具有的不可替代的地位。①因此，在所有法律数据库的上位概念"电子图书馆"的命名中，我们就可以窥得法律数据库之于现代科研机构和科研人员乃至一个国家和民族的重要地位了。

随着计算机和网络技术的发展，以学术信息检索为内容的数据库技术得到了广泛的应用，为研究者在海量数据资源中高效、精准获取包括法律在内的相关数据化资源创造了非常有利的条件。特别是在法律法学文献全面电子化时代，法学研究更需要通过充分扎实的理论研究为法治建设提供科学的决策依据。目前主流的法律数据库，主要分为公益性质的法律数据库和营利性质的法律数据库。虽然它们都是依托互联网技术，来收录特定国家或地区的法律数据信息，但前者的主体主要是特定国家的法律机关，而后者则主要依托商业出版机构。本书由于法循证学主题所限，主要聚焦于特定的法学文献和法律法规数据库。因其可提供大量涉及法律研究、发展，以及重要法律决定的深度分析，所以常常被高校、法院和法律学者广泛引用。

与通过细分市场并满足客户个性化定制的商业数据库不同，专门的法学文献和法律法规数据库的内容具有统一性，特别是法律法规数据库，都是对主权国家现行有效立法文件按照官方认可的法律部门大类进行信息归集。其在一国范围内具有最高权威和单一数据来源的特征，不仅能够从正反两方面堵漏传统"知法犯法"或者"不知者不为罪"的辩解，而且单一、权威和便捷的收录、检索系统，能最大限度地实现法律资源作为知识产品的规模效应和边际效应递增。更不用

---

① 王一心. 论日本侵华战争摧毁中国图书馆事业之"蓄意"——以东方图书馆、南开大学木斋图书馆、湖南大学图书馆为例[J]. 新世纪图书馆，2018（12）：65-69.

说，数据化的法律数据库相较于纸质的法律期刊，不管是存储内容的完备性、存储时间的永久性、加工利用的便捷与经济性，乃至扁平化的国际性，都充分地体现和实现了法律数据库作为一种经典公共资源的特性。

随着互联网和计算机技术的不断发展，社会科学研究文献材料的电子数据化程度日益提高，包括法学在内的科学研究各领域，文献数据库的建设也日渐完备。由此推动决策和学术进入大数据研究的新时代，对法学科研工作者和法律实践工作者提出了进一步的要求。新时代要求他们在进行法律决策、法治实践和开展法学研究时，能够充分掌握和有效利用电子文献数据库，并能够借助包括循证系统评价在内的精准大数据科学研究方法，拓展和创新研究能力，提升和保障决策、行动与研究的高品质。

## 二、国内主流法学文献数据库

法学文献数据库，又被称为法学期刊数据库。目前关于法律数据库的学界相关研究，主要有《我国法学论文数据库状况的分析》《国内外法学数据库的比较研究——透视我国专业数据库建设存在的问题》《国内高校引进法学数据库资源现状与趋势浅议》《国内外高校引进法律数据库的比较及分析——基于法学专业排名前20的高校数据库资源数据》，等等。整体上看，针对国内高校所引进的法律数据库相关问题的研究，兴起时间不长，且研究内容分散；主题不统一，没有对主要常用的数据库进行比较研究，且大多是为了推广某一法律数据库而进行的软文式宣传介绍。这使得我们根据研究结论，既看不到关于国内法律数据库的重点和突出问题，也无法全面把握国内法律数据库的建设全景图。为此，我们基于推动法循证学范式建构的内在要求，首先在广义法律数据库中分别筛选出与法治决策直接关联的专有法律法规数据库和法学文献数据库，以它们为例尝试对法学文献数据库的建设、内容及检索特色展开客观系统的比较分析。

接下来，为了获得较为权威的研究结论，我们以教育部前五轮学科评估中法学专业综合排名前十的高校，即中国人民大学、中国政法大学、北京大学、武汉大学、华东政法大学、西南政法大学、清华大学、吉林大学、中南财经政法大学、厦门大学为研究对象。另外，我们特别增列了西北政法大学，主要的考虑是：虽然西北政法大学历次都没有进入专业排名前十，但该校作为中西部地区有区域影响力的政法类院校的代表，可以增加研究结论的全面性和客观性。①以上述高校所

---

① 鉴于国内法学学科领域影响较大的"五院四系"中的八所院校，即北京政法学院(中国政法大学前身)、西南政法学院(西南政法大学前身)、华东政法学院(华东政法大学前身)、中南政法学院(中南财经政法大学前身)、北京大学法律系、中国人民大学法律系、武汉大学法律系、吉林大学法律系，实际上都已包含在教育部前五轮学科评估法学专业综合排名前十名的高校中，为了在最低限度上保证我们所选取的法律法规数据库统计样本的学科影响力和地域代表性，将同属于"五院四系"的西北政法大学也纳入样本统计分析范围。

共同选用的法学文献数据库为研究对象，通过访问上述各高校图书馆官方主页，检索出其所订购的全部法学文献数据库的品种和数量等信息，并进行统计分析（表 3.1），以此来获得国内高校常用法学文献数据库的共同特征和个性差异，为后续法学文献数据库建设与开放利用的完善，提供循证证据。基于我们的统计数据，国内法学专业排名前十的代表性高校订购使用的法学文献数据库总数量为 16，其中，大陆地区的法学文献数据库自然地占有主导地位，共有 11 个；另有 4 个是来自中国台湾地区的数据库，即月旦、华艺数位、台湾学术期刊在线数据库（Taiwan Scholar Journal Database，TWS）和汉珍数位；还有 1 个属于美国的西方法律公司，即万律（Westlaw China）。上述 16 个法学文献数据库，既有以高校为主体联合开发的数据库，也有以信息技术公司为主体专门开发的数据库。总之，国内高校所选用的法学文献数据库的最大特点是产权属性上公私融合、运行机制上政产学研用相结合。当然，各样本高校具体对法律数据库的选用种类内部差异也较大。其中，50%以上样本高校所共同选用的法学文献数据库共有 7 个，它们依次为：中国知网法律期刊数据库、北大法宝法律期刊数据库、万方法律期刊数据库、复印报刊资料系列法律期刊数据库、中文社会科学引文索引法律期刊数据库、维普法律期刊数据库、北大法意期刊数据库。[①]

表 3.1　主流法学文献数据库引用统计表

| 高校 | 中国人民大学 | 中国政法大学 | 北京大学 | 武汉大学 | 华东政法大学 | 西南政法大学 | 清华大学 | 吉林大学 | 中南财经政法大学 | 厦门大学 | 西北政法大学 | 总计 |
|---|---|---|---|---|---|---|---|---|---|---|---|---|
| 中国知网 | √ | √ | √ | √ | √ | √ | √ | √ | √ | √ | √ | 11 |
| 北大法宝 | √ | √ | √ | √ | √ | √ | √ | √ | √ | √ | √ | 11 |
| 万方 | √ | √ | √ | √ | √ | √ | √ | √ | √ |  | √ | 10 |
| 复印报刊资料系列数据库 | √ | √ |  | √ | √ | √ | √ | √ | √ |  | √ | 9 |
| 中文社会科学引文索引 | √ | √ |  | √ | √ | √ | √ | √ | √ | √ |  | 9 |
| 维普 | √ |  |  | √ | √ | √ | √ | √ | √ | √ |  | 8 |
| 北大法意 |  |  |  | √ | √ | √ | √ | √ | √ | √ | √ | 8 |
| 全国报刊索引数据库 | √ |  |  | √ |  | √ | √ |  | √ | √ | √ | 7 |
| 月旦知识库 | √ | √ |  |  | √ | √ | √ |  | √ |  | √ | 7 |

————————

① 以下统计表格中分别简称为：中国知网、北大法宝、万方、复印报刊资料系列数据库、中文社会科学引文索引、维普和北大法意。

续表

| 高校 | 中国人民大学 | 中国政法大学 | 北京大学 | 武汉大学 | 华东政法大学 | 西南政法大学 | 清华大学 | 吉林大学 | 中南财经政法大学 | 厦门大学 | 西北政法大学 | 总计 |
|---|---|---|---|---|---|---|---|---|---|---|---|---|
| 华艺数位台湾学术文献数据库 | √ | | | √ | | √ | √ | | √ | | | 5 |
| 万律 | | | | √ | √ | | √ | | √ | | | 4 |
| 国家哲学社会科学学术期刊数据库 | | √ | | √ | | | | | | √ | | 3 |
| 百链云图书馆 | | √ | | | | √ | | √ | | | | 3 |
| TWS台湾学术期刊在线数据库 | | | | | √ | | | √ | | | | 2 |
| 中国法律知识资源总库 | | | | | | | | | √ | | | 1 |
| 台法月报数据库（汉珍数位） | | | | | | | | | | √ | | 1 |

　　基于数据库的代表性和权威性，顾及本节研究目标的设定，我们将国内法律研究机构特别是高校所使用的法学文献数据库进行排位筛选后，主要针对国内主流通用的法学文献数据库——中国知网法律期刊数据库、万方法律期刊数据库、复印报刊资料系列法律期刊数据库、北大法宝法律期刊数据库、中文社会科学引文索引法律期刊数据库、维普法律期刊数据库和北大法意期刊数据库等，在对其简要介绍的基础上，主要通过收录范围、检索功能、检索结果、特色功能等评价指标，对上述数据库进行了比较分析，从其基本信息、检索方式等检索特色上，全面阐述国内高校法学文献数据库的建设现状，为法学研究者及其在大数据时代的科研工作提供数据库的选择参考，以期为下一步循证方法在法学教育、法学研究和法治决策实践中的引进和运用打下前期基础。

（一）主流法学文献数据库及其特色①

1. 中国知网法律期刊数据库

中国知网法律期刊数据库，是国家知识基础设施的概念，由世界银行于1998

---

　　① 鉴于现阶段法学文献数据库都与其他社会科学文献数据库合并建设，并在数据库底层构架和外在特征方面具有一体性，所以，本节对含有主流法学文献数据库的万方期刊数据库、复印报刊资料系列期刊数据库、中文社会科学引文索引期刊数据库以及维普中文科技期刊数据库，进行整体性对比分析。

年提出，收录了 1950 年至今的法律文献数据及文献等。主要来源于中国标准出版社，相关的文献、专利、成果等信息，共有 7000 多种期刊、近 1000 种报纸、18万本博士/硕士论文、16 万册会议论文、30 万册图书，以及国内外 1100 多个专业数据库。它的母库中国知网中文期刊数据库，是目前世界上最大的连续动态更新的中国学术期刊全文数据库。

2. 北大法宝法律期刊数据库

北大法宝法律期刊数据库，是由北京大学法制信息中心与北大英华科技有限公司联合推出的智能型法律检索系统，创设于 1985 年，收录了 1949 年至今的法律期刊数据，收录国内数家核心法学期刊全文和目录、法律集刊全文和目录等，各刊内容覆盖自创刊号至今发行的所有文献，同时根据文章内容对其进行细致整理及细化分类，目前有全文文献 5 万多篇，目录 3 万多篇，11 个主要数据库，10个参考数据库。

3. 万方期刊数据库

万方期刊数据库，是由万方数据公司开发的大型网络数据库，也是和中国知网齐名的专业的中国学术数据库，创设于 1988 年，收录了从 1998 年至今的文献数据。万方期刊主要集纳了理、工、农、医、人文五大类 70 多个类目共 7600 种期刊全文，法律期刊是其中重要的一种数据来源。

4. 复印报刊资料系列期刊数据库

复印报刊资料系列期刊数据库，是由中国人民大学人大书报资料中心与北京博利群电子信息有限责任公司联合开发制作的大型图文数据库，是国家一级核心期刊，创设于 1958 年，收录了从 1995 年至今 100 多个专题的全文复印资料，所有全文都是由 100 多位专家、教授从国内公开出版的 3000 余种核心报刊中精选出来的，其门类覆盖了全部社会科学和人文科学领域，能够代表学科研究前沿状况，具有很高的学术价值和应用价值，是为用户所认可的优秀数据库，高校排名也以人大复印资料收录的论文数量作为标准。

5. 中文社会科学引文索引期刊数据库

中文社会科学引文索引期刊数据库，由南京大学中国社会科学研究评价中心开发研制而成，是国家、教育部重点课题攻关项目。其遵循文献计量学规律，采取定量与定性评价相结合的方法从全国 2700 余种中文人文社会科学学术性期刊中精选出学术性强、编辑规范的期刊作为来源期刊。该数据库始创于 1998 年，并收录自 1998 年至今包括法学、管理学、经济学、历史学、政治学等在内的 25 大类的 500 多种学术期刊，来源文献 100 余万篇，引文文献 600 余万篇。

6. 维普中文科技期刊数据库

维普中文科技期刊数据库，是维普资讯公司推出的《中文科技期刊数据库(全文版)》(简称中刊库)一个功能强大的中文科技期刊检索系统。数据库收录了自1989年至今的中文期刊15 000余种,全文5700余万篇,引文4000余万条,涵盖法学专业在内的七大专辑。为法学论文开题查新选取论文研究方向提供参考,为学校科研开展深层次信息咨询服务。

7. 北大法意期刊数据库

北大法意期刊数据库,是北京法意科技有限公司(北京大学参股)推出的中文专业法律期刊数据库。该数据库始创于2003年,由北大法意与北京法学实证法务研究所共享版权。北大法意创造性地整合了法律知识体系与计算机技术,涵盖了21种法律核心期刊,多收录港澳台案例,且文献已达110万篇。

(二)法学文献数据库比较分析

1. 法学文献数据库检索功能比较

纵观入选的国内主流法学文献数据库的主要收录内容(表3.2),毋庸置疑,大都是以期刊文献为主要载体和表现形式,其不同之处则恰好是每个数据库的侧重点与特色。例如,中国知网法律期刊数据库、万方法律期刊数据库、复印报刊资料系列法律期刊数据库等,都共同拥有法学领域中最新的动态会议和论文资源;北大法宝法律期刊数据库这一专业性较强的数据库,还突出了运用于实际的专题文献资源;中文社会科学引文索引法律期刊数据库,则更加侧重于收录已公开正式发行的法律期刊文献;而在维普法律期刊数据库和北大法意期刊数据库中,又有了评价报告和地方性的法学期刊。这种"百花齐放"式的数据收录方式,保障了这些法学文献数据库能够囊括法律期刊所应有的全部文献资源,为广大法学研究文献数据资料的用户(即法学研究者与法治决策者)提供了充分的选择。另外,七大法学文献数据库均为日更新,说明数据库构架对效率理念的重视。高效的文献更新速度,使数据的使用者能够及时获取最新研究资料,为法学研究者和法治决策者提供最大限度的方便。

表3.2　主流法学文献数据库检索功能

| 数据库 | 中国知网 | 北大法宝 | 万方 | 复印报刊资料系列数据库 | 中文社会科学引文索引 | 维普 | 北大法意 |
|---|---|---|---|---|---|---|---|
| 数据来源 | 权威期刊界、出版界、官方网站和媒体提供 | 《中华人民共和国立法法》认可的官方网站、政府公报,有关合作单位提供的文件 | 多期刊、收集的会议纪要、论文等 | 官方网站及纸质媒体资料 | 各大官方网站所提供的数据及相关的媒体数据 | 官方媒体所发布的数据资料 | 各大官方网站及主流相关媒体 |

续表

| 数据库 | 中国知网 | 北大法宝 | 万方 | 复印报刊资料系列数据库 | 中文社会科学引文索引 | 维普 | 北大法意 |
|---|---|---|---|---|---|---|---|
| 收录内容 | 连续出版的专题文献期刊,法学领域的最新动态会议、特定报道 | 以法学为主的学术期刊、论文等专业性较强的理论资源,同时有运用于实际的专题文献 | 各类法律期刊、最新的论文资源 | 法学领域的重点法学期刊、法律文献、各高校的法律论文资料 | 反映当前社会科学界最新的学术期刊,须公开正式发行的法律期刊文献 | 法律文献及相关期刊评价报告 | 法学领域重点核心期刊,知名评论,法学杂志以及地方性法学期刊 |
| 更新频率 | 日更新 | 日更新 | 日更新 | 日更新 | 日更新 | 日更新 | 日更新 |
| 浏览方式 | 在学科分类的基础上,分为专辑,再按照专辑分类下的专题形式浏览 | 按照所要检索的内容分类浏览 | 以引文、论文、会议论文等方式分类检索浏览 | 按照检索类别分类 | 按照要检索的法律期刊数据库的类别分类浏览 | 按照期刊数据库、期刊评价报告、期刊文献检索方式浏览 | 浏览作者列表、浏览丛刊论文列表、浏览出版社列表、浏览法学院校列表、浏览法学家列表、浏览文献列表 |
| 检索语言 | 中英双语 | 中英双语 | 中文 | 中英双语 | 中英双语 | 中英日 | 中文 |
| E-mail | 有 | 有 | 有 | 有 | 有 | 有 | 有 |

　　所有法学文献数据库的差异主要体现在检索浏览方式。通常情况下,是按照要检索的法律期刊的类别浏览,如中国知网法律期刊数据库、北大法宝法律期刊数据库、复印报刊资料系列法律期刊数据库。但是,也有一些数据库进行了浏览方式的细分完善,以期更方便用户浏览数据库网站,快速准确地检索出自己所需的法学研究文献资料。例如,万方法律期刊数据库就是以引文、论文、会议论文的方式分模块浏览;维普法律期刊数据库则是按照期刊数据库、期刊评价报告、期刊文献检索等方式进行浏览;北大法意期刊数据库的划分更为细致,分为浏览作者列表、浏览丛刊论文列表、浏览出版社列表、浏览法学院校列表、浏览法学家列表及浏览文献列表等。

　　最后,被国内样本高校所高频率认可选用的这七种法学文献数据库中,除了万方法律期刊数据库和北大法意期刊数据库是使用中文外,其他数据库均可使用中文和英文两种方式检索。而且,在维普法律期刊数据库中,还有日文检索项目。同时，在这些法学文献数据库中也都提供电子邮件（E-mail）等联系方式，方便用户对不清楚的资源进行咨询，或者依据用户需要进一步提供数据库所推广的服务。

2. 检索结果比较

数据库最主要的功能，应该是方便用户高效、精准、全面检索筛选所需的文献资料，而每一种法学文献数据库检索方式的不同，又会为数据库用户带来不同程度的使用体验。如表 3.3 所示。

表 3.3　法学文献数据库检索结果比较

| 数据库 | 中国知网 | 北大法宝 | 万方 | 复印报刊资料系列数据库 | 中文社会科学引文索引 | 维普 | 北大法意 |
|---|---|---|---|---|---|---|---|
| 检索方式 | 跨库、跨平台、跨地域检索、出版物检索、高级检索、二次检索和链接 | 高级检索、符合检索、边检索边筛选、二次检索 | 高级检索、传统检索、分类检索、二次检索 | 分类检索、高级检索 | 精确检索、模糊检索、逻辑检索、二次检索 | 快速检索、传统检索、高级检索、分类检索、期刊导航、二次检索 | 分类引导检索、关键词检索、无限次二次检索 |
| 二次检索 | 在第一次检索结果基础上进行的检索 | 在第一次检索结果基础上进行的检索 | 在第一次检索结果基础上进行的检索 | 在第一次检索结果基础上进行的检索 | 在第一次检索结果基础上进行的检索 | 在第一次检索结果基础上进行的检索 | 在第一次检索结果基础上进行的检索 |
| 检索入口 | 学科导航、数据库刊源导航、主办单位导航、出版周期导航 | 司法案例、法学期刊、律师实务、专题参考 | 关键词、期刊名、发布日期 | 全文数据库、期刊数据库 | 被引文献、作者、篇名、刊名、出版年代、被引文献细节 | 期刊全文、被引期刊论文、被引学位论文、被引会议论文、被引专刊、被引标准、被引图书专著 | 丛刊论文、网络论文、法学专著、学位论文 |
| 可检字段 | 全文、主题、篇名、作者、单位、关键词、摘要、参考文献、中图分类号、文献来源 | 标题关键字、正文关键字、全文、标题 | 篇名、关键词、摘要、作者、作者单位 | 任意词、标题、副标题、作者、作者简介、作者单位、关键词、正文、摘要、参考文献、原文出处、分类号 | 篇名、作者、作者所在地区机构、刊名、关键词、文献分类号、学位类别、基金类别、期刊年代卷期 | 题名、关键词、文摘、作者、第一作者、机构、刊名、分类号、参考文献、作者简介、基金资助、栏目信息 | 题名、摘要、作者、出版社、毕业院校、地区 |
| 逻辑算符 | 并含、或者、不含 | 与、或、非 | | 并且、或者、除非 | 与、或 | 与、或、非 | 并且、或者、不包括 |
| 显示格式 | 摘要显示、分列显示 | 分层显示 | 列表显示 | 分层显示、摘要显示 | 列表显示、简明显示 | 摘要显示、列表显示 | 简明显示、分层显示 |

续表

| 数据库 | 中国知网 | 北大法宝 | 万方 | 复印报刊资料系列数据库 | 中文社会科学引文索引 | 维普 | 北大法意 |
|---|---|---|---|---|---|---|---|
| 标记记录 | 逐条标记 | 逐条标记 | 逐条标记 | 逐条标记 | 逐条标记 | 逐条标记 | 逐条标记 |
| 存储格式 | CAJ、PDF | TEXT、WORD、PDF、超文本、格式优化 | TEXT、PDF | TEXT、PDF | TEXT、WORD、PDF | PDF、TEXT | TEXT、WORD、PDF |
| 打印 | 否 | 可以 | 否 | 可以 | 否 | 可以 | 可以 |

中国知网法律期刊数据库在检索方式上的优势是跨库、跨平台、跨地域检索，尤其是通过凸显期刊特点，增加了出版物检索一项，为用户提供了更多途径的检索方式；北大法宝法律期刊数据库则有着边检索边筛选的特有功能，使用户在检索的同时能更准确地找到自己所需要的文献；但是，由于并非每位用户都能够精确地锁定并检索出自己所需的文献资料，中文社会科学引文索引法律期刊数据库中又增加了一项模糊检索方式，能在用户不是很精确地知道自己所需资料的情况下，尽可能地帮助用户筛选出合格的期刊数据来；同样，为了提高精确度，用户也可能在一步步的检索过程中逐渐缩小范围，因此，北大法意法律期刊数据库的关键词检索和无限次二次检索提供了更好的形式。除了这些数据库自有的特色检索方式外，大多数据库都具备高级检索、分类检索、二次检索等方式。

检索入口，则是为用户提供的一个检索方向，能指引用户更加准确快捷地找到自己所需的文献。中国知网法律期刊数据库的检索入口分为学科导航、数据库刊源导航、主办单位导航、出版周期导航；北大法宝法律期刊数据库则是以司法案例、法学期刊、律所实务、专题参考为检索入口；万方法律期刊数据库是以关键词、期刊名、发布日期为入口；复印报刊资料系列法律期刊数据库是将全文数据库及期刊数据库作为检索入口；中文社会科学引文索引法律期刊数据库是将被引文献、作者、篇名、刊名、出版年代、被引文献细节作为检索入口，更加全面地细分了期刊检索内容；在维普法律期刊数据库中，检索入口更加被细分为期刊全文、被引期刊论文、被引学位论文、被引会议论文、被引专刊、被引标准、被引图书专著；北大法意期刊数据库则是从大方向划分为四个入口，分别为丛刊论文、网络论文、法学专著、学位论文。

可检索字段，由于深受特定法律数据库的浓厚技术特征限制，在此方面各个法学文献数据库的差异性并不是很大。各个数据库都尽可能让期刊的每一部分都可作为关键词字段来检索，方便用户用最短时间和最少检索步骤，快捷准确地找到锁定的目标文献资源。因此，大体而言，可检索的关键词字段主要可以归纳为：全文、主题、篇名、作者、单位、摘要、参考文献、分类名号、基金类别、学位类别、期刊年代卷期、出版社等。这样全面的检索字段为用户提供了很大程度上的检索信息。

法律期刊数据库的逻辑算符，其主要功能都是为了在高级检索中能更全面地检索出目标期刊文献，如中国知网法律期刊数据库有并含、或者、不含三种逻辑算符；北大法宝法律期刊数据库和维普法律期刊数据库相类似，都拥有与、或、非三种逻辑；复印报刊资料系列法律期刊数据库则包含并且、或者、除非三种逻辑；北大法意期刊数据库包含并且、或者、不包括三种。当然，不同逻辑算符或者其背后的算法，会直接影响我们检索工作的效率高低与检索结果的准确性。

对于用户所检索查询到的目标文献，每一种法学研究文献数据库所显示的格式也不同。中国知网法律期刊数据库主要采用的是"摘要+分列"显示；北大法宝法律期刊数据库更倾向于分层显示；在万方法律期刊数据库中则是一种列表显示的方式；复印报刊资料系列法律期刊数据库中运用的是分层显示及摘要显示；中文社会科学引文索引法律期刊数据库中是以列表显示及简明显示为主；维普法律期刊数据库则运用的是摘要显示和列表显示的综合；简明显示和分层显示则运用在北大法意期刊数据库中。所以，显示格式的不同，也透露着数据库的设计理念与产品定位。目前，主流的法学文献数据库大都采用摘要显示和分层显示模式，主要也是为了充分展现现有法律期刊对法学研究文献的数据格式要求及特点。

在法学文献数据库的检索过程中，在对检索记录的标记方面，入选法学文献数据库均采用了更有利于用户查找和阅读的逐条标记方式。其中，北大法宝法律期刊数据库是这几个主流数据库中存储格式最多的数据库，它拥有 TEXT、WORD、PDF 和超文本、格式优化的功能，相比较于其他法学文献数据库，能更方便地满足不同用户的需求。除了我们所常见的格式外，中国知网法律期刊数据库所特有的 CAJ 格式，也为用户多提供了一种选择。除中国知网法律期刊数据库、万方法律期刊数据库、中文社会科学引文索引法律期刊数据库不可以直接将文献打印外，其他法律期刊数据库均可直接打印，为用户提供更加方便的使用体验。

3. 个性化服务比较

中国知网法律期刊数据库在宏观层面通过跨库统一检索、跨库统一导航，将中国知网中包括期刊数据库在内的报纸库等整合成为一个法律知识资源有机整体，相当于在一个数据库内进行操作；在微观层面，则通过对期刊文献的外部特征和内部特征的挖掘整合，实现了文献级别的链接整合。

北大法宝法律期刊数据库所独有的"法宝联想"功能，在国内率先进行了法律期刊信息的数据挖掘和知识发现，独创了有关法律和相关案例等信息间的联想功能。

万方法律期刊数据库则开发了独具特色的信息处理方案和信息增值产品，为用户提供了从数据、信息到知识的全面解决方案。

复印报刊资料系列法律期刊数据库，作为国内最早从事搜集、整理、存储、编辑人文社会科学信息资料的学术出版机构之一，现已逐渐形成了其在国内人文社会科学学术信息出版领域中的强势品牌地位。以其涵盖面广，信息量大，成为国内最具权威性的，具有大型、集中、系统、连续和灵活五大特点的文献资料宝库。

中文社会科学引文索引法律期刊数据库遵循文献计量学规律，采取定量与定性评价相结合的方法，从法律学术期刊中精选出学术性强、编辑规范的期刊作为其数据库的主要收录文献。

维普法律期刊数据库最具特色的是关键词标引，它不完全根据题名和原文关键词检索，还会具体分析原文的内容。在此基础上，选择通用的、受控的标准检索词，是一种较为规范、受控的检索，在一定程度上过滤了同义词等的干扰，更加趋于规范化和精确化。

北大法意期刊数据库，则特别为用户提供可进行自我文件管理的常用法规库。用户可以添加、编辑、整理自己收集的法规文本，并对其进行归类管理和查询。

4. 分析总结

本节以国内前五轮法学专业评估综合排名前十的高校采用频率较高的七大法学文献数据库为对象，通过客观的数据统计和对比分析，非常直观地展示了国内主流法学文献数据库的基本信息，以及在检索方式上存在的不同程度的差别。反过来，它也要求作为用户的法学研究者和法治决策者们，在选择使用何种法律数据库时，需要根据自身的检索习惯、检索要求、检索目的等指标进行适当性匹配，只有这样才能充分发挥法学文献数据库的最大效用。

但是，正是因为法学文献数据库的作用之大，决定着法律数据库用户获取信息的全面性、准确性和及时性，所以，法学文献数据库的建设者在完善其法律数据服务的过程中，应当对确定入选数据库的原始资料进行一定的筛选。特别是，应该选取高质量、权威性的期刊，并通过适当的硬性标准排除低质量、低信度特别是来源不明的法律数据资源，避免人为增加学术垃圾和制造学术噪声。总之，提高法学文献数据库的期刊收录门槛与文献入选标准，能为法学研究与法治决策提供更高质量和权威的基础文献材料，进而为循证方法融入法学研究和法治决策打下更扎实的基础。

5. 完善建议

针对上述统计分析发现的问题，我们对法学文献数据库建设和使用的各利益相关方，提出如下完善意见和建议。

第一，推动建立统一便利的检索导航体系。综合现有文献研究结论及日常法律文献资料检索的体验，我们发现，现存的法学文献数据库有着一个共同的缺陷，即通常数据库用户需要分别检索多个数据库后，才有可能找到自己所需的文献，并且漏检的情况十分常见，很多数据库的优势并没能得到充分的体现和发挥利用。因此，我们设想能否在保持各主体数据权益不受侵害的前提下，探索建立一个全国统一、便捷高效的法律数据库导航系统，能够在现有基础上有效帮助和引导用户全面检索自己所需的数据库资源，尽可能减少漏检情形的发生；同时，还建议主流法学文献数据库不断从技术角度降低检索工作的难度和耗时，使得各个法律数据库的优势能够被真正和充分发挥出来。

第二，建议丰富和完善数据的分类标准。如上所述，当前主流法学文献数据库的文献分类标准不尽统一，也存在一些不合理之处。在未来法律数据库设计的建设完善过程中，建议进一步丰富数据分类的标准，以满足不同用户的法治决策需求。

第三，建议加入检索策略指导内容。现存法学文献数据库的检索策略各有不同，但由于一般用户对检索策略的了解较片面，这影响了他们对数据库的检索功能的运用，为此，我们建议在未来的数据库建设中加入部分检索策略的指导内容，将专业的技术话语转变为通俗易懂的日常话语，以便用户学习及运用。

## 三、国内主流法律法规数据库

随着互联网大数据时代的到来，对电子化的法律数据库的掌握和运用，业已成为法律实务人员和法学研究人员不可或缺的技能与手段，尤其是当我们可以借助大数据对法治决策开展精准的系统性评价时。为此，本书同样对国内高校所常用的法律法规数据库进行了排位筛选，针对其主流法律法规数据库——北大法宝法律法规数据库、北大法意中文法规库、中国资讯行中国法律法规数据库、万律中国法律法规双语数据库、律商网政策法规库、威科先行法律信息库，从法治决策证据检索的角度，在对各法律数据库背景资料简要介绍的基础上，以收录范围、检索功能、检索结果、特色功能为评价指标，对上述各主流法律法规数据库进行了比较分析，试图为下一步循证方法在法律决策、法治实践和法学研究中引进与运用打下基础。

（一）法律法规数据库特性及样本选取

1. 法律法规数据库特性

法律法规数据库[①]，作为进行法律决策、实施法治实践和开展法学研究的最特

---

① 基于研究对象和研究目的的限定性，本书基于法律数据服务市场所理解的广义法律数据库视角，来界定立法及其数据库。

殊证据与最基础文献资料来源①，较之其他专业领域的数据库，具有数据来源单一性、数据内容统一性和数据性质复杂性等特点。从数据来源上看，法律数据都源于主权国家(特别行政区)政府相关职能部门权威发布的官方文本，也就是说，它只能来自单一法定主体的合法垄断行为。任何组织和个人都不得伪造或变造法律法规数据，伪造与变造的数据自然无效。从数据内容上看，法律数据是由有立法权的政府机关制定颁布的各种形式的有效法律文件，它的立、改、废只能由上述机关依照法定权限和程序统一进行，其他任何组织和个人包括法律专业人士所进行的任何解释，均不得作为法律法规而收录其中。就数据性质来说，法律数据兼有公共物品和私人物品的双重属性。一方面，根据《中华人民共和国著作权法》第五条的规定，法律法规是一种不受著作权法保护的公共产品，任何组织和个人都可以公开免费地获取与使用；另一方面，法律法规又可由立法数据库的具体服务提供者，根据特定公益或商业目的对其进行独具特色的加工、汇编，进而依法开展市场化运营。在这个意义上，经由法律法规汇编而成的特定立法数据库，又是一个具有商业性质的排他的私人产品，对其合法权利的侵犯，要承担相应的法律责任。

法律数据及其数据库的上述特性，决定了立法数据库市场在垄断性生产的同时，客观上存在着经营服务市场的多元化竞争态势。进而，不同法律法规数据库作为商业产品在其收录内容、更新周期、检索功能等方面的特色差异，又会影响到作为用户的法律决策者、法治实践者和法学研究者在检索运用法律法规数据库时的具体效果。因此，为了更加高效、便捷地开展以互联网大数据为特征的法循证学研究，法律决策者、法治实践者和法学研究者就必须深入了解和把握主流法律法规数据库的不同特征和使用技巧；法律法规数据库产品的服务提供者，也应该更多地紧扣法律法规数据库的特殊性，立足用户的实际需求，不断完善法律法规数据库的内容和功能。

2. 研究现状及样本选取

目前，法学界关于法律法规数据库的研究成果，主要有如下几种：西北政法大学图书馆程雪艳 2008 年的《两大法律数据库专业文献内容与检索方式的比较》②，该文详细比较分析了北大法意中文法规库和北大法宝法律法规数据库的法规数量、检索方式及发展趋势；北大法律信息网编辑室主任郭叶 2011 年的《北大法宝 V5 版中文法律数据库检索与利用》③，该文详细介绍了北大法宝 V5 版法律法规数据库的特点、使用方法、技巧及个性化服务等。另外，还有 Wells 公司戴

---

① LexisNexis®律商联讯南非的执行董事滕斯·韦让甚至断言："没有获得基本的法律资源的渠道，就没有法治。"参见律商联讯/The Rule of Law 官网[EB/OL]. [2023-10-18]. http://www.lexisnexis.com.cn/zh-cn/about-us/rule-of-law.page.

② 程雪艳. 两大法律数据库专业文献内容与检索方式的比较[J]. 情报探索，2008(5)：45-46.

③ 郭叶. 北大法宝 V5 版中文法律数据库检索与利用[J]. 法律文献信息与研究，2011(1)：36-40.

维 2013 年的《国内高校引进法学数据库资源现状与趋势浅议》①，该文简要介绍了国内外主要法律数据库，比较和分析了中国及日本、美国等高校引进法律数据库的现状，最后简单分析了国内引进法律数据库的趋势。总之，可能是受大数据研究方法尚未被广泛接受的研究现状所限，法学界目前关于法律法规数据库的研究，不仅数量不足、主题分散，而且主要表现为各法律法规数据库服务提供商基于其市场推广目的的自我介绍，缺乏基于大数据研究定位的，针对主流法律法规数据库的专门、系统和客观的比较研究。为此，我们聚焦开展国内中文主流法律法规数据库的比较研究。

　　基于法律法规数据库及其用户特性的考量，如同法学文献数据库的筛选标准一样，我们根据教育部前五轮学科评估结论，选取法学专业综合排名前十位的高校，外加西北政法大学的法律法规数据库订阅数据（最新统计数据截至 2017 年 1 月 25 日），整理形成国内中文法律法规数据库汇总表（表 3.4）。再依据表 3.1 的统计数据，筛选出北大法宝法律法规数据库（以下简称"北大法宝"）、北大法意中文法规库（以下简称"北大法意"）、中国资讯行中国法律法规数据库（以下简称"中国资讯行"）、万律中国法律法规双语数据库（以下简称"万律中国"）、律商网政策法规库（以下简称"律商网"）、威科先行法律信息库（以下简称"威科先行"）等六个目前中国高校订阅频率最高的主流法律法规数据库，作为接下来的分析样本，着重从法律法规数据库的收录内容、检索功能、检索结果及特色服务等方面，展开比较研究。

**表 3.4　法律法规数据库汇总及排行**

| 数据库 | 北大法宝 | 北大法意 | 中国资讯行 | 万律中国 | 律商网 | 威科先行 | 中经网 | 法律家 |
|---|---|---|---|---|---|---|---|---|
| 中国人民大学 | √ | | √ | | | √ | √ | √ |
| 中国政法大学 | √ | | √ | | | | | |
| 北京大学 | √ | √ | √ | | √ | | | |
| 武汉大学 | √ | √ | √ | √ | | | | |
| 华东政法大学 | √ | √ | | √ | | | | |
| 西南政法大学 | √ | | | | | √ | | √ |
| 清华大学 | √ | √ | | √ | | | | |
| 吉林大学 | √ | | | | | | | |
| 中南财经政法大学 | √ | √ | | √ | √ | | | |
| 厦门大学 | √ | √ | | | | | | |
| 西北政法大学 | √ | √ | | | | | | |
| 订阅频率总计 | 11 | 8 | 4 | 4 | 3 | 2 | 1 | 1 |

① 戴维. 国内高校引进法学数据库资源现状与趋势浅议[J]. 法律文献信息与研究，2013（2）：1-19.

（二）国内主流法律法规数据库简介

1. 北大法宝法律法规数据库

北大法宝法律法规数据库，1985 年诞生于北京大学大法律系，是北大法宝法律检索系统之一。它是北大英华公司和北京大学法制信息中心共同开发和维护的法律法规数据库产品。北大法宝法律法规数据库收录了自 1949 年起至今的法律、行政法规、法规性文件、司法解释、部门规章、地方性法规、地方政府规章等常用规范性文件 1 559 428 篇。

2. 北大法意中文法规库

北大法意中文法规库，是北大法意科技有限公司的中文法律法规数据库之一。北京法意科技有限公司创建于 2003 年，由北京大学参股。北大法意中文法规库收录了 1949 年以来中国的法律、行政法规、部门规章、司法解释、地方性法律法规、规范性文件、国际条约等共计 1 561 568 篇。

3. 中国资讯行中国法律法规数据库

中国资讯行中国法律法规数据库，是中国资讯行所经营的 14 个专业数据库之一。中国资讯行作为 1995 年 10 月在香港成立的信息服务机构，自 1998 年 10 月开始进入中国内地市场，并向政府、高校及在华跨国公司提供包括法律在内的各类信息服务。中国资讯行中国法律法规数据库建库伊始，只收录了自 1992 年 10 月以来中国内地地区各类法律法规。后又陆续增补了自 1949 年以来中华人民共和国制定颁布的各类法律法规。目前，收录法律法规数据超过 400 万篇。

4. 万律中国法律法规双语数据库

万律中国（Westlaw China）法律法规双语数据库，是汤森路透法律信息集团基于西法（Westlaw）法律信息平台的技术和经验，为中国和英语世界的中国法律执业人士提供法律信息检索的平台。它着重对中国的法律法规及司法判例进行了整理和归纳。目前，万律中国法律法规双语数据库收录了 1949 年以来的中国法律法规和国际条约（中文）共 1 094 840 篇，英文法律法规和国际法条共 20 364 篇。

5. 律商网政策法规库

律商网（Lexiscn.com）政策法规库，是律商联讯结合中国本土法律市场需求开发的法律信息产品。律商联讯中国是励德爱思唯尔信息技术（北京）有限公司旗下的一员。律商网政策法规库作为向中国高等院校师生和法律专业领域执业人士提供中、英文法律和商业信息的平台，目前已收录了 1 809 891 条法律法规。

6. 威科先行法律信息库

威科先行法律信息库，是威科集团（Wolters Kluwer）的专业数据库之一。威科集团自 1985 年进入中国市场以来，依托其信息服务经验及技术，植根于本土环境与客户需求，为中国的财税、法律、金融、医疗领域的专业人士提供法律信息服务。威科先行法律信息库收录了自 1949 年以来的中国法律法规和国际条约共计 1 381 279 篇。

### (三)国内主流法律法规数据库比较分析

#### 1. 数据收录比较

从国内中文主流法律法规数据库的数据收录情况来看(表 3.5)，首先，各主流法律法规数据库的数据，主体上都来自官方权威渠道发布的信息。虽然，其中也有一些特色化和市场化数据收录渠道，如北大法宝的协议交换和中国资讯行、威科先行等的自主收集等，但是，应该说都遵循了法律法规数据库的自身特性，并保证了所收录法律数据的权威性和准确性。其次，从法律法规数据库的容量来看，中国资讯行数据容量目前最大，接下来依次是律商网、北大法意、北大法宝、威科先行和万律中国，且它们收录的法律数据数量均超百万篇。其中，本土和国际技术服务背景的法律法规数据库在数据容量上大体上平分秋色。如果具体到对法律数据的内部细分，可以看到出于对中文法律法规数据库与其外文母语法律法规数据库(Westlaw，LexisNexis)内部专业分类体系的衔接考虑，国际背景的法律数据公司更多地依照具体法律制度来对法律数据进行归类；本土背景的法律法规数据库则更多地考虑了法律数据的文本效力和地域来源。最后，从法律法规数据库的更新情况来看，各数据库均按照日更新频率运行。其中，具有国内技术和服务背景的法律法规数据库——北大法宝和北大法意占据天时、地利与人和等有利因素，稳居更新数量排行榜的前两位。

**表 3.5 各主流法律法规数据库的数据收录比较**

| 数据库 | 北大法宝 | 北大法意 | 中国资讯行 | 万律中国 | 律商网 | 威科先行 |
|---|---|---|---|---|---|---|
| 数据来源 | 《中华人民共和国立法法》认可的官方网站；政府公报、法规汇编；有关合作单位提供的文件 | 官方网站 | 中国内地权威平面媒体和政府官网及互联网专业网站 | 官方媒体发布的数据 | 官方网站 | 官方网站和纸质书籍 |
| 数据容量 | 1 559 428 篇 | 1 561 568 篇 | 超 400 万篇 | 1 094 840 篇 | 1 809 891 篇 | 1 381 279 篇 |
| 数据起始 | 1949 年至今 | 1949 年至今 | 1949 年至今 | 1949 年至今 | 1949 年至今 | 1949 年至今 |
| 更新时间 | 法律、行政法规发布后 3 日内；中央文件发布后 7 日内；地方文件发布后 15 日内 | | 新发布的法规一个月内 | | | 当天官网发布的新数据，保证当天上线 |

续表

| 数据库 | 北大法宝 | 北大法意 | 中国资讯行 | 万律中国 | 律商网 | 威科先行 |
|---|---|---|---|---|---|---|
| 更新频率 | 日更新 | 日更新 | 日更新 | 日更新 | 日更新 | 日更新 |
| 更新数量 | 600余篇/日 | 约200篇/日 | 100篇/日 | | | 取决于官网的更新速度 |
| 收录内容 | 法律、行政法规、法规性文件、司法解释、部门规章、地方性法规、地方政府规章和常用规范性文件、国际条约及港澳台地区的法律法规等 | 法律、行政法规、部门规章、司法解释、地方性法律法规、规范性文件、国际条约及港澳台地区的法律法规等 | 各类法律法规及条例案例全文(包括地方及行业法律法规) | 中央政府机关、全国31个省、直辖市、自治区政府的法律法规 | 涵盖1949年以来中央和地方颁布的法规和判例 | 国内法律法规、国际条约和标准题录 |
| 语言 | 中文、英文 | 中文、英文 | 中文 | 中文、英文 | 中文、英文 | 中文、英文 |

　　除上述不同之外，各中文主流法律法规数据库，从收录时间节点来看，均包含了自1949年中华人民共和国成立以来的法律法规数据，中国资讯行虽始自中国市场化改革之初的1992年，但其后也陆续增补了1949年以来的法律法规数据；从收录内容来看，均提供了中国的法律法规数据，其中，北大法宝、北大法意和威科先行还提供了国际条约法律数据；从使用语言上看，大都提供中文、英文双语服务和程度不同的法律数据的中文、英文对照文本。

　　2. 检索功能比较

　　检索功能是数据库的最具技术特征的内容，通过对国内中文主流法律法规数据库检索功能的比较(表3.6)，可以看到，本土和国际背景的主流法律法规数据库内部在浏览方式、检索方式、二次检索、逻辑算符、精确检索等各项评价指标上，特别是在浏览方式、检索方式和逻辑算符等三个主要评价指标方面，各有优长特色。其中隐含的最突出差异，可能是检索技术背后的不同人文理念或思维方式。本土文化背景的法律法规数据库依照的是数据精准性不断递减的内在逻辑；国际上西方文化背景的法律法规数据库则反其道而行之，在"浏览→初次检索→二次检索"的检索链条中体现出的是数据精准性不断递增的内在规律。这些检索功能设计理念的差异，可能会影响用户体验，尤其是初始用户对数据库的亲近感。

表3.6　各主流法律法规数据库的检索功能比较

| 数据库 | 北大法宝 | 北大法意 | 中国资讯行 | 万律中国 | 律商网 | 威科先行 |
|---|---|---|---|---|---|---|
| 浏览方式 | 按法律法规效力级别、法律法规发布部门、法律法规时效性、法规类别浏览四种 | 按层级、主题、按专题、按法域浏览四种 | 按颁布机关、相关主题浏览两种 | 按政策法规、最新法规、外国法律浏览三种 | 按法律法规、国际条约、国际标准、"新法速递"浏览四种 | |

续表

| 数据库 | 北大法宝 | 北大法意 | 中国资讯行 | 万律中国 | 律商网 | 威科先行 |
|---|---|---|---|---|---|---|
| 检索方式 | 标题与全文关键词、日期、发布部门、法规分类、效力级别、时效性等多种条件组合检索 | 法规名称、全文、法规文号、颁布机构、颁布时间、法规层级、效力属性等各类信息项的高级检索功能 | 标题或全文的秒级全文检索;专门对行业地域的分类和日期检索;对全文和分类的混合检索 | 标题、文号、时效性、颁布机关与全文关键词的检索 | 标题、内容、发文日期、生效日期、文号、颁布机关文件有效性、文件有效范围、法学分类行业分类、效力级别多种条件组合检索;使用地图查询地方法规检索 | 标题与全文关键词、文号、发文时期、生效日期、地域范围、时效性、效力机关、发文机关等多种条件组合检索 |
| 二次检索 | 结果中检索 | 结果中检索 | 结果中检索 | 结果中检索 | 结果中检索 | 结果中检索 |
| 逻辑算符 | "*"或空格、"+"、"-"三种逻辑算符;可与英文输入状态下的"()"进行组合 | 空格 | 无 | AND、OR、""(词组)、%(不包含)、/p、+p、/s、+s(语法意义上的连接符) | AND、OR、NOT | (-)、AND、OR、* |
| 精确检索 | "匹配"选项完成 | 默认为精确检索,除非选择"模糊检索" | "逻辑关系"中选择 | "查询方式"选项下选择 | "搜索器"下选择智能检索或高级检索 | 搜索框下进行选择 |

但是,法律数据及数据库毕竟是互联网和大数据时代的全新产物,它更多地需要遵从的是具有普适性的科学技术规律。所以,若我们进一步综合地考察各中文主流法律法规数据库的核心检索功能设计,就会发现:北大法宝、北大法意等本土数据库,在"用户体验导向"理念指导下的初始检索(如浏览方式等)优势,被包括万律中国、律商网、威科先行在内的国际数据库"检索结果导向"下更细密精准的检索方法和逻辑算符优势所平衡与追赶。更不用说,各中文主流法律法规数据库均提供了多样性和特色化的检索方式,如律商网按地图查询地方法规检索等,并且可以进行精确检索和二次检索。它们殊途同归地实现了法律数据服务供应商对检索结果相关性、准确度的高度重视和一致关注,以及法律法规数据库构架和运营技术在方法上的趋同。

3. 检索结果比较

就国内中文主流法律法规数据库检索结果而言(表3.7),它们作为法律法规数据库使用功能的最终体现,在其众多评价指标中,各主流法律法规数据库的检索结果显示模式、结果类型、标记、排序、结果筛选,与前述表 3.6 的浏览方式尤其是检索方式等保持了基本一致,并展现了本土和国际背景法律法规数据库提供商的不同特色。本土法律法规数据库强调检索结果的层级分明，尤以北大法意为代表，它们严格依照现行中国特色法律体系及其法律文件效力等级划分，按照从中央到地方，从立法到法律解释，甚至直接按照主流法理学关于法律渊源的存在和表现形式的分类，将检索结果按照宪法法律、行政法规、司法解释、部委规章、地方法规、军事法规、政策纪律、行业规范、国际条约、政府文件等逻辑顺序进行了编排。国际背景的法律法规数据库则在兼顾法律法规位阶等级的前提下，更加突出了用户的自主选择权与检索结果的专业性和效率性。如按照有效性优先原则列表排列显示检索结果，并允许用户自主选择按照相关度对检索结果进行排序等。

**表 3.7 各主流法律法规数据库的检索结果比较**

| 数据库 | 北大法宝 | 北大法意 | 中国资讯行 | 万律中国 | 律商网 | 威科先行 |
|---|---|---|---|---|---|---|
| 显示模式 | 分层模式 | 简明模式 分层模式 | 列表模式 | 列表模式 简要内容 可选语言 | 摘要模式 表格模式 列表模式 | 列表模式 分组模式 摘要模式 |
| 结果类型(分组) | 分为中央法规、立法解释、立法草案、法律解释、工作报告，每个项后均附有篇数 | 分为宪法法律类、行政法规类、司法解释类、部委规章类、地方法规类、军事法规类、政策纪律类、行业规范类、国际条约类、政府文件类，每个项后均附有篇数 | 无 | 无 | 分为文件有效性、有效范围、效力级别、分类和行业分类，每个项下均有更为细致的分类和篇数说明 | 分为主题、行业、效力级别、地域范围、发文日期、实效性、发文机关七个类别，每个项下均有更为细致的分类和篇数说明 |
| 排序 | 按法律适用效力级别排序；同一级别按照发布日期先后 | 按法律层级排序或按照颁布时间 | 按相关度排序或按照时间 | 按法律适用效力级别排序；同一级别按照相关度和颁布时间先后 | 按相关度、发文日期、生效日期、效力级别、文章访问次数 | 按法律适用效力级别排序；同一级别文件按照发布日期先后 |
| 结果筛选 | 按发布部门、主题分类、效力级别、时效性等条件筛选 | 按宪法法律类、行政法规类、司法解释类、部委规章类地方法规类、军事法规类、政策纪律类、行业规范类、国际条约类、政府文件类筛选 | 无 | 按法律层级、主题、中央颁布机关、地方颁布机关、效力状态、颁布时间分类等条件筛选 | 按文件有效性、有效范围、效力级别、分类和行业分类筛选 | 按发文日期升序、降序，生效日期升序、降序，相关度降序，效力级别降序等条件筛选 |
| 标记记录 | 逐条标记 | 逐条标记 | 逐条标记 | 逐条标记 | 逐条标记 | 逐条标记 |

续表

| 数据库 | 北大法宝 | 北大法意 | 中国资讯行 | 万律中国 | 律商网 | 威科先行 |
|---|---|---|---|---|---|---|
| 保存格式 | TXT、WORD、超文本、PDF、格式优化 | TXT、WORD、PDF | 无 | WORD、PDF | TXT、WORD、PDF、RTF | EXCEL、WORD、PDF |
| 保存语言选择 | 中文、英文 | 中文、英文 | 中文 | 中文、英文 | 中文、英文 | 中文、英文 |

　　当然，我们也注意到上述各主流法律法规数据库在检索结果的标记、保存格式和保存语言方面，都与现行主流电子文档形式及前述表 3.5 各数据库前置性地规定的收录语言等评价指标做到了内、外部的步调一致，进一步体现和强化了不同文化和制度背景下法律法规数据库的技术趋同趋势。

　　4. 特色服务比较

　　如国内中文主流法律法规数据库特色服务比较所示（表 3.8），各主流法律法规数据库都从互联网时代大数据服务的基本特性出发，顺应法律法规数据库技术趋同特征，协调一致地提供了检索结果的在线打印、E-mail 传输检索结果等所谓特色服务项目。本土背景的法律法规数据库，在保持其固有优势如更新速度等的同时，越来越强调法律数据系统内部的生态整合。特别值得一提的是北大法宝，它不仅运用"最新立法订阅"，使用户第一时间接收到来自北大法宝的"最新立法"邮件，及时了解和跟进最新立法动态，同时，其"法宝联想"功能更是可以将北大法宝与北大法宝的司法案例数据库、法学期刊数据库、律所实务数据库、专题参考数据库、英文译本数据库等子库联通起来，使用户能够全面了解相关法律法规在法律实践中的综合与实际运用。这一技术生态方向，若能与法循证学方法实现有机融合，将会展现强大的生命力和发展前景。

**表 3.8　各主流法律法规数据库的特色服务比较**

| 数据库 | 北大法宝 | 北大法意 | 中国资讯行 | 万律中国 | 律商网 | 威科先行 |
|---|---|---|---|---|---|---|
| 增值服务 | "最新立法订阅""法宝联想" | 用户自我管理常用法规库 | 无 | 用户免费在线文件夹、万律快讯、移动设备版万律 | Excel 表格"我的文档"、引用资料"查看关联视图" | 表格式智能图表、在线解答 |
| 在线打印 | 可以 | 可以 | 否 | 可以 | 可以 | 可以 |
| 邮件发送 | 否 | 可以 | 否 | 可以 | 可以 | 可以 |
| 检索历史 | 无 | 无 | 无 | 无 | 可以选择"保存本次搜索" | 自动保存所检索关键词，双击可再次检索 |

国际背景的法律法规数据库围绕用户至上的市场目标，不断与时俱进地为用户提供更加精准和高效的个性化服务。举其要者，威科先行通过问答形式，实时解答覆盖多领域的相关法律问题；万律中国用户可免费注册并自我在线创建文件夹保存检索结果。不仅如此，万律中国通过移动设备版万律进一步提升了用户的移动法律办公能力和大数据研究的无缝对接水平；律商网允许用户选择将整个检索结果以 Excel 表格形式保存至"我的文档"，并在检索结果中设有包括判决文书、评论文章、法律法规、实用资料、专家咨询等条目的"引用资料"栏目，用户可以选择"查看关联视图"；北大法意允许用户对法律数据进行自我管理等的特色服务，与此有着异曲同工之妙。

(四)研究结论

综合上述比较分析，目前国内的中文主流法律法规数据库，既关乎计算机和互联网技术，同时又牵涉不同背景的服务提供商及其背后的法治观念、法律体制与法律市场的差异，导致各主流法律法规数据库在数据收录、检索功能、检索结果、特色服务等主要评估指标方面，形成了服务技术趋同而设计理念分化的总体特征。本土背景的法律法规数据库重在依托中国现行有效的法律体系和特色法治体系，通过对所有广义法律文件的电子和网络化，追求贴近现实法治实践的法律信息化服务目标；国际背景的法律法规数据库，则立足于其背后的法律制度和法律文化差异，更多地在法律(尤其是国际)市场或者法律(尤其是国际)用户使用效率(即检索有效性)上做文章。前者讲求法律法规数据的系统和全面，而后者注重法律数据服务的精准高效。这种法律法规数据库及其服务技术、理念的异同，注定也会对未来依托"证据为本"的循证方法开展大数据法学研究、法治实践和法律决策活动产生实质影响。总之，法律数据使用者包括法律法规数据库的订阅者，应该结合自身的法律需求及各法律法规数据库的技术与成本优劣，有目的、有针对性地选择使用相应的法律法规数据库，发挥法律法规数据库资源的最佳效用。

# 第二节　国际主流法律数据库

## 一、汤森路透西法网

汤森路透西法网(Thomson Reuters Westlaw)作为一个世界知名的法律全文数

据库，是由世界著名的法律信息出版集团汤森路透(Thomson Reuters)市场化建设运营、面向法律专业人员的专业数据库。它多次获得由美国计算法律事务所(Law Office Computing)评选的年度读者之选奖(Readers' Choice Awards)。它作为汤森路透依托业界值得信赖的专家和核心法律研究工具，为法律工作者创建的新一代、一站式法律信息检索平台，以权威的英美法国家原始法律资料及首屈一指的二次法律资料为基础，还有独家研发的世界顶尖的西搜(West Search)法律搜索引擎，以及备受英美法国家法学研究人员推崇的索引码(Key Number)系统、批注(Headnote)判例摘要、关键引用(Key Cite)分析工具等特点，这使得汤森路透西法网有志于成为一个世界上最好的整合法律、新闻和商业信息的全球法律研究图书馆，让全球的法律研究实现串联。

目前，汤森路透西法网已在60多个国家使用，拥有超过28 000个案例法、立法、法律审查、条约和目录数据库。这些数据库来自汤森路透的业务，包括斯威特麦克斯韦(Sweet&Maxwell)、艾里希出版(Ellis Publications)、卡斯维尔(Carswell)和西法网(Westlaw)等。西法国际网(Westlaw International)则包括了美国、英国、加拿大、澳大利亚、韩国的全部判例法(Case Law)，欧盟的主要法律资料，全球5000余种法学期刊通讯资源(其中包括90%以上的美国法学核心期刊)；近4000本法学专业专著书籍，独家收录布莱克法律词典第十版电子版；路透法律、财经、政治等领域新闻。更多全球法律动态均可第一时间通过西法网数据库获得。这些数据库内容涵盖法律、商业及新闻资料等方面。西法网是法律专业及相关专业，如管理、经济、会计、金融、税务专业人士在教学、科研、执业和相关服务中的必备工具。

除此之外，汤森路透(Thomson Reuters)旗下还有西法未来(WestlawNext)数据库，以及中国法律人较为熟悉的万律中国(Westlaw China)。万律中国作为汤森路透法律信息集团基于世界领先的西法法律信息平台的技术和经验打造的智能化中国法律信息双语数据库，意在为法律执业人士提供最佳的中国法律解决方案。对此，我们在国内主流法律法规数据库一节中已有简要介绍。

需要特别强调的是，万律法律数据通过所谓"人性化"的底层技术设置，使得用户可以自如地在中、英文数据库之间随意切换。在确保用户能够准确获取所需的中英双语法律信息的同时，实际上，也实现了对中国国内法律数据的重新编码，从检索技术与数据解码角度，对中国法律体系进行内在逻辑进行了适度改造，其中的得失需要进一步评估。

## 二、律商联讯

律商联讯(LexisNexis)是与西法网比肩的世界著名法律数据库，全球许多著名法学院、法律事务所、高科技公司的法务部门都在使用该数据库。该数据库连接至 40 亿个文件、11 439 个数据库，以及 36 000 个来源，资料每日更新。

如果说它有什么不同于西法网的设计和运行理念，那么正如其网站中文译名——律商，特别是其门户网站的宣传语那样，就是：为塑造世界的专业人士提供解决方案。也就是说，其宗旨是服务法律和商业这对孪生兄弟。①具体而言，为寻求法律解决方案和商业见解的律师事务所、公司、政府机构和学术机构提供法律和专业解决方案；为寻求数据分析的公司和政府机构提供风险解决方案，支持投诉、客户获取、欺诈检测、健康结果、身份解决方案、调查、应收账款管理、风险决策和工作流程优化。

律商网（Lexis® China），则是由律商联讯专为中国用户推出的旗舰法律信息数据库产品。自 2005 年面世以来，律商网广受法律专业人士好评。十余年来，律商网的内容和功能持续更新。除了收录海量法律法规信息，律商网还支持一站式检索中英双语法律内容，对重点法律领域、热点话题、新兴问题进行追踪，提供多层次、有深度的法律评论和分析，助力法律专业人士提升办公效率，解决法律实务难题。其数据库特点被概括为：一个平台，所有法律评论信息一键可得；内容多元，汇集千名法律行业精英智慧；多重视角，纵深解读交叉法律实务难题；智能科技，定向推送客户所需法律内容；界面简易，重点法律领域资讯一目可见。

律商网特色数据库内容包括法律研究内容：美国联邦与州政府的案例（收录约 300 年之全文案例）、美国最高法院案例（1790 年至今），美国最高法院上诉案例，美国地方法院及州法院的案例及判决书，所有联邦律法及规则，美国 50 州法规，法律评论（论文来自 450 多种评论杂志），欧洲联邦律法，专利数据库（收录 1980 年以来的欧、美、日之专利全文）、英联邦国家法律法规和案例、WTO 之相关案例和条文、其他律法主题等。

律商联讯新闻服务的资料来自世界各地 9000 多个数据源。资料种类包括主要的报纸，国际性的杂志、学术期刊等服务。学术期刊包括全套的 ABI/Inform 全文资料。企业界信息内容包括工业、公司、财务等方面信息；公司信息包括美国联邦证券交易委员会（United State Securities and Exchange Commission，SEC）档案比例分析、子公司相关事务、员工、管理人员、股价设定与并购等。

数据库以分类浏览的方式，点击具体的类目进行查看，里面包含一些图标，代表着不同的含义，可以查看每页下面"密钥"（key）的部分，它对每个图标的具体含义给出了详细的介绍。

① 泰格，利维. 法律与资本主义兴起[M]. 纪琨，译. 上海：上海辞书出版社，2014.

## 三、国际社科数据库

国际社科数据库(Web of Science®)，是科睿唯安(Clarivate Analytics)的数据服务平台。它收录了 12 000 多种世界权威的、高影响力的学术期刊，内容涵盖自然科学、工程技术、生物医学、社会科学、艺术与人文等领域，最早回溯至 1900 年。国际社科数据库收录了论文中所引用的参考文献，并按照被引作者、出处和出版年代编制成独特的引文索引。国际社科数据库作为获取全球学术信息的重要数据库，是国际公认的反映科学研究水准的数据库，以 SCIE、SSCI 等引文索引数据库，JCR 期刊引证报告和 ESI 基本科学指标享誉全球科技和教育界。

几个重要且国内研究人员耳熟能详的引文索引数据库包括：科学引文索引(Science Citation Index-Expanded™，SCI-EXPANDED，收录自 1900 年至今)、社会科学引文索引(Social Sciences Citation Index™，SSCI，收录自 1900 年至今)、艺术人文引文索引(Arts & Humanities Citation Index®，A&HCI，收录自 1975 年至今)、会议论文引文索引(Conference Proceedings Citation Index™，CPCI，收录自 1990 年至今)、图书引文索引(Book Citation IndexSM，截至 2011 年收录 28 000 多种图书，共 440 000 多条记录，同时每年增加 10 000 种新书)，还有新兴资源索引(Emerging Sources Citation Index，ESCI)，主要定位于拥有"活力和潜力"，且在学术界已经产生"地区"影响力的新刊。

另外，基本科学指标(Essential Science Indicators，ESI)，是一个基于国际社科数据库核心合集数据库的深度分析型研究工具。ESI 可以确定在某个研究领域有影响力的国家、机构、论文和出版物，以及研究前沿。期刊引证报告(Journal Citation Reports，JCR)则是一个独特的多学科期刊评价工具。通过对参考文献的标引和统计，JCR 可以在期刊层面衡量某项研究的影响力，显示出引用和被引期刊之间的相互关系。

国际社科数据库的引文关系网络，可以帮助科研人员发现研究领域里最前沿、最重要的研究成果，打破科研成果在期刊与期刊之间、出版社与出版社之间，以及数据库平台与平台之间的壁垒，推动高水平研究成果的产生。同时数据每周更新，确保学校科研人员尽可能全面地获取最重要、最前沿的科研成果。

## 四、坎贝尔图书馆

坎贝尔图书馆，是坎贝尔协作网支持下的高质量系统评价证据数据库。坎贝尔协作网包括图书馆的存在，是为了帮助人们对社会和行为干预做出明智的决定。

作为一个基本上自愿性的国际化社会组织，坎贝尔协作网起源于 1999 年在伦敦举行的一次会议。来自四个国家的 80 人参加了会议，其中许多来自今天坎贝尔协作网的兄弟组织科克伦协作网。自 1994 年以来，科克伦协作网一直致力于在公共卫生和医疗保健领域开拓以系统评价为代表的循证医学新领域，并取得了学界公认和世人瞩目的傲人成绩。为此，其许多成员认为，需要一个组织采取类似循证医学方式对社会干预措施的有效性研究证据进行系统评价。在社会、行为科学家和社会从业者的大力支持下，2000 年坎贝尔协作网成立，并以美国国家科学院院士唐纳德·坎贝尔(Donald T. Campbell)的名字命名。因为，唐纳德·坎贝尔主张政府改革可以被视为社会实验，科学证据规则可以应用于此。他认为，可以产生科学证据来评估政府改革的效果，从而制定出更好的政策和实践，增进民生的福祉。

2001 年坎贝尔协作网增加了北欧坎贝尔中心，2017 年坎贝尔英国和爱尔兰中心成立，随后于 2019 年分别在印度新德里和中国南京成立了坎贝尔南亚区域中心和坎贝尔中国中心。目前，坎贝尔协作网已经成为一个国际社会科学研究网络，旨在为各类主体的科学决策提供高质量、公开和政策相关的证据综合，简明的语言摘要和政策简报。

坎贝尔协作网基于"为一个更美好的世界提供更好的证据"的愿景，以及通过为循证政策、实践制作、使用系统审查和其他证据综合，促进积极的社会和经济变革的宗旨，坎贝尔图书馆为包括法循证学在内的循证社会科学工作确立了 10 项关键原则。

(1)团结协作。通过内部和外部条件来培养良好沟通、开放决策和团队合作(Collaboration, by internally and externally fostering good communications, open decision-making and teamwork)。

(2)绽放激情。以释放个人科研激情为本，邀请和支持不同技能和背景的人参与(Building on the enthusiasm of individuals, by involving and supporting people of different skills and backgrounds)。

(3)避免重复。通过良好的管理和协调来避免重复，以确保工作的经济性(Avoiding duplication, by good management and co-ordination to ensure economy of effort)。

(4)不偏不倚。通过科学严谨、确保广泛参与和避免利益冲突等多种方法，尽量减少研究偏倚(Minimizing bias, through a variety of approaches such as scientific rigour, ensuring broad participation, and avoiding conflicts of interest)。

(5)与时俱进。通过识别和合并新证据来承诺坎贝尔系统评价保持最新状态(Keeping up to date , by a commitment to ensure that Campbell reviews are maintained through identification and incorporation of new evidence)。

(6)有的放矢。通过使用对人们至关重要的产出来促进对政策和实践的评估，努力实现理论与实践的结合(Striving for relevance, by promoting the assessment of policies and practices using outcomes that matter to people)。

(7)触手可及。通过广泛传播合作成果，利用战略联盟，并通过推广适当的价格、内容和媒介来满足全球用户的需求，促进访问(Promoting access, by wide dissemination of the outputs of the collaboration, taking advantage of strategic alliances, and by promoting appropriate prices, content and media to meet the needs of users worldwide)。

(8)质量第一。通过公开和回应批评，方法先行以及发展质量改进系统，来确保研究质量(Ensuring quality, by being open and responsive to criticism, applying advances in methodology, and developing systems for quality improvement)。

(9)继往开来。通过确保评价、编辑过程和关键职能的担当得到维持和延续，实现研究工作的连续性(Continuity, by ensuring that responsibility for reviews, editorial processes and key functions is maintained and renewed)。

(10)集思广益。通过减少贡献障碍和鼓励多样性，促进广泛参与合作工作(Enabling wide participation in the work of the collaboration, by reducing barriers to contributing and by encouraging diversity)。

最后，鉴于坎贝尔协作网中主要设计了四个专项协作组，即教育组、司法犯罪组、社会福利组和国际发展组，与法循证学直接相关的是司法犯罪组(Crime and Justice)，为此，我们通过联网检索了坎贝尔数据库的法律子库即司法犯罪，共获得标题、计划书、系统评价86篇，去重后获得79篇，最终纳入分析79篇。纳入坎贝尔数据库司法犯罪子库中更新后的全部文章(更新日期为2015年7月16日)；排除了其中收录的已删除文献。借用 Excel 软件建立了相关数据提取表，提取了包括发文作者、发文时间(指出版时间)和作者单位等数据。以频度对统计资料进行描述性分析，采用 Excel 软件进行数据处理后，获得如下关于坎贝尔图书馆与法循证学有关的检索结果。

1)作者发文频次

由表 3.9 可知，坎贝尔图书馆中发文频次在 4 次以上的作者仅有三人，其中乔治梅森大学的大卫·韦尔森(David B. Wilson)发文频次最高，达到 6 次。

表 3.9　作者发文频次

| 序号 | 关键字段 | 出现频次 |
| --- | --- | --- |
| 1 | David B. Wilson (乔治梅森大学) | 6 |
| 2 | David P. Farrington (剑桥大学) | 4 |
| 3 | Lorraine Mazerolle (昆士兰大学) | 4 |

2）作者发文篇数

由表 3.10 可知，发文量最多的作者发文 6 篇，最少的作者发文 1 篇，发文量为 1 篇的作者比例占总额的 90.40%，发文量为 6 篇的作者仅有 1 人。

表 3.10 作者发文篇数

| 篇数 | 作者数量 | 百分比 |
| --- | --- | --- |
| 6 | 1 | 0.40% |
| 4 | 2 | 0.80% |
| 3 | 1 | 0.40% |
| 2 | 20 | 8.00% |
| 1 | 226 | 90.40% |

3）发文作者间合作关系

由图 3.1 得知，以下三组作者之间联系最为紧密，其中乔治梅森大学的大卫·韦尔森（David B. Wilson），昆士兰大学的洛林·梅热罗尔（Lorraine Mazerolle）、凯瑟琳·贝尼（Kathryn Benier）、安吉拉·希金森（Angela Higginson），以及剑桥大学的约瑟夫·默里（Joseph Murray）、大卫·法林顿（David P. Farrington）、玛莉亚·萄费（Maria M.Ttofi）七位作者与其他作者进行了三次以上合作，在作者多方合作中占据优势。

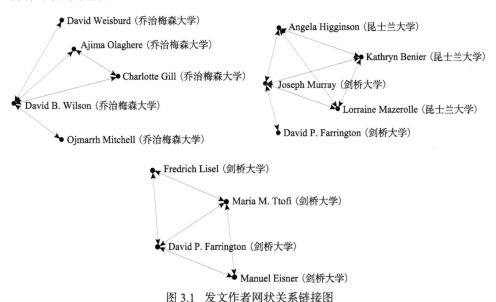

图 3.1 发文作者网状关系链接图

4）发文作者单位频次

根据发文作者的单位统计频次表（表 3.11）可以看出，作者单位频次在 3 次以上的单位共有 6 个，其中乔治梅森大学(George Mason University)出现频次最高，为 12 次。

表 3.11　发文作者单位统计频次表

| 关键字段 | 出现频次 |
| --- | --- |
| 乔治梅森大学(George Mason University) | 12 |
| 剑桥大学(University of Cambridge) | 10 |
| 昆士兰大学(The University of Queensland) | 5 |
| 罗格斯大学(Rutgers University) | 5 |
| 范德比尔特大学(Vanderbilt University) | 4 |
| 希伯来大学(Hebrew University) | 3 |

综合上述统计数据，我们最后得出结论：坎贝尔图书馆数据库中，相比循证医学和循证社会科学其他子库，法循证学子库中的数据资料目前仍处在建设初期与持续更新的过程中，截止统计日，数量总数依然偏少，而且研究机构和人员主要集中在英美法系国家的大学和科研机构。加之此前关于坎贝尔图书馆中非英语母语的系统评价报告的统计分析结果，说明了坎贝尔图书馆作为未来国际法循证学的支撑性数据库，还有包括重构数据库底层构架逻辑与扩容非英语国家系统评价研究成果等很多工作要做。

# 第四章 法循证学证据生态系统

## 第一节 法循证学决策证据

### 一、循证医学证据概述

循证医学的出现，为临床医生提供了具有参考价值和可遵循的方法，随着循证决策的发展，越来越多的人认识到证据的重要性，开始反思传统的经验决策的弊端，并逐步转向证据决策。大卫·萨基特（David Sackett）教授在 1996 年提出循证医学的定义："慎重、准确、明智地运用当前所能获得的最佳证据来确定患者的治疗措施。"[①] 即，医疗决策以证据为基础，在医生的选择下，恰当运用最佳证据，并考虑病患的期望作出治疗方案，是循证医学的基础。[②]

自循证医学诞生以来，"当前最佳医学研究证据"作为循证医疗决策的"三剑客"之一，承载和展现了循证医学革命性新思想的内核。现有最佳医学研究证据既是对医生临床实践经验和现代医疗专业知识技能的科学支撑，同时也是对患者偏好与价值观的理性包容。因为，"证据面前人人平等"，所以，随着代表人类对特定疾病医疗共识的大数据科学证据的介入，可以有效纠偏医生个体的"井底之蛙"及个案式临床经验的"夜郎自大"。更因为大数据基础上的最佳评估证据，掀开了人类特别是个体有限理性的无知之幕，所以还能在一定程度上补正（西方）医疗科技专业技能的形式理性与机械思维，将原本匍匐在医生权威脚下的病患（及其家属）的主观偏好和价值倾向扶正，并赋予了其独立的主体性地位。人类社会、专业医生和病患三者共同围绕人类个体健康，合作编织了完美的主体间性（intersubjective）医疗网络，真正回归了"健康所系，性命相托"的医生誓言与"医者仁心"本分。

在中国，"证""据"二字出现在春秋战国时期，在古汉语中属于同义字。如"以此知其罚暴之证"（《墨子·天志下》）与"难者必明其据，说者务立其义"

---

① Sackett D L, Rosenberg W M, Gray J A, et al. Evidence based medicine: What it is and what it isn't[J]. BMJ, 1996, 312(7023): 71-72.

② 何俐，屈云，李幼平. 循证医学的定义、发展、基础及实践[J]. 中国临床康复，2003(4)：540-541.

（《后汉书·鲁恭传》）。到东晋时合二为一，并进入法律话语。如东晋葛洪《抱朴子·弭讼》中有言："若有变悔而证据明者，女氏父母兄弟，皆加刑罪。"《现代汉语词典》对"证据"的解释是："能够证明某事物真实性的有关事实或材料。"英文中"evidence"一词出现于公元 14 世纪，据《牛津简明英语词典》的解释，包括：①证明意见或主张真实有效的信息或符号（information or signs indicating whether a belief or proposition is true or valid）；②法律调查中或法庭上接纳证词时用来确证事实的信息（information used to establish facts in a legal investigation or admissible as testimony in a law court）。由此可见，中西方语境中，证据多用以证明某个真实情况的特定事实。

　　医疗决策证据，既不同于日常言说中的证据，也有异于法治运行中的证据。根据循证医学奠基人大卫·萨基特等的界定，临床证据即"以患者为研究对象的各种临床研究（包括防治措施、诊断、病因、预后、经济学研究与评价等）所得到的结果和结论"。一言以蔽之，循证证据是由关于某一特定主题综合研究得到的结果和结论。包括循证医学创始人戈登·盖亚特（Gordon Guyatt）在内的学者，则从更加广义角度将医学证据描述为，"任何经验性的观察都可以构成潜在的证据，无论其是否被系统或不系统地收集"；或者"证据是最接近事实本身的一种信息，其形式取决于具体情况，高质量、方法恰当的研究结果是最佳证据。由于研究常常不充分、自相矛盾或不可用，其他种类的信息就成为研究的必要补充或替代"；当然，还有更加严格简明的关于证据的狭义定义——"证据是经过系统评价后的信息"。[①]

　　鉴于目前循证医学界关于医学证据已达成主流认知，即针对某一个或某一类具体问题，尽可能全面地收集有关该问题的全部原始研究，进行严格评价、综合分析、总结后所得出的结论，是对多个原始研究再加工后得到的证据，而且是证据的综合。因此，包括法循证学在内的循证社会科学关于"证据"的概念，也有必要突破传统内涵式定义模式，而以外延概括式和功能描述式为主，以此来凸显循证社会科学作为现代知识体系的新特征。具体到法循证学的"证据"观念，如何突破传统法学的形式理性认知逻辑，构建涵盖司法证据的全新法治决策证据体系，是否可以从中得到有益启发？

　　循证医学主要按照证据综合方法和证据使用者两个标准，对证据进行了如下分类。

　　（1）按照证据综合方法，证据具体分为三类，即系统评价（systematic review，SR）与元分析（meta analysis）、卫生技术评估（health technology assessment，HTA）、

---

① 陈耀龙，王梦书，李晓. 等. 卫生研究中证据的定义与循证规范[J]. 中国循证医学杂志，2008，8（12）：1034-1038.

实践指南(practice guideline)。上述三类证据的共同点是:①都是对原始研究所进行的系统检索、规范评价和综合分析;②都可依照推荐分级的评估、制定与评价(grading of recommendations, assessment, development and evaluation, GRADE)进行分级;③均可作为决策的最佳依据。三者的主要差异是:系统评价与元分析更注重对二次研究文献的质量评价,有严格的纳入排除标准,只进行证据质量分级,不作出推荐;相对于系统评价与元分析,卫生技术评估除有效性外,更注重卫生相关技术安全性、经济学性和社会适用性评价,纳入标准更宽,会基于评价结果给出推荐意见,多数可被卫生政策直接采纳;实践指南,则是基于系统评价与元分析、卫生技术评估的结果,以推荐意见为主,并对临床实践具有指导和规范意义。

(2)按照证据使用者,医学证据可被分为政策制定者证据、研究人员证据、卫生保健提供者证据与普通用户证据四大类(表4.1)。

**表4.1 使用者角度的证据分类**

| | 政策制定者证据 | 研究人员证据 | 卫生保健提供者证据 | 普通用户证据 |
|---|---|---|---|---|
| 代表人群 | 政府官员、机构负责人、团体领袖等 | 基础医学、临床、教学研究者等 | 临床医生、护士、医学技术人员等 | 普通民众,包括患病人群和健康人群 |
| 证据呈现形式 | 法律、法规、报告或数据库 | 文献或数据库 | 指南、摘要、手册或数据库 | 电视、广播、网络、报纸等大众媒体或数据库 |
| 证据特点 | 简明概括、条理清晰 | 详尽细致、全面系统 | 方便快捷、针对性强 | 形象生动、通俗易懂 |
| 证据要素 | 关注宏观层面,侧重国计民生,解决复杂重大问题 | 关注中观层面,侧重科学探索,解决研究问题 | 关注中观层面,侧重实际应用,解决专业问题 | 关注微观层面,侧重个人保健,解决自身问题 |
| 资源举例 | Health Systems Evidence 数据库 | Cochrane Library 数据库 | DynaMed 数据库 | PubMed Health 数据库 |

## 二、证据质量与推荐强度

截至目前,世界范围内的上述各类医学证据不仅数量庞大,而且增速惊人。它们在为各类主体的医疗决策积累了丰硕证据的同时,也对医疗决策者在有限生命与工作时间内,高效判断并筛选出高质量决策证据,提出了严峻的挑战。因此,需要一套科学、系统和实用的证据质量分级工具,并根据证据质量将其转化为推荐意见,进而不断促进循证医疗决策实践。

证据质量与推荐强度分级方法,主要经历了三个发展阶段:第一阶段单纯考虑试验设计,以随机对照试验为最高质量证据,主要代表是加拿大定期体检工作组(Canadian Task Force on the Periodic Health Examination, CTFPHE)的标准,以及美国纽约州立大学下医学中心(The State University of New York Downstate

Medical Center)推出的"证据金字塔"(图 4.1)。证据金字塔的优点是简洁明了,操作性强。但由于其分级依据过于简易且范围偏窄,结果可能并不客观准确;第二阶段的主要代表是英国牛津大学循证医学中心(Oxford Center for Evidence-based Medicine,OCEBM)推出的 OCEBM 标准(表 4.2),它重点强化了精确性和一致性,以系统评价和元分析作为最高级别的证据。此外该标准还在证据分级基础上从治疗、预防、病因、危害、预后、诊断、经济学分析等七个方面,增加了标准的针对性和适应性,使得该证据分级一度成为循证医学教学和循证临床实践的公认经典标准。该标准的不足是分级(10 级)过于繁多且将证据质量和推荐强度做了简单对应,未能充分考虑研究的间接性、发表性偏倚及观察性研究的升级完善;第三个阶段是由包括世界卫生组织在内的 19 个国家和国际组织的 60 多名循证医学专家、指南制订专家、医务工作者和期刊编辑等共同创建的 GRADE 工作组,经过通力协作于 2004 年循证制定出的国际统一的证据质量分级和推荐强度系统(即 GRADE 标准)。基于其更加科学合理、过程透明、适用性强等特点,被包括世界卫生组织和科克伦协作网在内的 100 多个国际组织、协会和学会采纳,竖起了医学证据质量与推荐分级史上的里程碑。

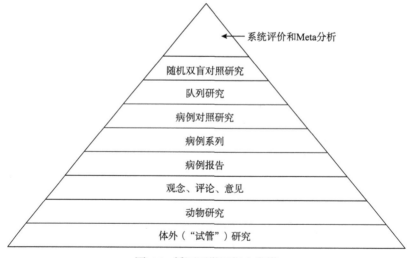

图 4.1　循证医学证据金字塔

**表 4.2　2001 年牛津大学证据分级与推荐意见强度分级标准**

| 推荐强度 | 证据级别 | 防治 |
|---|---|---|
| A | 1a | 随机对照试验的系统评价 |
| | 1b | 结果可信区间小的随机对照试验 |
| | 1c | 显示"全或无效应"的任何证据 |

续表

| 推荐强度 | 证据级别 | 防治 |
|---|---|---|
| B | 2a | 队列研究的系统评价 |
|  | 2b | 单个的队列研究(包括低质量的随机对照试验,如失访率大于20%者) |
|  | 2c | 基于患者结局的研究 |
| C | 3a | 病例对照研究的系统评价 |
|  | 3b | 单个病例对照研究 |
| D | 4 | 病例系列报告、低质量队列研究和低质量病例对照研究 |
| E | 5 | 专家意见(即无临床研究支持的仅依据基础研究或临床经验的推测) |

　　有必要指出的是,证据金字塔与推荐强度之间并非完全重合,也不是正相关。前者只涉及证据等级,而无关乎证据质量。因为,即便是某个高等级的证据,也可能因为质量差而影响到推荐强度。系统评价作为最高等级证据,基于其来源是对原始文献的二次综合分析和评价,因此证据质量会受到原始文献质量、系统评价方法及评价者本人研究能力水平与立场观点的影响。元分析,正如其别称"荟萃分析"或"汇总分析"所揭示的那样,如果缺乏明确和科学的方法去收集、选择、评价临床研究资料,也就无法保证结论的可靠性。更不用说,如果研究及结论中充斥过多的所谓专业人士"夹带私货"的个人解读,就一定会出现偏差。因此,不能对证据等级与证据质量进行简单类比,也不能对证据推荐进行盲目接受。

　　总之,GRADE标准,就是为了进一步解决国际统一的证据质量分级和推荐强度问题。GRADE方法首次阐明了证据质量和推荐强度的定义,即证据质量是指对观察值的真实性有多大把握;推荐强度是指实践指南使用者遵守推荐意见对目标人群产生的利弊程度有多大把握。其中,"利"包括降低发病率和病死率,提高生活质量和减少资源消耗等指标;"弊"包括增加发病率和病死率、降低生活质量或增加资源消耗等指标。证据质量分为高、中、低、极低四个等级,推荐强度分为强、弱两个等级,具体描述见表4.3。

### 表4.3　证据质量与推荐强度分级

| 证据质量分级 | 具体描述 |
|---|---|
| 高(A) | 非常有把握观察值接近真实值 |
| 中(B) | 对观察值有中等把握:观察值有可能接近真实值,但也有可能差别很大 |
| 低(C) | 对观察值的把握有限:观察值可能与真实值有很大差别 |
| 极低(D) | 对观察值几乎没有把握:观察值与真实值可能有极大差别 |

续表

| 推荐强度分级 | 具体描述 |
|---|---|
| 强(1) | 明确显示干预措施利大于弊或弊大于利 |
| 弱(2) | 利弊不确定或无论质量高低的证据均显示利弊相当 |

　　和此前的证据分级系统一样,GRADE 对证据质量的判断始于研究设计。一般情况下,没有严重缺陷的随机对照试验的证据,起始质量为高(即 A 级),但有偏倚风险、不一致性、间接性、不精确性和发表偏倚五个因素可降低其质量。没有突出优势的观察性研究的证据,起始质量为低(即 C 级),但有效应值很大、有剂量-效应关系、负偏倚三个因素可升高其质量。

　　对于推荐强度,GRADE 解决了牛津大学 OCEBM 标准将证据质量和推荐强度直接对应的弊端,在证据质量基础上,进一步将资源利用和患者偏好与价值观等证据外的主观和社会因素,纳入影响推荐强度的指标,并将推荐强度的级别减少为两级。对于不同的决策者,还赋予了不同的推荐强度含义(表 4.4)。

**表 4.4　GRADE 中推荐强度的含义**

| 决策者 | 推荐强度的含义 |
|---|---|
|  | 强推荐的含义 |
| 患者 | 几乎所有患者均会接受所推荐的方案;此时若未接受推荐,则应说明 |
| 临床医生 | 应对几乎所有患者都推荐该方案;此时若未给予推荐,则应说明 |
| 政策制定者 | 该推荐方案一般会被直接采纳到政策制定中去 |
|  | 弱推荐的含义 |
| 患者 | 多数患者会采纳推荐方案,但仍有不少患者可能因不同的偏好与价值观而不采用 |
| 临床医生 | 应该认识到不同患者有各自适合的选择,帮助每个患者做出体现他偏好与价值观的决定 |
| 政策制定者 | 制定政策时需要充分讨论,并需要众多利益相关者参与 |

　　最后,需要指出的是,GRADE 标准适用于包括系统评价与元分析、卫生技术评估、临床实践指南在内的医学决策三大证据领域,虽然在各自领域的应用不完全相同。对于系统评价与元分析,GRADE 仅用于对证据质量的分级,不给出推荐意见;对于卫生技术评估,是否给出推荐意见,取决于评估的目的;对于实践指南,则需在对证据质量分级的基础上形成推荐意见,并对其推荐强度进行分级。

　　下面,我们通过一个通俗的例证对证据质量与推荐强度的实践功能进行演示。

专家经验或权威意见，从古至今都是包括患者在内的社会公众进行决策所能获取的重要参考和基本依据，但鉴于专家的个人见解存在不可避免的主观性与片面性，亟待 GRADE 提供科学支撑与保障。为此，我们以循证医学领域的"婴儿睡姿"经典案例来说明。[①]美国儿童保健专家本杰明·斯波克(Benjamin Spock)医生的畅销书《婴儿与儿童保健》(*Baby and Child Care*)，过去几十年来一直被父母和专家们奉为育儿宝典。自 1956 年其著作出版面世直到 20 世纪 70 年代末，斯波克一直认为："婴儿躺着睡有两大坏处：一是如果婴儿呕吐，躺着睡使他更可能被呕吐物呛噎；二是婴儿倾向于将头一直偏向同一边……这可能使一侧头部扁平……我认为最好一开始就让婴儿习惯趴着睡。"然而 2005 年《国际流行病学杂志》发表的一篇系统评价研究报告发现，婴儿俯卧睡眠与猝死综合征之间的风险比值高达4.15。实际上，早在 1970 年，就已有观察性研究证据显示，婴儿俯卧睡眠和猝死综合征具有正相关性，但其后的 30 多年间，仍不断有父母让婴儿出生后趴着睡觉。假设自 1970 年开始，就将该决策证据及时转化并推荐给医生和社会公众，就可以预防许多婴儿的猝死。同样的问题，在今天中国父母养育子女的过程中，依然存在。

恰如循证医学创始人之一的大卫·萨基特教授所痛言，"医垫所授，半者皆谬"(Half of what you learn in medical school is dead wrong)。[②]以循证决策来引领医者，功莫大焉！所以，未来包括法循证学在内的循证社会科学的目标，就是借鉴循证医学的经验教训，建立一套符合社会科学实际的证据金字塔、证据质量 GRADE分级和推荐强度系统。

## 三、循证决策与法治证据

### (一)循证决策是法治的应有之义

法循证学作为循证方法在社会科学领域的延展和交叉应用，如何获得和运用最佳决策证据，也是法循证学服务法学研究和法治实践的核心要义与内在要求。从本质上讲，包括立法、执法、司法、守法和法律监督在内的全部法治活动的每个重要环节，都属于法治决策活动，都应该追求基于高质量证据的循证决策目标。决策法治化是法治社会的必然要求，如果证据的本质是为决策提供合法性的支撑，那么取得最佳决策证据就是循证方法的使命。随着云计算、数据化等不同于传统

---

① Gilbert R, Salanti G, Harden M,et al. Infant sleeping position and the sudden infant Death syndrome: systematic review of observational studies and historical review of recommendations from 1940 to 2002[J]. International Journal of Epidemiology, 2005, 34(4): 874-887.

② Anderson J D. Sackett D. 1934-2015: The father of evidence-based medicine[J]. Int J Prosthodont, 2015, 28(4): 343-344.

发展模式的兴起，循证基础上的法治活动借助循证方法提供的规范的、流程高质量的证据，摒弃传统人治的"个体经验"甚至"拍脑袋""一言堂"，把决策证据当作构成法治决策的基础。法循证学以循证方法为研究手段，不断完善法律的研究工具，为建设法治国家助力。基于此，决策证据的范围、类型，以及证据质量与其可靠性等就成为法循证学要解决的主要问题。强调决策证据，有助于纠正我们过去的经验式、直觉式决策方法的弊端，有助于扎实精准推进"三位一体"的法治国家、法治政府和法治社会建设。

国家社会治理领域的循证决策(包括宏观政策制定和微观行政决定)，开始于1997年的英国布莱尔政府。布莱尔政府希望政策制定能够基于更加可靠的"证据"，而非传统的意识流决策。①英国作为循证决策特别是医学决策理论与实践的发源地，政府部门有着最佳便利条件来借力发端于循证医学理念与制度流程的循证管理决策思想精髓，在国家社会治理领域探索和展开科学证据基础上的宏观/微观循证决策。循证理念在政府决策中的引入，不但要求政府法治工作不断注重和加强数据化，而且要求进一步致力于将工作数据升级为决策证据，以此来从根本上摆脱以往个人经验决策的狭隘与偏执，不断推动理论与实践的统一。

不仅如此，数据化、云计算使得信息传播速度日新月异，人类挖掘、加工和整合数据的能力越来越强，为科学证据的生产、传播提供了有效的方法和载体。当然，与此同时，人工智能的技术进步与数据泛滥等在给法学研究带来全新挑战的同时，也为法律法学的研究与发展提供了新的方向和方法。传统法学研究大多注重定性的价值论研究，即便有实证倾向的分析法学方法，也缺少必要的途径、技术和手段来直接回应现实法治决策的有效需求。②从循证医学脱胎的法循证学，在一定程度上体现出与循证医学同样的定量与定性研究方法，并以其科学的方法和系统的知识性，体现出顽强的学术生命力，正在成为法学领域的新思潮。法循证学作为法学和循证科学的交叉领域和方法，既有从人类最古老的法学学科继承来的系统法学理论，又有实操性非常强的数据处理技术和操作流程，它很好地将理论与实践之间的需求连接了起来，正好弥补了大数据趋势下法学发展的方法论短板，架起了静态的纸面法与动态的行动法之间的桥梁。

作为法治基本环节的司法活动，自古以来就把证据作为生命线。"证据之所在，胜负之所在。"《布莱克法律大辞典》(*Black's Law Dictionary*)对证据的界定是这样的：①倾向于证明或反驳所称事实存在的东西(包括证词、文件和有形物品)；②在"事实"下查看证据中的事实；③在特定争议中向法庭提交的集体物件，

---

① Overeem P, Tholen B.After managerialism: MacIntyre's lessons for the study of public administration[J]. Administration & Society, 2011, 43(7)：722-748.

② 刘光华. 法循证学：法学与循证科学的交叉方法和领域[J]. 图书与情报，2018(3)：11-17, 49.

特别是证词和物证；④法律体系规定了作为证据提供的证据进入法律程序记录的可采性。①一句话："证据是指提供给法庭的任何事实，而不是通过推理或参考没有证据的注意到的东西，作为推断的基础，以确定某种其他事实。"②

除了司法活动之外，证据在立法、执法、守法和法律监督等其他法律运行环节，也依然是保证公平正义实现的关键因素。因此，有了广义上的证据，即"从逻辑上推断一个事实是否存在的方法；或者使事实明显或清楚的东西。总之，证据是对事实的证明，它指的是在某一方面或另一方面证明、阐明或确定某一事实或问题的真相。在法律的字面含义上，'证据'一词包括任何被指控的事实，其真实性提交调查，用以建立或推翻的一切手段。'证据'也被定义为在某一问题的审判中，通过当事人的行为和通过证人、记录、文件、具体物体等媒介合法诉求主张的任何种类的证据"。

循证方法在法学和法律领域的引入，具有不同于循证医学甚至其他循证社会科学领域的特征。即，法学领域天然地重视证据及其法治实践角色，现阶段举起包括法循证学在内的计算法学的大旗，不过是要求我们站在"大智移云"的历史背景下，顺应学科从解构的规范研究到建构的实证研究的螺旋式上升的内在要求，重新并系统审视法治全环节全流程以及与之相伴随的法治决策活动，特别是法治决策证据的独特地位和作用，以此来科学地勾勒和探索法治决策的证据范围框架、类型体系和质量分级，最终为各类法治决策者慎重、准确和明智地进行法治决策提供最好的决策证据，助力特色法治决策的科学化与实效化。

循证医学的实施主体主要是临床医生，因为对病患的任何诊治或和医学有关的活动都是医生进行的，这就需要高素质的临床医生同时具有运用最佳研究证据和在病患的共同参与下完成循证决策的能力。可见，循证医学的主体单一，主要聚焦于医生、病患。那么，法循证学所讲的法治决策的各个主体不是独立的，他们在分别行使自己的决策权时，还需要相互配合，甚至与司法决策活动不同，以循证方法进行的法治决策证据活动需要政策制定者、法律主体、社会个体、经济团体协同合作。为此，中国共产党十八届四中全会从健全依法决策机制的角度，把公众参与、专家论证、风险评估、合法性审查、集体讨论决定确定为重大行政决策的法定程序，更确定了重大决策终身责任追究制度。③

也就是说，新时代中国特色法治语境下，法治国家、法治政府、法治社会的一体化建设目标，要求所有法治参与主体在包括科学立法、严格执法、公正司法、全民守法在内的特色法治全过程中，都必须慎重、准确和明智地应用当前所能获

---

① Garner B A. Black's Law Dictionary (9th ed.) [M]. West Publishing Company, 2009: 635.

② Thayer J B. Presumptions and the law of evidence[J]. Harvard Law Review, 1889, 3 (4): 141-166.

③ 刘光华, 赵幸, 杨克虎. 循证视角下的大数据法治决策证据转化研究[J]. 图书与情报, 2018, 6: 32-38.

得的最好研究证据开展法治决策。因此，循证法治决策的主体不仅有司法工作者，还包括法律制定者、行政执法人员、专家研究人员、公民个体、社会团体等在内的不同法治决策主体。

过去我们将法治活动局限于司法活动，证据也限于司法活动的八种证据，在立法、执法、守法活动中没有系统科学的证据指导，法治决策的科学化的进程必然要求提高决策的精准性和有效性。①法治决策证据是经过系统调查、科学评估而得来的，证据来源不仅包括研究者、利益相关者，也包括执行者、执行对象，研究者的专家意见、研究结果、利益相关者的诉求表达、执行者的执行依据、执行对象的结果反馈，因其证据属性不同，就需要借助不同循证方法来实现法治决策目标。

要充分考虑政策制定者、法律主体、社会个体、经济团体的共同决策出发点，将个人经验、价值观、个人基本素养、政策理解、法律制度均予以评价，进一步加工转化成为决策证据，促进科学决策。对仅限于司法决策的传统认识的法治决策而言，立法、执法、守法乃至法律监督都未曾系统地考虑过决策证据，违法执法、违法犯罪更是屡见不鲜。法治决策证据在循证方法的实践下，将法治决策主体作为"牵一发而动全身"的统一体，探寻对传统法治决策的补充。

## (二) 从证据到司法证据

语言是人类交流思想的工具，也是在人类重复使用中约定俗成的。唐代韩愈在《柳子厚墓志铭》中曾写下"议论证据今古，出入经史百子"的名句。②其中的"证据"是动词，意为"据实证明"。在古汉语中，证据二字往往是分开使用的，其中，"证"字好比现代的证据，"据"字则指根据。随着白话文的推广，证据二字才越来越多地合并为一个词使用。③除了在日常生活中经常使用以外，"证据"一词在法律事务中使用的频率尤高。因此，在很大程度上，"证据"属于专门的法律术语。由此，界定出"证据"的概念，即用来证明案件事实的材料。"以事实为根据，以法律为准绳"的法治原则，实际上，也还是在说证据，即事实和法律在以司法为核心的近代法治决策中的重要地位。有学者更是精确地表达为：以证据为依据，以法律为准绳。④

近代以来的法治语境下，证据在书面和正式场合及规范意义上，成了司法证

① 魏丽莉，张晶，斯丽娟，等. 循证经济学的逻辑推演、范式变革与发展前景[J]. 图书与情报，2018(3)：28-34.
② 辞海编辑委员会. 辞海：语词分册[M]. 上海：上海辞书出版社，1979：373.
③ 何家弘. 证据法学研究[M]. 北京：中国人民大学出版社，2007：79.
④ 陈波. 以审判程序为中心，以证据为依据，以法律为准绳——答舒国滢、宋旭光的商榷[J]. 政法论丛，2018(2)：3-12；舒国滢，宋旭光. 以证据为根据还是以事实为根据？——与陈波教授商榷[J]. 政法论丛，2018(1)：43-52；雷磊. 司法裁判中的事实及其客观性[J]. 现代法学，2022，44(6)：3-23.

据的等价物或者简称。《中华人民共和国刑事诉讼法》(以下简称《刑事诉讼法》)第五十条规定:可以用于证明案件事实的材料,都是证据。证据包括:物证,书证,证人证言,被害人陈述,犯罪嫌疑人、被告人的供述和辩解,鉴定意见,勘验、检查、辨认、侦查实验等笔录,视听资料、电子数据。《中华人民共和国民事诉讼法》(以下简称《民事诉讼法》)第六十六条规定:中国民事诉讼证据可分为八种,分别是当事人的陈述、书证、物证、视听资料、电子数据、证人证言、鉴定意见、勘验笔录。《中华人民共和国行政诉讼法》(以下简称《行政诉讼法》)第三十三条规定,证据包括:书证,物证,视听资料,电子数据,证人证言,当事人的陈述,鉴定意见,勘验笔录、现场笔录。当然,符合证据"三性"的法律证据,才能成为断案的依据,这种经法定程序质证和认证的证据,才是法官审理案件时的主要(甚至唯一)依据。

## (三)从司法决策证据到法治决策证据

在原始社会,人们相信存在一种超越人的力量,它主宰着世间万物的命运。于是人们纷纷将矛盾交给神灵来审判,即便是毫无理性、违反常理,使无辜者蒙受冤屈,他们也心甘情愿地接受这种不公正的裁判。这是人类发展史上不可避免的阶段。尽管没有科学性和理性可言,但同时也给予了犯罪嫌疑人心理上的威慑。而且,从中可以看出,神判或多或少地借助了决策证据,而不管这种决策证据有无正当性,从这个角度看,"循证"似乎一直存在,只不过现在强调的是正确、科学的证据。

发展到近代以来,证据"三性"成为审理案件的主要依据,证据法定主义和自由心证主义更是影响着各国法官的判断。法学作为一门社会实践性较强的学科,立足于问题导向和服务当下的宗旨,所有的法治活动或者法治决策都是一种遵循证据的行为。传统法学研究专注于法律的概念推导和价值阐述,且重实体而轻程序,法学研究方法也缺少必要的研究指南。

改革离不开法治。1999年"建设社会主义法治国家"首次被写入《中华人民共和国宪法》,顶层决策者们也反复强调,要推进全面依法治国,完善法治建设规划。当下,我国正在大力建设法治国家、法治政府、法治社会,"法治"的建成聚焦于科学立法、严格执法、公正司法、全民守法,即法治决策的各环节。只有法治各环节都做到遵循高质量科学证据决策,国家的法治实现才有保证。

法循证学离不开法学,但法循证学下的法治决策证据不同于司法证据。过去我们将法治活动仅仅局限在司法活动内,如果还用过去的眼光看问题,就会产生一个疑问,法治活动本来就是靠证据裁判,如果再论证法治决策证据,是否属于累赘之举?答案是否定的。司法活动只是法治活动的一部分,二者是不同的概念。

　　首先，内涵不同。司法证据是狭隘的法治决策证据。《刑事诉讼法》第五十条对证据的定义为："可以用于证明案件事实的材料，都是证据。"司法证据的主体是当事人、法官、检察官，是庭审不可缺少的角色，司法证据主要是当事人用来证明自己一方的材料，是法官裁判的主要依据；而法治决策证据的主体是社会个体或团体，包括运用司法证据的所有主体。决策靠证据，不是一句空话，法循证学将为所有法治决策证据的主体呈现出一个证据质量与可靠性等级的证据金字塔。循证下的法治决策证据是把可能获得的最佳证据置于政策制定和执行的核心位置，帮助人们做出更好的决策。①法治决策所依据的证据不再单单是司法证据法所述的八类证据，而是包括立法、司法、执法、监察和守法的决策证据。

　　其次，证据的范围不同。司法证据的种类仅包括物证、书证、证人证言等证据，证据呈现出一种封闭化的模式。反观法治决策证据，不同于司法决策证据，它的焦点不只是司法审判活动，而是整个法治决策活动。呈现出动态的、包容的证据体系，不只是司法活动中规定的八类证据，法治决策证据应当包括一切法治活动的决策证据在内。

　　最后，使用的方法不同。司法决策证据的种类是固定的、僵化的，法治决策证据是借助循证科学的理念与方法，以科学、发展的眼光看问题，力图通过阐述法治社会下决策证据的范围、类型，以及证据质量与可靠性等级划分，描绘出数据化研究趋势下法治决策证据的"金字塔"。对"证据库"进行及时的更新、调整与清理，剔除过时的、不实的或无效的证据，从而保证理论上和实践上能得到更好的统一。

　　综上，法治决策证据是指运用循证科学的理念和方法，寻找最接近事实本身的材料。通过法治决策证据的数据化形式的不断完善与发展，未来的法治决策不再单纯依赖个人经验，会在更广义证据金字塔的指导下，讲好中国特色法治故事。

## 第二节　循证法治决策证据类型

### 一、循证法治决策概述

　　循证医学以其先进的理念逐渐渗入到其他学科，在以心理学、教育学、管理学、经济学、法学等学科为代表的社会科学领域率先以循证理念和方法指导实践，并开始探索以证据为中心的循证决策。人文社科下不可控的因素比自然科学多，在理论和实践的统一上有更大的障碍。当科学对实践的指引作用不大时，个人经

① 周志忍，李乐. 循证决策：国际实践、理论渊源与学术定位[J]. 中国行政管理，2013(12)：23-27，43.

验指导实践就层出不穷，但这种与科学实践脱节的方式，在自然科学技术的冲击下逐渐瓦解，试图以科学的研究证据来实现科学化。①例如，循证教育学的主体是教师、教育行政人员、教育政策制定者，对象是学生、家长，但教育的影响因素较多，决策环节也较为丰富。不但包括对学生教育方案的制定，还包括政策制定、奖惩机制，由于学生的各个阶段的特点突出，循证教育学遵循的证据灵活性更大，充分体现了人文社科的特点。又如，经济学研究是国计民生的重要平衡指标，不同时期，国家的经济政策、经济指标有所不同，循证经济学则充分考虑研究者、决策者、实践者、实施对象、管理者的共同需要，在特定时期、特定地点为特定人员提供优质证据，为实践提供可行路径。

同样地，从法循证学理念和方法视角出发，法治决策将摆脱传统司法决策"一家独大"的狭隘与桎梏，法治决策的主体不仅有司法工作者，还包括法律制定者、行政执法人员、专家研究人员、公民个体、经济团体等在内的不同法治决策主体。全过程、多元化的法治决策主体之间也非绝对独立；他们在分别行使各自决策权的同时，还需要相互配合。与司法决策活动不同，以循证方法进行的法治决策证据活动需要政策制定者、法律主体、社会个体、经济团体在各自分工基础上的协同合作。特别是在不同于西方"三权分立、分权制衡"的，中国特色"分权决策和分工配合"决策体系中。②故此，中国共产党十八届四中全会从健全依法决策机制的角度，把公众参与、专家论证、风险评估、合法性审查、集体讨论决定确定为重大行政决策的法定程序，更确定了重大决策终身责任追究制度。③新时代中国特色法治语境下，法治国家、法治政府、法治社会的一体化建设目标，更是要求所有的法治参与主体，包括科学立法、严格执法、公正司法、全民守法在内的法治全过程中，在开展法治决策时都必须慎重、准确和明智地应用当前所能获得的最好研究证据。

囿于近代以来(特别是英美法系)的法治观，我们长期以来的理论和实践中，都将法治活动局限于司法活动，法治决策证据也仅限于司法活动中的《刑事诉讼法》《民事诉讼法》与《证据法》所明确规定的八种法定证据，但对立法、执法、监察、守法等同样甚至更加主要的法治活动，却没有系统科学的证据指导与规则要求。所以，法治决策的科学化进程，必然要求提高决策的精准性和有效性。④

① 杨文登，叶浩生. 社会科学的三次"科学化"浪潮：从实证研究、社会技术到循证实践[J]. 社会科学，2012(8)：107-116.
② 樊鹏. 中国共产党的政治领导力——从"摸着石头过河"到"系统整体设计推动改革"[J]. 云南社会科学，2021(1)：9-16；鄢一龙. 中美政治体制比较——"七权分工"vs."三权分立"[J]. 东方学刊，2020(3)：73-83，127.
③ 刘光华，赵幸，杨克虎. 循证视角下的大数据法治决策证据转化研究[J]. 图书与情报，2018(6)：32-38.
④ 魏丽莉，张晶，斯丽娟，等. 循证经济学的逻辑推演、范式变革与发展前景[J]. 图书与情报，2018(3)：28-34.

法治决策证据是经过系统调查、科学评估而得来的，证据来源不仅包括研究者、利益相关者，也包括执行者、执行对象，研究者的专家意见、研究结果、利益相关者的诉求表达、执行者的执行依据、执行对象的结果反馈，进而还因其决策要求、证据属性不同，需要匹配适宜的循证统计方法，而非千篇一律。

因此，未来的循证法治决策就要充分考虑政策制定者、法律主体、社会个体、经济团体的共同决策出发点，将个人经验、价值观、个人基本素养、政策理解、法律制度通通予以评价，进一步加工转化成为决策证据，促进科学决策。对于仅限于司法决策的传统法治决策理念而言，立法、执法、法律监督乃至守法等都因未曾系统地考虑过其各自的决策证据问题，而导致决策低质无效，适得其反，违法执法甚至违法犯罪等，也是屡见不鲜。所以，非常有必要在法循证学理念和方法的指引下，将法治决策主体作为一个"牵一发而动全身"的统一体，借助循证法治决策证据制度建设，寻求对传统个体化、割裂化、碎片化的法治经验决策进行补充和完善。

最后，法循环学的这种靶向性方法论特征决定了，循证法治决策必然是决策分类基础上的分类循证。为此，法治决策证据可以根据决策主体、决策事项、证据性质等进行分类。按决策主体就包括立法、执法、法律监督、司法和守法者的决策证据；按决策事项就包括应急决策、短期决策、中期决策和战略决策；按证据性质就包括经验证据(事实)、政策证据、法律证据；等等。

## 二、循证法治决策证据类型

法治及其循证决策，不同于医疗及其循证决策实践的主要特征在于，前者是集体决策(立法与制定政策)或者决策的集体性特征往往具有决定性；后者更多是个体性决策(集体会诊疑难复杂病例的例外)。另外，医疗诊断决策虽然最主要是受医疗技术规范、个体专业技能素质和伦理道德水准的规范，但还(至少是间接和宏观制度性地)受包括医事法律在内的特定国家的法律体系与政策规定的制约和影响。这样，循证医学领域所形成的证据金字塔与质量强度等级体系，从法循证学的社会科学视角出发，就成了法律决策证据的具体存在与表现形式。

借鉴和对比循证医学证据金字塔，关于法循证学证据及其质量，我们可以得出如下基本认识。首先，并非所有决策证据都生而平等，循证证据有质量等级高下之分，进而，我们可以将法循证学中所可能涉及的法治决策证据，按证明效力由高到低分为五级。第一级：在收集了所有高质量、大样本实证特别是随机对照试验研究结果后作出的针对特定法治问题的系统评价报告，特别是坎贝尔报告。第二级：单个大样本随机对照的法学研究文献，典型者如(准)司法裁判，行政裁决，还如法经济学成本效益分析方法的研究成果，还如立法后或立法前定量化的评估报告，当然包括日益流行的法学领域的文献计量学研究报告。第三级：在科学的实证方法指引下的比较研究文献，特别是立法与政策制定过程中依照《中华人民共和国立法法》及相关立法规范所提出的立法前准备资料。第四级：类似循证医学无对照系列病例观察一样的法学实证案例研究文献。第五级：专家意见、描述性研究和公开的法治案例。

结合法治决策活动自身的特殊性，特别是从超越司法决策证据的循证法治决策证据角度，我们认为，法治决策证据的主要存在和表现形式有如下几大类。

（一）事实证据

事实，即事情的真实情形。与其相对的是"浮说"，如《韩非子·存韩》所言"听奸臣之浮说，不权事实"；或者是"空说"，如《史记·老子韩非列传》所言"《畏累虚》《亢桑子》之属，皆空语，无事实"；又或者是"空言"，如鲁迅《花边文学·安贫乐道法》所言"事实是毫无情面的东西，它能将空言打得粉碎"，张守节正义所言"言《庄子》杂篇《庚桑楚》以下，皆空设言语，无有实事也"；等等。

在字本位的汉语文化系统中，"事实"始终是作为两个独立的汉字，即"事+实"而存在的。如唐宋八大家之一的韩愈在其《与于襄阳书》中所言："侧闻阁下抱不世之才，特立而独行，道方而事实。"直到清末，它才成为今天我们熟知的一个独立词组——"事实"。

所谓事实，是指人们通过感官获得的以感觉、知觉、直觉、表象形式描述出来的外在经验知识；从外延上说，它主要分为观察事实与实验事实。经验事实具有可错性和不确定性特点，因此经验事实是可证伪的，不是形而上学。经验事实经过科学家同行的检验、复核、确证后才能转化为科学事实。

就经验事实、科学事实和客观事实三者而言，它们都是事实，经验事实是客观的，可不一定是科学的；科学事实也是客观的，它是事实性与解释性的辩证统一；客观事实则包含了科学事实和经验事实。

具体就经验事实而言，它是指人们通过观察、实验、测量等科学实践活动，借助于语言文字获得的关于客观存在的事件、现象或过程的描述、陈述或判断。一般分为两类：一类指客体与仪器相互作用结果的表征。如观测仪器上所记录和显示的数字、图像等；另一类指对观察实验所得结果的陈述和判断。前者是在观察和实验中被观察到的客观事实。它既与客体的本性有关，也与人所设置的认识条件有关。后者是观察者对客观事实所做的描述。它既与客体的本性、仪器的性能有关，也与人用以描述的概念系统有关。由于受各种主观和客观因素的影响，经验事实存在着可错性，它必须通过科学整理和鉴定，才能上升为科学事实。①换句话说，事实作为决策证据，有着不以人的意志为转移的内在规定性，属于自然法则规范和调整的范围，其中最硬核的内容在法律上称为"不可抗力"。人类包括法治在内的所有决策只能认可与接受，并不能随意通过权力或者金钱等进行更改，否则就会受到自然规律的惩罚，在"铁一般的事实面前"碰得头破血流。

正是因为事实特别是经验事实的上述证据特性，2020年5月1日生效的最高人民法院《关于民事诉讼证据的若干规定》第十条所明确规定的当事人无须举证证明的事实中，第一项自然规律以及定理、定律，第二项众所周知的事实，第四项根据已知的事实和日常生活经验法则推定出的另一事实等，就属于这种具有法律证据效力的经验事实。当然，除了第一项属于不证自明的司法（实际上是所有法治）决策证据外，第二项和第四项事实，当事人有相反证据足以反驳的要除外。

## （二）司法证据

司法证据，是法庭所承认的证据，亦称"有法律资格的证据"，曾一度被作为"法律证据"的代言人。在司法庭审论辩中，如果要正当地使用司法证据，就必须使这种证据不仅要通过证据的一般性检验，还要满足有关司法证据的各种技术性规则。与此相对的则是司法外证据，即法庭所不承认的证据。②

司法证据被用来证明在法律诉讼之外的情形中某事实是存在的，它具体通过司法诉讼过程中的"举证质证"的证据检验来实现。当然，源自近代西方的司法垄断型的纠纷解决模式，使得传统社会中作为司法或者法治决策的某些有效的证据形式被排除在法律诉讼和司法证据之外。例如，当试图证明某人的证词是否可信时，按照通常的思维习惯，往往会通过对这个人及其既往诚信表现记录等提出质疑来佐证。但是，类似经验证据往往因为与个人主义和自由主义的司法制度设计理念相悖，而被排除在司法决策之外，仅仅作为舆情民意或者民怨民愤而非制度化地发挥影响法治决策的作用。③

近代启蒙思想的"理性"影响和主导司法决策活动中的司法证据认定的内涵和外延后，人类社会主流的纠纷解决方式，不再是原始的同态复仇或者弱肉强食的"丛林法则"，而是根据能够体现在书面上的且符合证据"三性"的法律证据，通过正当程序，秉持"公平公正公开"原则，和平理性地救济和解决。刑事司法证据、民事司法证据、行政司法证据等都属于现代理性司法证据的主要载体，而且，上述理性证据在使用过程中也存在优劣先后之分，原始证据优先于传来证据，

---

① 彭漪涟，马钦荣. 逻辑学大辞典[M]. 上海：上海辞书出版社，2004：604.
② 彭漪涟，马钦荣. 逻辑学大辞典[M]. 上海：上海辞书出版社，2004：606.
③ 李奋飞. 舆论场内的司法自治性研究：以李昌奎案的模拟实验分析为介质[J]. 中国法学，2016(1)：269-288.

直接证据优先于间接证据，实物证据大于言辞证据。具体体现为公文证书优先于一般的文书，鉴定意见也优先于证人证言等。理性证据等级早已存在，其逻辑与法循证学寻找最佳决策证据一样，旨在公平公正地解决社会问题。

　　案件中的经验事实如何通过司法程序和证据转化为法律事实，是司法诉讼需要厘清的首要头绪和核心内容。事实上，所谓司法证据就是对事实证据依法定程序的确认，是将表象世界的所谓"客观事实/真实"转变为理念世界中的"法律事实/真实"的格式化载体。法律事实（factum juridicum），就是法律规定的，能够引起法律关系产生、变更和消灭的现象。法律事实的一个主要特征是，它必须符合法律规范逻辑结构中假定的情况。只有当这种假定的情况在现实生活中出现，人们才有可能依据法律规范使法律关系得以产生、变更和消灭。如结婚产生夫妻间权利和义务关系，结婚即为法律事实；死亡引起婚姻法律关系的消亡、继承法律关系的产生，死亡即为法律事实。在这个意义上，法律关系及其存续（即产生、变更和消灭），可以视作由特定法律事实在现行有效的法律框架内引起的新法律事实。

　　一般根据法律事实与人的意志或者意识是否相关，可将其分为事件和行为。行为又可以具体分为法律行为和事实行为，事实行为又可分为合法事实行为和非法事实行为。由此形成法律事实体系图（图 4.2）。由此而言，"以事实为依据，以法律为准绳"的司法理念，准确的表述应该是"以法律事实为依据，以法律规范为准绳"。

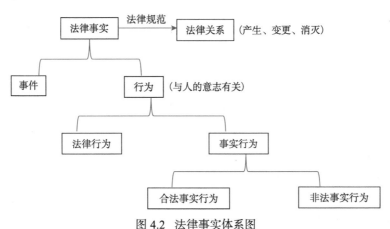

图 4.2　法律事实体系图

　　总之，未曾经过理性司法诉讼程序评价的非理性证据如经验证据，处处透露着天真本性，在现代工商业社会中，如果对其不进行引导，放任发展，便会使其像不曾修剪的树枝，失去审美甚至实用价值。另外，在人类亘古不变的不懈追求公平正义的道路上，经验证据很多时候又内化为决策者的法律思维，为不同时空和不同法治环境下的决策证据提供评判准则。周而复始，螺旋式上升。

### （三）法律文书

理论上，法律文书是指一切涉及法律内容的文书，包括两种基本类型：一是具有普遍约束力的规范性法律文件[①]，具体指《中华人民共和国立法法》第二条所规定的法律适用范围指涉的对象，即制定、修改和废止适用本法的法律、行政法规、地方性法规、自治条例和单行条例，以及制定、修改和废止依照本法的有关规定执行的国务院部门规章和地方政府规章的；二是不具有普遍约束力的非规范性法律文件，即狭义的法律文书，是指国家司法机关、律师及律师事务所、仲裁机关、公证机关和案件当事人依法制作的处理各类诉讼案件及非诉讼案件的具有法律效力或法律意义的非规范性文件的总称。

随着司法裁判文书网的诞生，杭州互联网法院等新司法裁判形式应运而生，各类法律文书被数据化并以数据库形式进入公众视野，它使得包括司法决策在内的法治决策行为不仅有案可查，可以让司法接受社会公众的监督，而且还顺应了法治大数据化发展的历史趋势，使得生效的司法裁判文书特别是对类案的循证评价证据，作为新（下）一轮司法决策的新的和更加有力的证据成为可能。虽然，不同于英美法系国家，中国没有实行判例法制度，但"遵循先例"（precedent principle/stare decisis）所内含的"由点到面"的归纳逻辑和"自下而上"的草根民主路径，既有其逻辑的普适性，也有其历史的合理性。如果我们以中国人民法院系统近年来所推动建立的案例指导制度为例，就会发现，指导性案例在司法决策实践中的作用和价值主要包括：规范已有的案例实践、弥补成文法及司法解释的局限性、总结司法经验、增强法律的确定性和可预测性，等等。也就是说，指导性案例在某种程度上打开了将司法决策中的"个案智慧"转化为"类案经验"的大门。[②]因为，借助法循证学方法，对众多个案裁判及相关证据进行综合甄选和评价，不仅真正贯彻落实了从"个案决策"到"类案决策"的认识升级，而且通过对类案司法决策证据的再提炼与再归纳，真正实现了为法治决策提供高质量决策证据的目标。最终，通过法循证方法在司法决策中的引入和应用，还能从技术上保障实现从传统司法决策中的形式逻辑为内核的三段论法律推理方式，螺旋式地上升到现代法治决策中非形式逻辑支撑的法律论证。[③]

对于已生效司法判决裁定、行政执法决定、监察决定等为代表的法律文本证

---

[①] 基于此，本书不采纳日常表达中对"法律文件"的最广义理解和界定。因为，这种观点将法律文件等同于所有具有法律效力的文件，进而将当事人所订的合同与国家机关制定颁布的法律、条例、办法，以及为处理公务而制发的文件、文书等公文都混为一谈，不利于对法治决策证据的质量等级进行区分。

[②] 谢春晖. 从"个案智慧"到"类案经验"：指导案例裁判规则的发现及适用研究[J]. 中山大学法律评论，2018（2）：119-132. 实际上，我们认为，指导案例至多是"经典个案"或者"准类案"。要真正成为类案，还需要借助法循证学方法的科学保障。

[③] 刘光华. 经济法的分析实证基础[M]. 北京：中国人民大学出版社，2008：242-259.

据在法治决策中的证据地位，我们依然可以从 2020 年 5 月 1 日生效的最高人民法院《关于民事诉讼证据的若干规定》第十条的相关明确规定中得到佐证。该条款规定，下列事实，当事人无须举证证明：第五项，已为仲裁机构的生效裁决所确认的事实；第六项，已为人民法院发生法律效力的裁判所确认的基本事实；第七项，已为有效公证文书所证明的事实。当然，上述第五项事实，当事人有相反证据足以反驳的除外；第六项、第七项事实，当事人有相反证据足以推翻的除外。

### （四）法律政策[①]

政策，作为国家或者政党为了实现一定历史时期的路线和任务而制定的国家机关或者政党组织的行动准则，具体通过特定国家政权机关、政党组织和其他社会政治集团以自己所代表的阶级、阶层的利益与意志实现为目标，以权威形式标准化地规定在一定的历史时期内，应该达到的奋斗目标、遵循的行动原则、完成的明确任务、实行的工作方式、采取的一般步骤和具体措施。政策的目的是实现利益与意志；政策的形式是权威形式标准化规定；政策的实质是阶级利益的观念化、主体化、实践化反映。

政策的基本特点如下。①阶级性。阶级性是政策的最根本特点。在阶级社会中，政策只代表特定阶级的利益，从来不代表全体社会成员的利益、不反映所有人的意志。②正误性。任何阶级及其主体的政策都有正确与错误之分。③时效性。政策是在一定时间内的历史条件和国情条件下，推行的现实政策。④表述性。就表现形态而言，政策不是物质实体，而是外化为符号表达的观念和信息。它由有权机关用语言和文字等表达手段进行表述。作为特定国家的政策，一般分为对内与对外两大部分。对内政策包括财政经济政策、文化教育政策、军事政策、劳动政策、宗教政策、民族政策等；对外政策即外交政策。

法律政策是国家为了实现一定时期内的法治目标、任务，遵循法治行动原则和采取的一定的法治步骤和措施。在中华人民共和国成立后的相当长一段时间内，为了探索全新的社会主义制度，在彻底全面废除了国民政府时期的旧法统后，许多社会生产生活领域内的法律出现空窗期，政策成为改革开放前三十年政府决策的主要证据。十一届三中全会重启社会主义民主法治建设后，历史惯性辅之以法律政策所具有的自身合理性，使得法律政策对法治决策的影响一直延续至今。这集中体现在 1983 年我国实施的"严打"刑事政策与司法审判的关系中。当时社会治安的环境特殊，"严打"刑事政策要求依法从重、从简、从快打击刑事犯罪，并在短期内取得了社会治安好转的阶段性效果。当然，"严打"刑事政策作为一种特定时期对司法决策证据的"简单化"处理，也存在容易产生冤假错案等司法

---

① 刘思萱. 政策对我国司法裁判的影响：基于民商事审判的实证研究[M]. 北京：中国政法大学出版社，2016.

决策错误，并可能因为"运动式"思维方式，而出现重惩罚、轻教育，重打击、轻人权等反面效果。总之，法律政策的性质较宏观，作为国家利益的实践化反映，在司法决策中需要严格限定其适用范围和条件，并且司法决策者还应该具备较高的法治理念与司法水平。

法律政策作为立法、监察、执法等法治环节中的决策证据，也扮演着非常重要（虽然可能被忽略）的角色。例如在立法活动中，党和国家的法律政策就是决定立法方向的首要决策证据。在面对每一件法律文件的立、改、废决策时，都应该把坚持贯彻党和国家的政法政策和工作方针放在首位。"在重大政治原则和大是大非问题上立场坚定，主动谋划涉外斗争的法律武器，运用法治手段开展国际斗争，维护国家安全。聚焦党和国家中心工作，主动担当作为，完整、准确、全面贯彻新发展理念，推动加快构建新发展格局，以人大工作的实际成效推动高质量发展，为保持平稳健康的经济环境、国泰民安的社会环境、风清气正的政治环境作出应有贡献。"① "坚持党中央对立法工作的集中统一领导，全面贯彻党中央决策部署，坚持立法决策与改革决策相衔接，将社会主义核心价值观融入立法，深入推进科学立法、民主立法、依法立法，不断完善中国特色社会主义法律体系，以良法促进发展，保障善治，立法工作取得新进展、新成效。"②因为，中外循证治理的最终目的，是使证据、领导力、公共价值三要素达成动态平衡。③国家社会治理达到法治化平衡的前提是，政策制定要在多元主体、多元利益相关者的诉求表达下，互通有无，体现全过程人民民主的理念与价值。

（五）法律文件

法治及其决策的最高目标，是有法可依。即让各种现行有效的法律文件（包括立法文本、司法裁判、执法决定及准司法裁决等）成为调整和规范所有社会成员行为的统一标准，特别是成为衡量各法律主体决策行为是否法治化的根本尺度。这也正是法治的基本精神——在法律之下生活。自中国第一部宪法诞生至今，经过中国法治队伍近七十年的接续努力，中国特色社会主义法律文本体系也日渐完善。④法律文本越来越多地替代政策与道德规范，以其威严的形象成为社会公众的行动指南。当然，每个法律文本，到底是"行动中的活法"还是"书本上的死法"，

① 全国人民代表大会常务委员会工作报告——2022年3月8日在第十三届全国人民代表大会第五次会议上[EB/OL].（2022-03-14)[2023-11-01]. http://politics.people.com.cn/n1/2022/0314/c1001-32374274.html.
② 许安标. 中国这十年立法工作有五大显著特点[EB/OL].（2022-04-26)[2024-04-10]. https://m.yunnan.cn/system/2022/04/26/032049078.shtml.
③ 王学军，王子琦. 从循证决策到循证治理：理论框架与方法论分析[J]. 图书与情报，2018（3)：18-27.
④ 据国家法律法规数据库查询数据，截至2022年10月30日，我国现行有效的法律有305部，行政法规598部，地方性法规13 314部。在以宪法为总依据的前提下，我国法律数量不断增加，立法机制也在不断完善。

进而其对每个利益相关的法律关系当事人的法律适用效果如何等问题，也还都需要依照规范的循证方法要求，进行实证评价，以便将其转化为更高质量的法治决策证据。

2011年3月10日，在十一届全国人民代表大会四次会议上，吴邦国在全国人大常委会工作报告中公开对外宣布，中国已经建成"以宪法为统帅，以宪法相关法、民法商法等多个法律部门的法律为主干，由法律、行政法规、地方性法规等多个层次法律规范构成的中国特色社会主义法律体系"[①]，结合《中华人民共和国立法法》第二条关于中国特色法治语境下"立法"外延范围的法律界定，我们还可以从主流法理学角度，对现行有效的法律文件进行如下内部细分：它是一个由宪法、法律、行政法规、地方性法规、自治条例和单行条例、国务院部门规章和地方政府规章，以及各种规范性文件所组成的由高到低的法律效力位阶等级体系。[②]当然，这个立法学上的法律效力位阶，在某种程度上，可以对应为法循证学意义上的法治决策证据的质量等级位阶。

另外，对于包括立法文件及其他具有普遍约束力的生效法律文件为代表的法律文本证据在司法决策中的证据地位，我们也可以从2020年5月1日生效的最高人民法院《关于民事诉讼证据的若干规定》第十条的相关明确规定中得到佐证。即：（如下事实）当事人对于"根据法律规定推定的事实"无须举证证明，除非当事人有相反证据足以反驳的。当然，对于该司法解释中所规定的"法律规定"，到底指涉哪些效力位阶的法律文件，还有待进一步明确。但是，比之过去通过对最高司法机关的司法解释性法律文件的充满自由裁量权的个案再解释，未来通过科学方法保证的循证评价来确认其中蕴含的法律人（特别是司法裁判者）共同体的共识性"立法原意"，可能更加可靠。

（六）循证证据

所谓循证证据，即运用各种适宜的循证科学方法，遵循其规范要求，对上述各种效力或质量等级的经验证据、司法证据、法律文书、政策决定、法律文件等在内的初级和个案证据，进行二次合成、综合和评价所形成的具有更高质量等级的新证据。

以典型的循证证据——系统评价为代表，它作为一种全新的文献综述方法，只针对某一类具体问题，系统、全面收集已发表或未发表的相关研究，采用严格评价文献的原则和方法，筛选出符合质量标准的文献，进行定性（qualitative

①《中国特色社会主义法律体系》白皮书发布（全文）[EB/OL]. (2011-10-27) [2023-11-01]. https://www.gov.cn/jrzg/2011-10/27/content_1979498.htm.

② 刘光华，李泰毅. 地方立法体系建设与人大主导作用发挥[N]. 甘肃法制报，2022-10-13.

systematic reviews)或定量(quantitative systematic reviews)合成①，得出当前最佳的综合结论。②不管是在其原产地循证医学领域，还是待开垦的处女地法循证学领域，系统评价都坚持作为依托科学的大数据统计工具和分析方法，来总结、评价大量的类案研究的结果和产生的影响。③基于系统评价，我们的任何类型的法治决策都不应该是决策者甚至小集团的"拍脑袋"的随心所欲，甚至"见光死"的暗箱操作，而是要聚焦具体而真实的问题，全面收集已经发表或者未发表的研究结果，再运用统一的科学严谨的方法，甄别和筛选出符合质量要求的文献，最后得出可信度高的结论，从而为实践提供科学、可靠的决策证据。

最后，以系统评价为代表的循证证据还因为其所具有的可重复性和可更新性特点，能够为社会科学领域的循证决策提供全球性的高质量证据。其中，科克伦系统评价在科克伦协作网的支持下，严格按照科克伦系统评价手册，通过注册题目、撰写内容、发表、传播等方式，使其质量高于非科克伦系统评价得出的结论，进一步推动了系统评价在社会科学领域的发展。④目前国际社会科学领域的循证决策证据及生产，已经在坎贝尔协作网之上，生长出了坎贝尔系统评估这一更加充满希望的新分支。

## 第三节　　法治决策证据质量等级

### 一、法治决策证据的分级

就决策及证据而言，包括法循证学在内的循证社会科学，相比于循证医学，将涉及更多元的决策参与者与更多层的决策环节，故而，内生性地需要定量与定性评价相结合开展循证决策。为此，围绕着从个人经验为主向科学证据为主的决策方向，循证经济学也对循证医学的证据金字塔，以及证据从生产到再评价的经济学证据链，进行了全面优化发展(图4.3)。⑤

在国际循证社会科学领域，也开始了关于循证社会科学证据金字塔的研究，并更新提出了证据层级构架图(图4.4)。当然，其理论提出者认为，供给侧证据金

---

① 杨克虎，李秀霞，拜争刚. 循证社会科学研究方法：系统评价与 Meta 分析[M]. 兰州：兰州大学出版社，2018.
② 李幼平，杨克虎. 循证医学[M]. 北京：人民卫生出版社，2014：110-129.
③ 郭巍青. 政策制定的方法论：理性主义与反理性主义[J]. 中山大学学报(社会科学版)，2003(2)：39-45，123.
④ Littell J H, White H. The campbell collaboration: Providing better evidence for a better world[J]. Research on Social Work Practice, 2018, 28(1): 6-12.
⑤ 魏丽莉，王馨雅，杨克虎. 从理论驱动到数据驱动：循证视角下经济学证据的演化与发展[J]. 图书与情报，2018(6)：25-31.

字塔层次架构，并不代表传统证据金字塔中的证据标准，它们反映的是知识的逐级转化高度与实效性。正因此，原始研究是对"数据"进行的分析总结，而位于其上层的"证据"如系统评价，则又是对原始或二次研究进行的再次分析总结。①

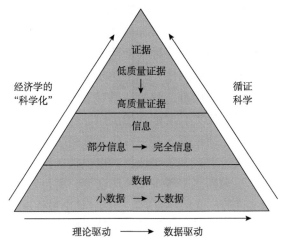

图 4.3　循证经济学证据金字塔

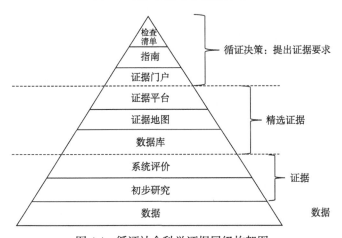

图 4.4　循证社会科学证据层级构架图

同样在人工智能大数据时代崛起的法循证学，充分顺应人类法律正出现的一个从牛顿式的大定律—小数据向默顿式的大数据—小定律模式演变的趋势②，借鉴上述国内外循证社会科学关于决策证据及其质量体系、证据链条的知识积淀，借

①　White H. The twenty-first century experimenting society: The four waves of the evidence revolution[J/OL]. Palgrave Communications, 2019, 5(1): 47.

②　余成峰. 法律的"死亡"：人工智能时代的法律功能危机[J]. 华东政法大学学报，2018，21(2)：5-20.

助"让证据说话"的循证理念来改造升级传统的经验决策，并正在探索形成法治决策证据链，尝试构建"法治决策证据金字塔"（图 4.5）。法治决策证据的级别大致可分为四级，其证据质量与推荐强度依次递增。最低层级的决策证据是经验证据。它是指法治决策判断中所依据的决策者个人的经验。现实中的违法违规问题，主要就是诸如此类的"拍脑袋"决策所导致的。当然，在全面依法治国背景下，单纯的决策者的经验证据，只能是一种辅助性决策证据。第二层级是政策证据。即相关法治决策所依据的具有原则性、灵活性的因地制宜、因时制宜的政策规定。在健全的法治国家和法治体系内部，政策证据对于法治决策更多是方向性和指引性的。大多数情况下还是需要更具规范性的法律证据，来支撑特定法治决策的有效性。第三层级是主流的法律证据，其中既包括依照法定权限和程序获得或认定的，用以作出具体法治决策的狭义法律证据，也包括在狭义法律证据上形成的生效法律文书，特别是司法裁判文书等中义法律证据，更包括通过立法程序形成的不同效力等级的法律文件等广义法律证据。当然，其中最优决策证据是循证证据，即为对上述三种法治决策证据进行系统性评价等循证评价后形成的循证证据。当然，上述法治决策证据内部，还可以根据不同法治决策实践需求及其特点，进行不断的细化和实化。例如作为法治决策证据的立法文件，其在法治决策中的效力/质量等级，要高于司法裁判文书和行政执法文书。在作为法治决策证据的司法文书中，从最高人民法院的司法解释，到最高人民法院发布的指导性案例，再到最高人民法院案例库公布的司法类案裁判文书及各级人民法院作出的司法裁判文书等，内部也存在着由高到低的证据质量等级和证明效力。

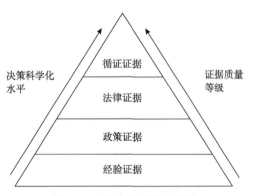

图 4.5　法治决策证据金字塔

总之，证据是决策的基础与生命。在充分考虑法治决策的复杂性的基础上，根据法治决策证据的质量等级，对法治决策证据进行初步归纳所勾画出的法治决策证据金字塔，目的在于让立法、执法、司法、监察和守法等不同法治环节的主体，在统一的法治决策证据质量体系的指引下，根据所能获得的最佳决策证据，开展有针对性的循证法治实践活动。在保证整个法治程序之间不脱节、成闭环的前提下，将决策证据与循证决策的各个流程有机融合在一起，使法治决策更加科学化、系统化与精准化。

## 二、决策证据体系的价值

法治决策者将各个主体、利益相关者及其他因素结合起来共同完成整个决策过程，如果缺乏某一级别的决策证据，就使用下一等级的决策证据，以此类推。当然，低级别的决策证据并不意味着不能成为最佳证据，如果穷尽一切都不能出现最高级别的证据，那么低级的决策证据也可以成为目前的最佳证据，保证决策证据可以得到合理妥善的使用。

因为法律和政策证据的效力等级，在现实中甚至司法证据体系中，都更多地将作为决策证据的法律和政策称为"法律或政策依据"。从立法依据到执法依据、司法依据、监察依据和守法依据等，一字之差，却折射了法治理念的天壤之别，即"法律规则之下的治理"与"治理中对法律规则的选择"。法循证学从法治决策证据的新视角，将法律、政策、司法裁判和其他具有法律效力的文件等，与事实证据特别是做出司法裁判的法定司法证据，纳入同一个决策证据体系，来分析判断其证据质量与效力，一方面是超越传统法理学与西方(英美)法治实践中，法治和法律证据的司法狭隘化，以及由此引发的对其他法治环节如执法、监督和守法等决策的法治边缘化，特别是对决策证据的忽视；另一方面，更是凸显现代社会法治决策的主体间性特征，以及法治决策及证据生产的"视域融合"内核。[①]目的在于达到和显现法治决策证据生产过程所具有的，类似诗人卞之琳在《断章》中所描绘的"复调"意境。

> 你站在桥上看风景，
> 看风景的人在楼上看你。
> 明月装饰了你的窗子，
> 你装饰了别人的梦。

也正因此，《最高人民法院关于裁判文书引用法律、法规等规范性法律文件的规定》第三条规定："刑事裁判文书应当引用法律、法律解释或者司法解释。刑事附带民事诉讼裁判文书引用规范性法律文件，同时适用本规定第四条规定。"

---

① 它是后现代哲学家伽达默尔的代表性观点之一，"视域融合"并非绝对的完全相同，它是各种异质性因素的融合，与中国先秦的"和而不同"思想有异曲同工之妙。追本溯"源"，我们看到的就是"真理"。

其第四条又规定："民事裁判文书应当引用法律、法律解释或者司法解释。对于应当适用的行政法规、地方性法规或者自治条例和单行条例，可以直接引用。"其中所谓的"引用法律、法律解释或者司法解释"的完整语义，应该是"引用法律、法律解释或者司法解释作为司法决策证据"，而且表意背后还蕴含着这样的意思：不同效力位阶的法律文件作为司法决策证据，有着不同的证据效力。

总之，法治决策证据及质量分级体系的构建，首先，有利于为法治决策者提供可靠的科学信息，不断充实和提高其自身业务素质，促进法治决策的科学化；其次，有利于法学教育者紧跟科学发展前沿水平，不断提高法学教学和高素质法治人才的培养水平；最后，有利于守法者本身通过政府信息公共平台，更加动态化地监督各类法治决策的过程与决策证据质量，真正既站位全局又深入细节地保障自身合法权益。

## 第四节　法治决策证据生产应用

### 一、法治决策证据生产概述

法治决策证据的生产，与前述的法治决策证据种类及质量体系等密不可分。当然，其中的决策者经验和专家意见，总是最先和本能获得的证据；各种经验（证据）因为在决策者和专家人生成长与思想养成的不经意间，就已融入他们的思维习惯，并影响着他们的决策行为。这就是"江山易改本性难移"所揭示的固有思维模式对人的决策与行为抉择的内在影响。决策中的经验证据，也都是从大量的社会实践中得来的，但未经理性证据标准的筛选，带有强烈的个人感情色彩与价值判断。人类文明发展到21世纪的今天，在地球偏远地区的部落和村庄里，依然存在着由德高望重的年长者为本地人解决矛盾纠纷的"经验之谈"。我们不能因此说长者的人生阅历没有决策价值，相反，它们恰恰构成了更高级的法治决策的证据"地平线"[1]；与此同时，哪怕是权威法学专家的意见，表面上显得高深莫测，也摆脱不了自身认知有限性的束缚，有待接受数据化科学循证方式的检验。

也就是说，在近代形式化理性法律制度出现之前，个人经验在定分止争等法治决策活动中扮演着主要角色。在没有固定和统一要遵守的制度规则时，个人往往能根据自己的生产生活经验和思维积习，做出正确或不正确的决策，并在出现纠纷时"晓之以理、动之以情"地疏导化解。德高望重者特别是天赋异禀者，不

---

[1] 借用美国联邦最高法院著名首席大法官霍姆斯为代表的经验主义法哲学的基本认知，那就是："法律的生命力，不在于逻辑，而在于经验。"

可否认地拥有高于普通人的权威性和判断力；法律制度占据国家社会治理手段的主体地位后，个人经验和专家意见在立法、司法、监察、执法、守法等法治决策活动的依然无法被彻底排除。①人类及社会系统构成与运行的复杂性，决定了任何一项公共特别是法治决策活动都是系统工程，其决策证据及其生成都不能简单依赖某一种特定的类型或渠道。

不仅在法治决策的经典和成熟领域——司法决策（即司法裁判）中如此，而且在其他法治决策环节也不例外。例如，在是否对某一特定法律文件立、改、废的立法决策中，现行法治体系的构成完备度和运转有效性证据，特定立法决策议题的软、硬件支撑证据，立法者个人生活、工作经验丰富度证据，立法者工作能力和法律素养高低证据等综合证据，不仅都会体现出各自的角色和价值，而且决定着整个立法决策的成败与质量高下。恰如体现中国古代法治认知与决策逻辑的"三滴血认亲"，以及彰显犹太民族智慧的所罗门王"智断亲子案"，这两个跨时空的历史典故对人类法治决策及证据运用效果异同的揭示。法治决策的是非对错，一方面有赖于人类不断地从日常生活经验证据中提炼加工、生产整合出更具科学性的理性证据，将基于人心、人情的换位思考决策方式，转向基于科学证据的严格逻辑推理；另一方面则要求我们对广泛存在的个体经验证据和群体的随机证据，不断借助大数据算法时代提供的技术便利，与时俱进地凝练升华为集体经验证据和科学证据。

这两个现实而紧迫的要求，则构成了法治决策证据生产的两个基本依据和通道。因此，针对现实社会与虚拟社会的具体问题，从服务法治决策的目标出发，不管是对围绕特定主题的现有海量二次研究文献展开系统评价与元分析，还是针对现有研究空白与不足之处展开实证定量的原始研究，只要是符合上述两个准则，并努力摆脱个体经验感受表达的研究目标和价值倾向的知识生产活动，就都属于法循证学意义上的法治决策证据的生产，即本书下篇所意图呈现和解决的法循证学的实践问题。②也正因此，我们说法循证学本质上就是在元宇宙背景下、服务于现实和虚拟社会法治决策需求、具有大数据技术特性和交叉学科特征的法治决策证据的合成新方法。

因此，法治决策证据生产的核心在于，全面搜集和检索相关研究文献，找寻研究问题的最新的、最佳证据，以定量和定性相结合方式将所研究问题的研究现

---

① 2018 年 3 月 20 日，第十三届全国人民代表大会第一次会议表决通过了《中华人民共和国监察法》（以下简称《监察法》）在立足中国传统国家治理经验教训的基础上，探索建立中国特色的监察制度。其中的制度要点，依然是监察决策及其证据质量问题。

② 也因此，很多情形下之所以被称为"证据转化"，实际上就是要突出和强调作为理论研究成果的"证据"如何转化为具有实践价值的决策依据。

状、发展轨迹和未来方向进行系统评价。①

## 二、法治决策证据供需分析

对于法治决策证据的生产，我们还可以借助法律经济学的供需关系，分别从需求侧和供应侧角度(图 4.6)，对不同质量等级的证据及生产合成过程进行更加深入的探讨。

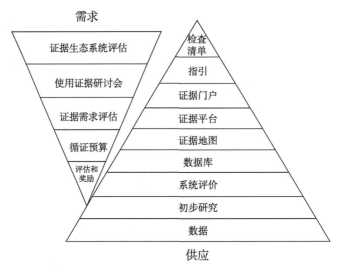

图 4.6　法治决策证据的供需关系

美国是开展循证法治决策实践最早也最富有成效的国家。2018 年 12 月 21 日，美众议院投票(H.R. 4174)决定启用《循证决策基础法(2017)》(*Foundations for Evidence-based Policy-Making Act of 2017*)，简称《开放政府数据法案》(*Open Government Data Act*)，以打造更加高效务实的政府运转机制。它要求政府以机器可读的格式默认向公众开放无损隐私或安全的公共数据；同时要求美国联邦机构在制定公共投资方面的公共政策时，应遵循循证决策的原则和程序。无独有偶，墨西哥也于 2004 年制定了《社会发展法》(*Social Development Law*)，它要求对所有政府资助的社会方案进行外部的循证评估。类似的立法要求对政府公共资金使用机构的事先经费编制、事中经费分配和事后经费使用效果展开严格的循证评估；同时，通过搭建静态的循证决策证据架构，以及动态的生产和应用决策证据，来帮助科学决策。

---

　　上述循证社会科学决策证据的供需金字塔，首先呈现为供应侧的一个自下而上的"正金字塔结构"。这个金字塔结构非常直观地反映了决策证据生产加工的精细度，生产活动的成本-效益关系等，而且内在地隐含着不同效力位阶的决策证据的演进逻辑。其次，它还从决策证据生产的需求侧，即证据合成应用的角度，形成了一个融证据需求评估和证据使用奖励为一体的"倒金字塔结构"[①]。

　　如同循证医学证据金字塔体系一样，这些法治决策证据从下到上，因果关系强度递增，涵摄和利用的信息也递增。当然，从法学研究的角度，循证证据金字塔还意味着：从下往上，证据生产难度递增，与研究工作的难度成反比，相应的研究成果或者高质量决策证据的数量却相应递减。直观地看，就体现为不同层级决策证据在金字塔中的占比，刚好与各类型研究在三角形中所占面积相匹配。如果再结合循证医学的证据 GRADE 分级理念，我们就大致可以得出如下结论：法循证学证据金字塔主要是从证据质量角度出发的，决策证据质量反映的是决策对证据结果的信心。大致而言，层级间的证据质量与因果关系强度同频共振、逐渐增强。

　　另外，不同类型和质量的决策证据之间，也有着内生关联关系。具体而言，面对现实中发现的重要问题，可根据 PICOS 原则提出假设基础上的研究设计，并通过选择适宜的循证研究方法，不断强化因果关系，进而证实或证伪原假设。最后，在研究需要和条件允许的情况下，通过大型的随机对照研究对假设进行定性，甚至对效应量进行定量。即，所有高质量的研究证据例如元分析或者随机对照试验，并非凭空飞来，都是立足于一系列的相对低质量的次级证据，或者由其底层证据作支撑的。通过从最基础的证据出发，不断地推论，验证，强化因果关系，最终积累出可以定性的证据，为法治决策所依据。所以，循证决策的过程并非一个简单的统计学游戏，相反，在本质上永远是有的放矢、有理有据和承上启下的逻辑闭环。

　　这样，循证社会科学决策证据生产的供—需之间的关系，具体又表现为：首先，根据证据清单和证据指南，从证据生态系统（evidence ecosystem assessment）角度提出评估要求；继而，依托证据门户和平台提供的证据资源，导入证据应用工作坊（evidence workshop）模式；接下来，根据证据地图，对具体和真实的证据需求进行评估（evidence needs assessment）；随后进入特定证据数据库支持下的循证预算（evidence-based budget）分析；最后因事制宜地借助系统性评价证据、原始研究证据提供的数据，对涉事做出个案性的评价和一事一议的奖励。

　　由此可见，法治决策证据及其生产具有生产—销售—分配—消费闭环的特点。

---

① White H. The twenty-first century experimenting society: The four waves of the evidence revolution[J]. Palgrave Communications, 2019, 5(1): 47.

也就是说，在本质上属于"共享/共同决策"（shared decision-making，SDM）。共享医学将共享决策概念定义为："医护人员要善于识别并满足病患需要，尊重其选择偏好，病患也要勇于清晰表达愿望，共同寻求治疗共识。"①即，患者和临床医生之间通过某种程度或某种方式上的合作，共同做出诊断、治疗、护理或随访的决定。决策内容包括有关治疗选项、益处和危害、不确定性以及医疗咨询和支持等循证信息，以探索和满足患者自身的价值观与偏好。其中，加拿大最近通过政府授权，将医疗决策证据纳入健康决策和以患者为中心的护理等方式，来实现共同决策；类似的情形也发生在智利、法国和伊朗等国家，他们通过推进以患者为中心的护理，以此来有效实践共享决策的机会。

　　所有这些，都提醒我们法治决策者要拓展视野，打破狭隘的经验决策观，甚至主流的意志决策、意气决策、拍脑袋决策等非循证决策。研究者也需要拓展研究方法，顺应时代需求，立足中国实践，积极参与各个环节，决策正确生产。特别是要通过产学研用相结合的体制机制，尽快借鉴国外相关的经验，建立法治决策证据库。立法决策者需要尽快将循证法治决策理念、制度和方法纳入立法的实体与程序规定当中，特别是对于立法前的必要性、可行性与立法后的法治实施效果等的循证评估，需要借助如北大法宝地方立法互联网，特别是人工智能技术来辅助立法并动态监测立法②；司法决策者应该充分熟悉、深度挖掘利用并不断完善法信系统大数据辅助裁判；执法决策者应该尽快建立行政法律文书，特别是行政裁决文书法律数据库，并学习和借鉴立法者、司法者建立相关人工智能的决策辅助系统；社会公众特别是法律工作者则要在现有的"智慧法治"的星星之火形成燎原之势前，不断强化法循证学方法和技术培训，不断增强循证法律服务的决策能力与水平。在传统的"情理法"三维之外，尽可能让追求"全民守法"的中国老百姓再多添一个"证"，即实现"天理、国法、人情、循证"的四位一体的决策思维。

## 三、法治决策证据转化应用

　　所谓法治决策证据的现实应用，就是在法学研究者与法治决策者之间牵线搭桥，为原本局限于法学理论的研究成果提供循证科学方法的规范化加工，完成从

----

① President's Commission for the Study of Ethical Problems in Medicine and Biomedical and Behavioral Research. Making Health Care Decisions: A Report on the Ethical and Legal Implications of Informed Consent in the Patient-Practitioner Relationship, Volume 1[EB/OL]. (2016-01-08) [2023-11-09]. https://repository.library.georgetown.edu/handle/10822/792069?show=full.

② 2014年，北大法宝成功研发我国第一个规范性文件审查系统，并应用于多家省、市人大；2017年，北大法宝成功构建法律大数据与人工智能平台，备案审查信息平台全新上线；2018年，北大法宝智能立法支持平台上线运行，此后不断升级优化；2019年，北大法宝智能立法支持平台在司法行政系统成功上线。

"孤芳自赏"的学术成果向"泽被桑梓"的决策证据的转化。由此观之，具体到立法、执法、司法、监察、守法不同的法治环节，虽然都共同受限于一个国家的法律体系与法治构架，不可以像医生那样进行循证证据的抉择，但因为不同法治环节涉及的前提性限定条件各有不同，所以对于决策证据的应用，还需要因事制宜。以司法决策及证据要求为例，司法裁判活动的重要性、严肃性决定了存在着内部不同层级间对司法决策行为的救济，特别是决策证据的审查机制，如立法备案审查、行政复议与司法上诉、审判监督等。不仅如此，即使一审法院使用了所谓最高等级的司法决策证据，也并不意味着就具有了确定的和终局意义上的法治决策效力。

循证方法始终强调共性决策步骤，即提出问题—取得证据—使用证据—得出结果—后效评价。法治活动与临床诊断不同，法治活动涉及立法、执法、司法、监察、守法等活动，法治决策既依赖于来自其外部的客观事实证据，同时又取决于法治具体环节的专门内部证据。

（一）立法决策的证据应用

立法环节是法治决策的重要过程，而且是周期性的过程，需要经过提出、审议、表决、公布等程序，最后出台法律文件，作为全体公民和一切组织的统一的行动依据，以及效力最高的决策证据。传统决策证据的经验事实化与个体化，再加之多变的社会环境，一方面，使得立法过程中不可避免地会出现一些模糊的、抽象的法律条款，以适应瞬息万变的社会，这就使得这些法律条款具有一定的不确定性；另一方面，经验证据未经系统性评价，缺乏客观性，当下，经验证据已经不能独立地指导立法实践。立法的过程也是集本土化和法律移植于一身的活动，循证方法运用大数据技术，深挖各种事物的外部和内部属性，剖析国内外的人文地理情况，在浩如烟海的法律大厦里厘清界限，继而服务于社会主义法治决策，而且有效的立法审查需要对特定问题进行整体和个性化的分析。[①]伴随着数据量的快速增长，数据价值也日益增加，法律的制定需要上位法的引导，如果能依赖于数据化的分析在数据的海洋里找寻立法的依据，那么立法将不再是凭着立法者们的凭空想象和个体得来的经验所创制，而是出现问题、解决问题的法的"自动售货机"。

（二）司法决策的证据应用

现代司法裁判中，聚合着经验、道德、法律，如何将社会事实上升到案件证

---

① Xanthaki H. An enlightened approach to legislative scrutiny: Focusing on effectiveness[J]. European Journal of Risk Regulation, 2018, 9(3): 431-444.

据层面，分析及最大程度还原案件的步骤必不可少，传统的三段论在单个的案件的证据寻找中发挥了作用，即大前提—小前提—案件事实。案件事实固然是法官首先要考虑的因素，律师、法官、检察官作为法律人解决纠纷主要就是依据法律规定，但经验证据和政策证据如前所述曾在特殊时期为司法审判充当"定海神针"。

我国幅员辽阔，各地经济发展程度不一，司法队伍庞大，司法人员的法律素养较难都保持高水平，这种司法能力的良莠不齐极容易造成司法不公，有损社会公平。系统评价和元分析能迅速分析海量数据，并形成可靠的结果，在法官司法裁量下，准确把握立法意图，恰当行使好审判权，为杜绝冤假错案、提供审判经验贡献智慧。理性证据(即法定证据)依然是解决纠纷最先推荐的证据，以其客观性、关联性、合法性成为解决案件的灵魂。

### (三)执法决策的证据应用

司法执法、行政执法及社会个体、经济团体的活动都体现"行动"，法律不但要确定还要稳定，只有使执行依据明确，法律才能成为执法环节最有力的保障。经验证据和政策证据对执法活动的指导已在前文予以阐述，如何在众多法律条文中寻找执法证据，可以通过效果性评价具体分析出法律的效果，得到历史上的研究文献统计的证据，以及当下的时效性评估，摆脱过去封闭性、口耳相传式的经验。

执法成本和社会效果也是不容忽视的因素，如何以最低的成本换取最大的社会效果，如何在执法经验的本能基础上将法律、执法成本和执法效果都考虑到，更是考验执法者的综合素质。循证方法下的证据寻找具有更强的整合性，能够把来源不同的证据，包括历史文献资料、司法案例及能够发挥作用的法治经验都整合在一起。对"证据库"进行及时的更新、调整与清理，剔除过时的、不实的或无效的证据，将法律、政策、执法成本、社会效果等经验因素都列入考虑范围，继而淘汰过时的、不实的或无效的证据，使法律知识的适用率提高，进而使证据能得到最大程度的运用。

### (四)监察决策的证据应用

监察权是我国监察委员会行使的权力，监察机关依法独立行使监察权由宪法规定，宪法规定监察委员会的性质、职权、工作机制。监察权只受宪法和监察权的约束，不受其他权力的干涉，因此特别强调证据的价值。一方面，要以证据作为支撑，并被决策者和实践者充分有效地使用；另一方面，证据必须是科学的、高质量的，要来自一系列的科学研究或评估结果，与决策紧密相连。循证决策的关键在于证据，决策者要根据证据来进行决策，"人治"色彩的决策意识要在政策证据的指导下退出监察舞台。《中华人民共和国监察法》新鲜出炉，对于其决策的证据，需要决策者具备一定的循证意识，加强科学决策循证意识，在不断实践中训练循证思维和循证方法。

（五）守法决策的证据应用

法治国家得以实现的前提是民众的遵纪守法。亚里士多德指明，良法对法治社会起到至关重要的作用，其包括两个方面：良法的存在和良法得到普遍遵守。也就是说仅有法律制度是远远不够的，良法还必须得到切实的遵守。①

生活经验潜移默化影响我们的行为，宗教作为文化传承的载体，基督教、佛教、伊斯兰教至今影响着部分地区人们的思想。佛教讲究因果报应，宣扬言论和行为要善，并根据善恶进行不同的人生的轮回，旨在让普罗大众注意自己的行为，以善恶轮回来督促自己。宗教必须得到信仰，否则便不能得到尊重，法律也应被信仰，否则形同虚设。宗教观念也促进了人们对法律的神圣性的认同，宗教教义要求信徒戒恶习、多行善，这与法治教育所宣传的价值是一致的。可见，宗教在一定程度上能起到规范人们行为的作用，增强守法的自觉性。

如果离开人的道德素养，由法律对大事小事都进行规制的话，法律就会失去原本的谦益性。有学者指出：法治是一种宏观的治国方略，是一种理性的办事原则，是一种民主的法制模式，是一种文明的法律精神，是一种和谐的社会状态。②可以看出，法治社会是一种文明、和谐、民主的状态，达到这种状态同样也离不开道德的作用。道德的含义非常宽泛，人们在日常生活中的行为普遍存在着道德的指引。通过善与恶、正与邪、诚信与虚假等来评价人们的言行，通过社会舆论与个人道德素养来监督人们的信念，从而塑造良好的道德风尚习惯。法与道德的关系的研究是法学领域永恒不变的话题，毋庸置疑，道德对法的影响贯穿始终。法与道德相辅相成，群众守法的依据来源于法律的强制性，但也离不开道德的约束。如何引导人们做正确的决策，是大法治环境下法律人不可推卸的责任。

由此可见，无论法治决策活动的哪一环节都离不开法律的保驾护航，都无法逾越法律而做决定，当一切法治决策都将法律当作"指挥棒"，都用系统的思维看问题时，法治决策将不再是"摸着石头过河"，因为循证为法治科学决策注入了源源不断的活水。③通过在全社会推广法治决策证据，让法治决策者了解证据，并积极使用证据，能够为我国建成法治国家提供路径。

在数据化和互联网的新时代下，海量数据充斥着人们的眼球，大力构建社会

---

① 陈晓雷. 法律运行的道德基础研究[M]. 哈尔滨：黑龙江大学出版社，2014：37.

② 张文显. 法理学[M]. 北京：高等教育出版社，2011：231.

③ 刘光华. 法循证学：法学与循证科学的交叉方法和领域[J]. 图书与情报，2018(3)：11-17，19.

主义法治国家的强烈需要要求我们逐步养成科学的决策习惯，从政府到司法工作人员到社会个体，无一例外。

最后，还有必要指出的是，随着循证社会科学方法论与实践技术的不断升级换代，法治决策证据的生产流程与使用方法也在不断完善，用户体验不断增强。具体而言，未来的法治决策证据的数据化特别是系统评价基础上的循证证据数量的不断积累，可以对海量的法治决策证据本身进行质量评价。今天的法治各个领域和环节所进行的质量评估，如立法文本质量、立法后实施效果评估、行政执法和司法裁判案卷评查等，就同时有了未来循证决策的证据质量意义。在此基础上，对不同类型或效力强度的法治决策证据，就可以在不同法治决策环节的证据应用中进行科学的强度推荐，即，效果好的证据，强推荐；效果一般或者不确定的证据，弱推荐；没有效果或者效果为负的证据，不推荐。法治决策证据的重要价值，如同循证医学证据一样，是被民众(患者或者公民)长期忽略的价值，借助"大智移云"时代的便利，让法治决策证据的电子数据库及证据质量评价库进入寻常百姓家，显得非常的必要。

法循证学致力于为法治活动寻找更精确、更科学的研究方法，强调"信息"向"数据"向"证据"的转换，借助循证方法为法治决策作出"证据选择"，这种决策科学化的要求，正以破竹之势前进。

# 下篇　法循证学实践

# 第五章　文献计量学方法的法学应用

## 第一节　文献计量学方法概述

### 一、文献计量学方法的概念

文献计量学（Bibliometrics），是以文献体系和文献相关媒介为研究对象，采用数学、统计学等计量方法，研究文献信息的分布结构、数量关系规律，进而探讨科学知识的某些结构特征和规律的一门科学。文献计量学方法就是指用数学和统计学的方法，定量地分析一切知识载体中的文献信息的交叉学科研究方法。

文献的定量化研究，可回溯至 20 世纪初。1917 年，F.J.科尔和 N.B.伊尔斯首次采用定量方法，对在 1543—1860 年发表的比较解剖学文献按照图书和期刊文献统计进行国别分类研究；1923 年 E.W.休姆将这种文献定量化研究命名为"文献统计学"，并将方法功能界定为："通过对书面交流的统计及对其他方面的分析，以观察书面交流的过程，及某个学科的性质和发展方向。"[①]直至 1969 年，文献学家 A.普里查德提出用"文献计量学"代替"文献统计学"概念，并将文献统计学的研究对象由期刊扩展到所有书刊资料，使得文献计量学成为情报学和文献学的一个重要学科分支[②]，文献计量学方法也展现出了其独到而重要的方法论价值。

文献计量学方法，作为发端于图书情报学的一个跨学科领域研究方法，集数学、统计学、文献学知识精华为一体，注重和谋求对特定研究主题知识体系的量化、综合性分析研究。它在法学等社会科学领域的引入，不仅有利于在信息化大数据时代，特别是新文（法）科建设背景下，推进法学研究方法的与时俱进[③]；还可借助大数据的全面统计与系统分析特性，实现对基于有限文献阅读且先入为主的

---

① Hulme E W. Statistical Bibliography in Relation to the Growth of Modern Civilization[M]. London:Grafton, 1923. 转引自李江，刘源浩，黄萃，等. 用文献计量研究重塑政策文本数据分析——政策文献计量的起源、迁移与方法创新[J]. 公共管理学报，2015，12（2）：138-144，159.

② 文献计量学目前已跃居情报学逻辑结构中的核心地位，是与科学传播及基础理论关系密切的学术环节。全世界年发表文献计量学学术论文约为 500 篇。

③ 刘光华，刘娇，马婷. 法学专业本科培养方案对新文科建设的回应——基于内容分析法[J]. 新文科教育研究，2021（4）：74-87，143.

评判标准的传统文献综述方法的升级迭代；关键是大数据的量化统计分析，"让每一位作者的每一篇文献及背后观点都算数"，可以有效提升传统法学定性研究中的学术民主水平，进而在法治决策中较好地避开依据"少数长官意志证据"决策隐藏的"信息陷阱"。

## 二、文献计量学方法的特征

### （一）跨学科性

文献计量学方法本身就是图书情报学与数学、统计学之间交叉发展的产物。不仅如此，随着各相关学科纵深发展，以及人类生产生活对文献计量分析要求的不断提高，文献计量学（Bibliometrics）方法不断超越自身的历史文献计量分析局限，与新的理论特别是网络信息技术结合，衍生出新的各具特点的分析方法，如科学计量学（Scientometrics）方法、信息计量学（Informetrics）方法和网络计量学（Webometrics）方法等。当然，它们作为文献计量学的时代化产物，在研究对象、研究方法和研究内容等方面，在留足开放发展空间的前提下，还是保持了共同的方法特征。例如，研究对象都是以现代图书情报知识系统中正式交流的数据形态的科学文献为主，以非正式交流的科学事实、科学事件及科研消息为辅；研究方法上主要都侧重于定量分析，兼及定性分析；研究内容方面，主要都使用特定语言系统中的语词、词组的频率统计，来获得文献作者、研究机构、出版源等特征和规律。

### （二）实证性

文献计量学方法与传统法学研究方法最大的区别就是量化实证。传统法学研究方法，虽然面对的是同样的研究文献文本，但不管是对文献的获取还是对文献内容的研读分析，都深受研究者的时间、精力、文献可获得性特别是立场观点偏倚的影响，形成一种貌似公正的"信息茧房"效应，以及表面客观的"近朱者赤，近墨者黑"的研究结论。文献计量学方法，则通过对知识产品生产的基本要素，即生产者（作者和研究机构）、产品（各种研究文献）、产品特征（关键词）、生产基金（科研项目）、生产平台（科研刊物）、产品功用（叙事网络、思想主题等）等[①]，根据研究主题需要所进行的大数据统计分析，将个性、主观的研究成果量化成了集体和相对客观的大概率统计结果。很多情形下，这有助于摆脱传统人文社科领域中长期存在的"文人相轻""自说自话"或者"公说公有理，婆说婆有理"，以

① 刘光华. 社会法总论思想市场的学术脉络与叙事演变（1978—2018）[J]. 兰州大学学报（社会科学版），2022（2）：74-89.

及学霸学阀"权力、人情、金钱"和悲剧"马太效应"；有助于中国法学等社会科学领域从研究方法到结论，都能够迈向实证科学意义上的理论共识与客观学术评价。

### （三）可视化

文献计量学方法的另一个突出特征，是对研究结果的可视化呈现。比之传统法学研究通过语言文字表述的呈现方式，文献计量学在量化统计分析的基础上，更多地借助丰富多样的数据关系图与统计表的方式，来揭示并直观呈现别样的研究结论；将隐藏在文献信息分布及信息流背后的、传统法学研究方法不易觉察或容易忽视的静态特征与动态规律，以扎实的统计数据和具有视觉冲击力的方式呈现给读者，达到比文字符号更全方位地呈现研究和论证结论、影响受众特别是法治决策者的实践效果。

## 三、文献计量学方法的意义

### （一）文献计量学方法的决策实践价值

文献计量学作为一个交叉学科出现，本身就是对"时代之问"的积极有效回应。其中所涉及的表面上极其抽象的数学和统计学方法，本质上也都是对人类知识生产领域经验规律的创造性转化。它通过洛特卡定律[①]来表征文献作者分布规律；借助齐普夫定律[②]来表征文献中关键词的词频分布规律；通过布拉福德定律[③]来确定某一学科研究文献的期刊分布，等等。例如，被称为文献作者分布理论的洛特卡定律，它所折射的是科研人员在人类知识生产中的工作能力和工作效率，通常通过其发表的科研文献数量来衡量，即科学生产率（scientifc productivity）；还如借助研究文献之间的引用关系，来呈现不同文献或研究者间的知识迁移痕迹。

总之，文献计量学围绕类似的数学和统计学定律，在不断验证与完善人类知

---

① 阿尔弗雷德·J.洛特卡（Alfred J.Lotka）于 1926 年提出，关于科学生产力的频率分布（The Frequency Distribution of Scientific Productivity）的定律。洛特卡定律（文献作者分布规律），指的是通过对发表论著的统计来探明科技工作者的生产能力及其对科技进步和社会发展所做出的贡献。

② 乔治·齐普夫（George Zipf）于 1948 年提出，关于语言的心理生物学（The Psycho-Biology of Language）的定律。齐普夫定律最初是根据计量语言学来制定的，一般表述为：在自然语言的语料库里，一个单词出现的频率与它在频率表里的排名成反比。则最频繁出现的单词的频率大约是第二个最频繁单词的两倍，是第三个最频繁单词的三倍，依此类推。这个定律被作为任何与幂定律概率分布有关的事物的参考。

③ S.C.布拉福德（S.C.Bradford）于 1934 年提出，关于科学论文的分布（The Distribution of Scientific Papers）的定律。布拉福德定律（Law of Bradford），亦称"文献分散规律"。其文字表述为：如果将科技期刊按其刊载某学科专业论文的数量多少，以递减顺序排列，那么可以把期刊分为专门面对这个学科的核心区、相关区和非相关区等。各个区的文章数量相等，此时核心区、相关区，非相关区期刊数量成 $1:n:n^2$ 的关系（$n>1$）。

识生产经验规律的同时，也在包括法学在内的更大的社会科学知识领域，不断推进数学统计定律的实际应用。在微观上，有助于相关科研人员及科研管理机构(包括图书情报部门)科学地确定特定学科领域或科研主题下的核心文献、学术出版物真正的市场认可度(类似今天的中外文的科学引文索引 SCI、SSCI 和 CSSCI 等)、评估研究文献的利用率及实现其他学术管理的科学目标；在宏观上，则有助于在不同研究领域甚至主题层次上，完善与建构更科学、更经济的包括法学在内的知识生产系统和传播网络，提高知识信息的处理与交流效率，诊断研究文献及科研服务中的弊端与缺陷，预测特定学科领域或主题未来的研究重点和发展方向，最终促进一国法治在内的社会全面发展，特别是为循证基础上的科学决策提供坚实基础。

### (二)文献计量学方法的理论研究价值

就其对法学等社会科学理论研究的直接价值而言，文献计量学方法是 20 世纪 90 年代以来现代科学研究日益信息化、计算化和数据化背景下，对传统社会科学文献综述工作和方法的提质升级。因为在全新的科研背景下，面对同一个科研目标任务时，特别是需要处理几何式激增的网络信息资源和日益膨胀的海量科研数据，文献计量学方法能够更加高效、精准且客观、科学地实现。文献计量学方法的理论价值还在于，它可以通过法学研究方法的实证化转型，助力法学研究从质性研究向实证研究的转向，在定量分析基础上更好地实现真正的宏观和微观有机结合，最终发展并完善法学等社会科学的基础理论与方法论工具箱。例如，过去"深不可测"或"讳莫如深"的学科、机构、研究者、研究成果的学术影响力、贡献度的科学评价，特定领域的学术流派是否形成及如何促成等问题，有了探索的方向、手段与可能空间。

当然，也要注意到影响文献信息流的人为因素，加之现阶段很多法学问题及占绝大多数的研究文献尚未实现或难以定量化，特别是由于以法律数据库为代表的文献系统所具有的高度复杂性和不稳定性，法学研究者将永远处于有限的、不完美数据文献基础与意图通过大数据统计分析获得关于世界的真理性认识的学术雄心之间的张力中。

## 第二节　文献计量学方法的法学例证

这一节，我们通过一个关于中国经济法学总论研究的应用案例，来介绍并验证文献计量学方法引入法学研究领域的可能性与可行性。

中国的经济法学，来自 19 世纪末 20 世纪初的西方经济法治思潮和实践，被迫实践于中国近代救亡图存的洋务运动，并体制性探索于七十年前新中国的社会主义革命和实践，后自觉复兴于四十年前中国特色社会主义的市场化改革开放进程。从起步发展到日渐成熟的中国经济法总论研究所沉淀的经济法治历史经验和现实教训，尤其是过去四十年中国经济法学人艰苦探索的学术心路历程，亟待我们站在新的历史起点进行全面回顾和认真总结，并基于此为下阶段凝练和升华新时代中国特色经济法学理论体系，助推中国特色社会主义经济法治实践，提供科学的理论支撑与有效的实践指引。

当然，要勾勒自 1949 年以来伴随社会主义实践所开展的中国经济法学理论探索轨迹，进而实现对中国经济法学四十年研究现状与理论共识的梳理，可用的方法和已有途径丰富多样。[①]本节意图依托 20 世纪以来互联网信息技术和大数据分析手段为法学研究所提供的可能便利，借助大数据时代诞生的循证科学方法及其在法学领域的交叉成果——法循证学研究方法[②]，运用法循证学理念并遵循其方法指引，通过对过去四十年中国经济法学总论研究成果的文献计量学分析，对中国经济法学四十年研究现状、发展轨迹和未来方向进行循证评价，旨在构建中国特色法学理论体系的历史新阶段，为中国特色经济法学的下一步的理论和制度创新丈量学术版图，描画学术起跑线。[③]

## 一、问题的提出

从起源来看，与民商法、刑法等部门法相比，经济法产生相对较晚，是社会经济发展到一定阶段的产物，是政府应对市场失灵，积极进行经济干预而产生的。因此，与其他部门法相比，经济法具有鲜明的问题导向性和政策性特点。美国 1890 年的《谢尔曼法》就是在美国工业大兼并的背景下出台的。中国经济法的产生发展路径与美国、德国等国家不同。美、德经济法的产生主要是由于市场调节失灵，进而由政府干预经济。中国在计划经济时代就一直由政府进行经济管制，在改革开放后逐步建设社会主义市场经济体制。

中国经济法学研究肇始于改革开放，历经四十多年的发展，经济法学独立部门法的地位毋庸置疑，中国经济法总论研究也随着社会经济的发展凸显出了新特点和新趋势。例如，随着政府和社会资本 PPP 合作形式的出现及其引发的思考和研究[④]、

① 单飞跃. 中国经济法理论研究四十年：反思、转型与再认识[J]. 经济法论丛，2018（2）：3-16；张守文. 回望 70 年：经济法制度的沉浮变迁[J]. 现代法学，2019，41（4）：3-17.

② 杨克虎. 循证社会科学的产生、发展与未来[J]. 图书与情报，2018（3）：1-10；刘光华. 法循证学：法学与循证科学的交叉方法和领域[J]. 图书与情报，2018（3）：11-17，49.

③ 刘光华，赵幸，杨克虎. 循证视角下的大数据法治决策证据转化研究[J]. 图书与情报，2018（6）：32-38.

④ 徐玖玖. 走出公私合作制的落地难困境——外部性视野下 PPP 制度供给的经济法回应[J]. 江西财经大学学报，2017（3）：106-118.

对我国供给侧结构性改革的研究和回应①,甚至还有研究企图抹杀中国经济法的独立性和独特性。②因此,有必要对中国经济法总论研究过去四十年的研究现状和共识一一梳理,勾勒出我国经济法总论四十年来的研究轨迹与发展历程,从中国经济社会发展的角度来实证检验中国经济法学对改革开放以来的经济法治决策的支撑度。

为了回答上述问题,实现设定的研究目标,我们全面检索了权威的主流法学文献数据库——中国知网法律期刊数据库(以下简称"中国知网")自建库以来收录的所有中国经济法学总论方面的研究文献③,获得检索结果5774条,去重后为4944篇;通过阅读文献标题和摘要,排除会议综述、新闻报道等不符合文献纳入标准的检索结果969篇,得到适格研究文献3975篇。④进而,遵照法循证学方法和分析流程,利用文献计量等大数据分析软件对样本数据,包括适格文献的标题、发表时间、刊载期刊、支持基金、机构(作者单位)、作者分布和合作情况、主题词分布和合作情况等进行了定量可视化分析⑤,并得出了如下关于中国经济法学四十年研究现状、共识与前景的循证研究结论。

## 二、四十年中国经济法总论研究概况

### (一)研究文献的量变轨迹

如图 5.1 所示,中国知网目前收录的中国经济法学总论方向的研究文献,最

---

① 刘志云,刘盛. 供给侧改革背景下的经济法:挑战与回应[J]. 政法论丛,2017(4):3-13.

② 已故的中国经济法学奠基人之一的中国人民大学法学院刘文华教授对此进行了系统批判. 参见刘文华. 中国经济法"干预论"之批判[J]. 首都师范大学学报(社会科学版),2017(6):61-66.

③ 在三大主流中文法学文献数据库中,本书选择中国知网作为检索目标数据库的理由如下:一是其文献量最大。中国知网收录经济法期刊论文共计 140 620 篇,而维普收录经济法期刊论文共计 125 174 篇,万方收录经济法、财政法期刊论文共计 9588 篇;二是其收录期刊时间范围最广。中国知网收录年限自 1915 年起,而维普收录年限自 1989 年起,万方收录年限自 1995 年起。

④ 本书文献检索截止时间为 2018 年 12 月 23 日,起止时间为 1915 年—2018 年 12 月 23 日。文献类型选择"期刊库",文献类别选择社会科学Ⅰ辑中的"经济法",检索条件选择标题包含"经济法"的期刊。在中国知网中选中适格的文献,并选择自定义格式导出文本文档,导出字段包含论文的来源库、题名、文献来源、关键词、摘要、基金、年代等。将文本文档各条记录按照 BICOMB2.0 要求的格式修改,并对标题、年代、期刊、基金、主题词等数据进行提取汇总并导出。根据共词分析的要求,对主题词生成共现矩阵,导出至文本文档,进行共词分析。

⑤ 本书使用的文献分析工具包括书目共现分析软件 BICOMB2.0、社会网络分析软件 UCINET6.0、图形聚类工具 GCLUTO 等进行文献计量学与可视化分析比较常用的三个软件。分析步骤:第一,运用 BICOMB2.0 进行数据提取,对适格文献的标题、文献来源、主题词、基金、年代进行汇总统计;第二,借助 Excel 对上述各项分析指标进行统计学分析;第三,运用 BICOMB2.0 生成主题词的共现矩阵,并导出至文本文档;第四,运用 UCINET6.0 对生成的共现矩阵进行格式转换,并采用 UCINET6.0 中的 NetDraw 生成主题词共词分析图;第五,运用 GCLUTO 对主题词进行聚类分析,生成主题词聚类可视化曲面图和主题词聚类可视化矩阵图。

早始于 1979 年。[①]这一历史起点与中国共产党第十一届三中全会确立以经济建设为中心，实行改革开放，同时加强社会主义民主法治建设这一基本国策的历史节点相一致。如有学者就认为，中国经济法肇始自 1949 年，但中国经济法学产生于 1979 年。[②]当然，从更长的历史时段上来审视，实际上，中国经济法(学)作为 19 世纪末 20 世纪初西方经济法治思潮和实践的本土法治产物，早在中国近代洋务运动以来的一系列救亡图存的社会变革和实践中，就已经以虽被迫自发但绵延不绝的方式探索和实践着。[③]

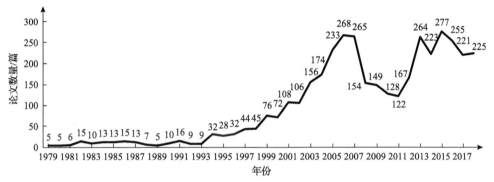

图 5.1　发文量随时间变化趋势

在新旧国家体制根本变革、社会经济百废待兴的历史阶段，中华人民共和国承继了近代以来富民强国的民族梦想，积极主动开展了社会主义建设新探索。在此阶段，虽然没有中国经济法学研究文献发表，但社会主义计划经济的体制性探索实践，事实上已经为中国经济法学的发展提供了鲜活的经验和深刻的教训，也反向催生了后续市场化改革和经济法学的中国化。对于 1949—1979 年这三十年，我们可以将其视为包括经济法在内的整个中国特色法学的奠基与萌生阶段。聚焦中国经济法学研究过去四十年的历史发展进程，以发文量的时间变化为指针，基本可以将其划分为五个阶段。

第一阶段(1979—1993 年)：起步阶段。其间，中国的经济法学研究在 1979 年开始了从无到有的历史起步，并在 1982 年达到 15 篇。尤其是伴随着 1987 年

① 渡部乔一，许少强. 日本的经济法(上)[J]. 外国经济参考资料，1979(8)：26-29；许少强. 日本的经济法(下)[J]. 外国经济参考资料，1979(9)：12-17；江平，陶和谦. 谈谈民法与经济法的划分问题[J]. 北京政法学院学报，1979(1)：44-49，55；马骧聪. 苏维埃法学中的经济法问题[J]. 环球法律评论，1979(6)：12-18；拉普捷夫，郭明瑞. 论苏维埃经济法[J]. 国外法学，1979(4)：24-33.

② 曹胜亮. 中外经济法价值目标实现理路的比较与反思——以经济法生成的路径范式为视角[J]. 法学论坛，2014，29(5)：74-82；鲁篱. 中国经济法的发展进路：检视与前瞻[J]. 现代法学，2013，35(4)：32-38；杨紫烜. 近三十年来中国经济法制定和实施的基本经验[J]. 北京政法职业学院学报，2008(4)：19-25.

③ 张世明. 经济法学理论演变原论[M]. 北京：中国人民大学出版社，2019：187.

《中华人民共和国民法通则》的正式施行及 1992 年中国共产党第十四次全国代表大会确立社会主义市场经济体制等重大法治事件，经济法概念、经济法与包括民商法在内的相关部门法的关系、经济法调整对象等在内的话题，成为中国经济法学的研究热点。

第二阶段（1994—2000 年）：发展阶段。在此中国社会主义市场经济全面展开的历史阶段，被镶嵌入社会主义市场经济主流体制，尤其是宏观调控、市场监管和社会保障等市场经济基本制度的中国经济法，获得了制度的合法性支持，中国经济法学总论研究呈现出了"台阶式"稳步递增的样态。1994 年发文量首破 30 篇，1999 年突破 70 篇，并止步于 2000 年的百篇以内。

第三阶段（2001—2007 年）：完成阶段。在中国成功加入经济全球化分工体系及 WTO 世界经济治理体系的背景下，实现国内外市场经济法治统一的目标要求，促使这一阶段中国经济法总论研究发文量逐年增长，2002 年突破 100 篇，2005 年突破 200 篇，并在 2006 年达到峰值。

第四阶段（2008—2011 年）：回落阶段。席卷全球的金融危机，不仅对此前主流的自由市场经济法治方案提出了质疑和挑战，而且还将很多具体、现实和亟待解决的经济法治问题，摆在了中外经济法治实践者和法学理论研究者面前，导致中国经济法学总论研究发文量逐年递减，并在 2011 年达到低谷。

第五阶段（2012 年至今）：峰回阶段。进入以党的十八大召开为标志的新时代，中国社会展开的全面深化改革和全面建设中国特色社会主义法治国家战略规划，再次为立足中国实际，探索具有中国特色的经济法学总论研究注入了活力和动力。中国经济法学总论的发文量始终保持在 200 篇以上，并在 2015 年出现峰值，达到277 篇。

总之，中国经济法学的四十年发展轨迹，呈现出研究文献数量整体趋势上升但过程波澜起伏的特征。它暗含了中国社会经济发展的内在逻辑，特别是西方经济法学理论与中国经济法治实践之间磨合对接的一波三折。其中，既包含了中国经济发展及其治理需求的不稳定性，同时也折射了中国经济法学理论探索和研究结论的不确定性。

（二）研究文献标题分布

根据大数据统计分析，我们发现：过去四十年中国经济法学研究的 3975 篇适格文献中，文献标题出现频次小于等于 2 次的，高达 3645 个，占标题总数的 98.8%；文献标题出现频次等于 1 次的，高达 3487 个，占标题总数的 94.65%。出现频次大于 2 次的标题仅有 47 个，占标题总数的约 1.2%。与此同时，在 47 个出现频次大于 2 次的文献标题中，有 1 个标题出现了 20 次[1]；有 1 个标题出现了 8 次[2]；有 1 个标题出现了 6 次[3]；有 14 个标题出现了 4 次，29 个标题出现了 3 次（图 5.2）。

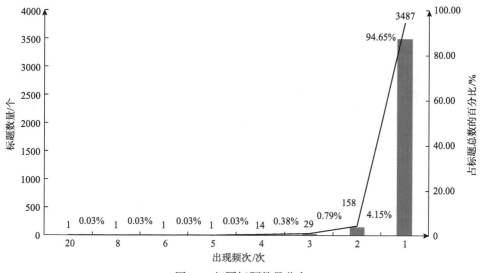

图 5.2　相同标题数量分布

---

① 张曼. 论经济法的基本原则[J]. 改革与开放, 2011(12)：36-37；孔书玲. 论经济法的基本原则[J]. 改革与开放, 2009(8)：4, 6；刘宁, 姜勇. 论经济法的基本原则[J]. 山东商业职业技术学院学报, 2007(4)：75-76；周薇. 论经济法的基本原则[J]. 湖北成人教育学院学报, 2007(4)：36-38；聂晴. 论经济法的基本原则[J]. 社科纵横, 2007(5)：77-79；肖顺武. 论经济法的基本原则[J]. 社会科学家, 2007(2)：78-81, 89；郑敏. 论经济法的基本原则[J]. 法制与社会, 2006(20)：30-31；李萍. 论经济法的基本原则[J]. 辽宁行政学院学报, 2005(6)：38-39；尤春媛, 赵伟. 论经济法的基本原则[J]. 太原大学学报, 2005(3)：12-14；钟杰. 论经济法的基本原则[J]. 华夏星火, 2004(12)：39-40；卫元江. 论经济法的基本原则[J]. 洛阳师范学院学报, 2004(5)：111-112；刘亚丛. 论经济法的基本原则[J]. 广播电视大学学报(哲学社会科学版), 2004(2)：72-75；朱沛智, 胡兰玲. 论经济法的基本原则[J]. 兰州大学学报(社会科学版), 2004(2)：129-132；郭凌燕. 论经济法的基本原则[J]. 山西财经大学学报(高等教育版), 2002(S2)：134；邱本. 论经济法的基本原则[J]. 法制与社会发展, 1995(4)：22-28；王峻岩. 论经济法的基本原则[J]. 政治与法律, 1984(1)：20-23；张程. 论经济法的基本原则[J]. 法制博览(中旬刊), 2012(6)：209, 201；朱田伦. 论经济法的基本原则[J]. 法制与社会, 2013(30)：91-92；李鹏. 论经济法的基本原则[J]. 企业导报, 2014(18)：114, 113；张洋洋, 马雪. 论经济法的基本原则[J]. 法制博览, 2015(11)：221, 220.

② 顾博. 论经济法责任的独立性[J]. 现代营销(下旬刊), 2015(4)：112；陈辉. 论经济法责任的独立性[J]. 法制与社会, 2015(7)：7-8；周幅. 论经济法责任的独立性[J]. 法制与社会, 2009(35)：27-28；周兰. 论经济法责任的独立性[J]. 科技创业月刊, 2007(10)：147-149；汪莉. 论经济法责任的独立性[J]. 政治与法律, 2007(3)：147-151；张鹏, 杨春雨. 论经济法责任的独立性[J]. 新学术论文选, 2006(1)：47-50；刘均, 李俊华. 论经济法责任的独立性[J]. 台声·新视角, 2006(1)：165-166；翟继光. 论经济法责任的独立性[J]. 当代法学, 2004(4)：50-56.

③ 朱桂存. 论经济法的调整对象[J]. 中国高新技术企业, 2016(32)：189-190；彭杰. 论经济法的调整对象[J]. 法制与社会, 2008(5)：90-91；张瑾. 论经济法的调整对象[J]. 河南广播电视大学学报, 2007(4)：35-36；艾远凤. 论经济法的调整对象[J]. 四川省政法管理干部学院学报, 2001(4)：7-11；顾功耘, 刘哲昕. 论经济法的调整对象[J]. 法学, 2001(2)：56-64；晓辉. 论经济法的调整对象[J]. 昭乌达蒙族师专学报(汉文哲学社会科学版), 1997(3)：30-32.

再进一步结合高频标题内部的统计分析(表 5.1),在这 47 个高频出现的文献标题中,研究"经济法功能或经济法与时代主题间关系"的标题文献多达 9 组 31 篇;研究"经济法基本原则"的标题文献,共 7 组 39 篇;研究"经济法价值""经济法主体""经济法法益"的标题文献,均为 5 组且文献数相当,分别为 17 篇、17 篇、16 篇;研究"经济法与部门法关系""经济法本质"的标题文献分别是 4 组,文献数均为 13 篇;其余研究"经济法调整对象""经济法体系""经济法责任""经济法实施"的标题文献均为 2 组,文献数介于 6~12 篇。

表 5.1 高频标题

| 序号 | 标题 | 频次 | 序号 | 标题 | 频次 |
|---|---|---|---|---|---|
| 1 | 论经济法的基本原则 | 20 | 19 | 政府经济管理规范化与经济法制度创新 | 3 |
| 2 | 论经济法责任的独立性 | 8 | 20 | 再论经济法的基本原则 | 3 |
| 3 | 论经济法的调整对象 | 6 | 21 | 试论我国经济法的调整对象 | 3 |
| 4 | 经济法的私人实施与社会实施 | 5 | 22 | 试论经济法的基本原则 | 3 |
| 5 | 试论经济法的价值 | 4 | 23 | 浅议经济法与行政法的关系 | 3 |
| 6 | 论我国经济法的基本原则 | 4 | 24 | 浅论民商法与经济法的关系 | 3 |
| 7 | 论可持续发展与经济法的变革 | 4 | 25 | 浅论经济法的基本原则 | 3 |
| 8 | 论经济法主体 | 4 | 26 | 谦抑性视野中经济法理论体系的构建 | 3 |
| 9 | 论经济法制定与实施的外部性及其内在化 | 4 | 27 | 论民商法与经济法的价值取向——从公平与效率之视角 | 3 |
| 10 | 论经济法责任 | 4 | 28 | 论经济法体系 | 3 |
| 11 | 论经济法与宪法的协调发展 | 4 | 29 | 论经济法的宗旨 | 3 |
| 12 | 论经济法对弱势群体的保护 | 4 | 30 | 论经济法的社会经济功能 | 3 |
| 13 | 论经济法的价值 | 4 | 31 | 论经济法的价值取向 | 3 |
| 14 | 论经济法的本质 | 4 | 32 | 论经济法的功能 | 3 |
| 15 | 经济法在现代企业商务管理中的应用 | 4 | 33 | 论行业协会的经济法主体地位 | 3 |
| 16 | 经济法在经济转型中的作用 | 4 | 34 | 论从市民社会和民商法到经济国家和经济法的时代跨越 | 3 |
| 17 | 经济法对社会整体利益的维护 | 4 | 35 | 经济法主体行为放大效应的形成机制及对经济法的影响 | 3 |
| 18 | 经济发展方式转变与经济法的互动 | 4 | 36 | 经济法在依法治国中的时代使命 | 3 |

续表

| 序号 | 标题 | 频次 | 序号 | 标题 | 频次 |
|---|---|---|---|---|---|
| 37 | 经济法视野下公共利益保护的法律限度 | 3 | 43 | 经济法的社会责任原则研究 | 3 |
| 38 | 经济法基本原则初探 | 3 | 44 | 经济法的价值分析 | 3 |
| 39 | 经济法概念新论 | 3 | 45 | 和谐社会建设与经济法创新 | 3 |
| 40 | 经济法对社会整体利益的维护研究 | 3 | 46 | 国有企业在经济法中的法律主体问题研究 | 3 |
| 41 | 经济法对社会整体利益的维护探讨 | 3 | 47 | 案例教学法在经济法教学中的应用 | 3 |
| 42 | 经济法对社会整体利益的维护分析 | 3 | | | |

　　上述关于中国经济法学总论研究的高频文献标题统计数据，呈现了中国经济法学总论的研究热点与重点，中国经济法学的四十年研究一方面围绕经济法的应然知识系谱，基于经济法的"回应型法治"特征，紧扣中国改革开放的现实经济法治需求，对经济法总论有关的几乎所有议题都有了涉及，中国经济法学过去四十年所努力构建的完整知识格局对中国经济法在中国特色社会主义市场经济法律体系中争取到独立地位是功不可没的。另外，由于中国经济法学总论研究主题缺乏科学的学科规划与循证的学科发展决策[①]，研究议题未能沿着经济法学科的内在规律与学术路径深度展开，这导致了四十年来中国经济法学研究矛盾并存的整体格局。即在表面上或在绝对意义上，中国经济法学的研究议题非常分散，呈现为一种自由放任的满天星状态。典型者如占适格文献总数94.65%的共3487篇文献的议题，只被作者本人讨论过1次；而在实质上或者相对意义上，中国经济法学研究又多属于缺乏独立思考的追热跟风。其突出的例证是最多有20篇适格经济法学总论研究文献的标题是完全相同的，而且，所有中国经济法学总论高频研究成果都被10个主题全面涵盖。一言以蔽之，四十年中国经济法学研究在基本完成应然性价值论证成的历史任务后[②]，依然存在着过度追热、简单重复与缺乏深入创新的问题。例如高频研究主题中，重复雷同现象非常严重，"经济法的价值"有14篇、"经济法的责任"有12篇、"经济法对社会整体利益的维护"有9篇、"经济法的实施"有8篇、"经济法的调整对象"有6篇。

---

　　[①] 刘光华，法循证学：法学与循证科学的交叉方法和领域[J]. 图书与情报，2018(3)：11-17, 49; 刘光华，赵幸，杨克虎. 循证视角下的大数据法治决策证据转化研究[J]. 图书与情报，2018(6)：32-38.

　　[②] 刘光华. 经济法的分析实证基础[M]. 北京：中国人民大学出版社，2008.

### (三)期刊质量参差不齐

研究文献的刊载平台代表着特定学科与研究成果的学术地位，过去四十年中国经济法学总论领域的 3975 篇适格文献，共发表在 1089 种期刊上，如图 5.3 所示。

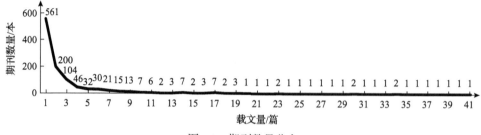

图 5.3　期刊数量分布

其中，载文量最高的是《法制博览》，发文 250 篇，占文献总量的 6.29%；其次为《法制与社会》，发文 226 篇，占文献总量的 5.69%。《法制博览》和《法制与社会》刊载文献量共计 476 篇，占中国经济法总论已发表文献总量的 11.98%，与此相对应的另一个突出现象则是，刊载过 1～3 篇适格文献的刊物共 865 本，占所有期刊总数的 79.43%，而且只刊载 1 篇适格文献的刊物占所有期刊总数的一半以上（即 51.52%）；占期刊总数 93.85% 的 1022 本期刊，过去四十年刊载了小于 10 篇的适格文献。除了前述为中国经济法学总论研究贡献了近 12% 适格文献但在业内不具有专业影响力和认可度的两本期刊外，几乎所有期刊发表经济法学总论研究成果，总量都偏低。

如果进一步对发表在中文法学 CSSCI 期刊上的适格经济法学总论研究文献进行专题统计（表 5.2），我们又发现：24 本中文法学 CSSCI 期刊虽然仅占统计期刊总数的 2.20%，但其所刊载的 458 篇适格文献却占全部中国经济法学总论适格研究文献总量的 11.52%。其中，西南政法大学主办的《现代法学》载文量最高（69篇），其次是北京市法学会主办的会刊《法学杂志》（44 篇）以及吉林大学主办的《当代法学》（43 篇）。此外，还有三篇适格文献发表在《中国社会科学》上，发表时间均在 2000 年之前。其中 1982 年、1984 年发表的两篇文献研究主题主要是经济法的调整对象和调整方法。①

再结合载文量最高的期刊统计数据（表 5.3），与中文法学 CSSCI 期刊相比②，

---

①　李时荣，王利明. 关于经济法的几个基本问题[J]. 中国社会科学，1984(4)：123-132；周沂林，孙皓晖，任景荣，等. 论经济法调整对象[J]. 中国社会科学，1982(5)：63-83；李胜兰，周林彬，邱海洋. 法律成本与中国经济法制建设[J]. 中国社会科学，1997(4)：33-47.

②　基于四十年历史考察的原因，我们将原属中文法学 CSSCI 来源期刊，后调整为 CSSCI 来源期刊扩展版的《河北法学》，作为中文法学 CSSCI 来源期刊对待。

普通学术期刊不仅在数量上占优势(9∶5),而且在刊文量上大比分碾压前者(75∶
22);24本中文法学CSSCI来源期刊的载文总量(458篇)勉强与《法制博览》和
《法制与社会》两本普通期刊的载文量(476篇)持平;中文法学CSSCI期刊前三甲
与载文量最多期刊间存在某种内在一致性。它们揭示了:虽然中国经济法总论研
究的绝大部分成果,都发表于非专业非权威期刊,不具有面上的学术影响力;但
在某些特定学术空间或学术平台上,中国经济法学总论研究成果却具有相对高的
法学专业认可度。即,过去四十年间,对于中国经济法学的形象认知和理论接受
存在着两极分化。中国经济法学专业研究者与社会公众(主要是研究生等为代表的
经济法学入门者)之间关于中国经济法学术形象的认知,存在落差且亟待沟通合
契。民间对中国经济法学的"人见人爱"并不等于专业领域的"心心相印"。

表 5.2 中文法学 CSSCI 核心期刊发表情况[①]

| 序号 | 期刊 | 主管单位 | 载文量(篇) |
| --- | --- | --- | --- |
| 1 | 现代法学 | 西南政法大学 | 69 |
| 2 | 法学杂志 | 北京市法学会 | 44 |
| 3 | 当代法学 | 吉林大学 | 43 |
| 4 | 法商研究 | 中南财经政法大学 | 34 |
| 5 | 法学评论 | 武汉大学 | 30 |
| 6 | 政治与法律 | 上海社会科学院法学研究所 | 28 |
| 7 | 法学 | 华东政法大学 | 27 |
| 8 | 法学论坛 | 山东省法学会 | 25 |
| 9 | 法制与社会发展 | 吉林大学 | 24 |
| 10 | 政法论坛 | 中国政法大学 | 22 |
| 11 | 法学家 | 中国人民大学 | 20 |
| 12 | 中国法学 | 中国法学会 | 19 |
| 13 | 法律科学·西北政法学院学报 | 西北政法大学 | 17 |
| 14 | 政法论丛 | 山东政法学院 | 15 |
| 15 | 中外法学 | 北京大学 | 10 |
| 16 | 环球法律评论 | 中国社会科学院法学研究所 | 10 |
| 17 | 华东政法大学学报 | 华东政法大学 | 8 |
| 18 | 法学研究 | 中国社会科学院法学研究所 | 6 |

---

① CSSCI 来源期刊目录(2019—2020 年)[EB/OL]. [2024-05-31]. https://3c.nju.edu.cn/uploads/file/20190329/
1553852648836107.pdf.

续表

| 序号 | 期刊 | 主管单位 | 载文量(篇) |
|---|---|---|---|
| 19 | 东方法学 | 上海法学会、上海人民出版社 | 3 |
| 20 | 国家检察官学院学报 | 国家检察官学院 | 2 |
| 21 | 行政法学研究 | 中国政法大学 | 1 |
| 22 | 比较法研究 | 中国政法大学比较法研究所 | 1 |
| 23 | 清华法学 | 清华大学 | 0 |
| 24 | 中国刑事法杂志 | 最高人民检察院检察理论研究所 | 0 |
| 合计 | | | 458 |

**表 5.3　载文量≥30 篇的期刊信息**

| 序号 | 期刊 | 载文量 | 序号 | 期刊 | 载文量 | 序号 | 期刊 | 载文量 |
|---|---|---|---|---|---|---|---|---|
| 1 | 法制博览 | 250 | 6 | 法学杂志 | 44 | 11 | 河北法学 | 35 |
| 2 | 法制与社会 | 226 | 7 | 当代法学 | 43 | 12 | 法商研究 | 34 |
| 3 | 现代法学 | 69 | 8 | 商场现代化 | 39 | 13 | 现代营销 | 31 |
| 4 | 经济法论坛 | 47 | 9 | 经济研究导刊 | 39 | 14 | 法学评论 | 30 |
| 5 | 商 | 46 | 10 | 现代经济信息 | 37 | | | |

## （四）科研基金类型与成效

根据我们的统计数据，四十年中国经济法学总论研究成果所获资助基金数量偏少（如图 5.4 所示），共计 445 篇适格文献获得了 376 个基金项目的支持，占适格文献总量的 11.19%；但基金种类多样、层级全面，包括了国家社会科学基金、国家部委基金、省级、厅级、市级、校级、院级及社团基金等所有级别的资助基金种类。其中，国家社会科学基金项目 45 个，占基金总数的 11.97%；教育部为主的国家部委基金项目 50 个，占基金总数的 13.30%；省级基金项目 86 个，占基金总数的 22.87%；校级基金项目最多，共计 131 个，占基金总数的 34.84%。其中，包括国家和部委在内的中央资助基金项目不足三分之一（25.27%），支持力度低于校级资助基金项目近 10%。从资助基金所产出的经济法学总论研究成果的数量来看（图 5.5），产出成果数量最多的项目为 7 篇；其次是 5 篇；另有 2 个基金项目发表了 4 篇成果；特别需要指出的是，发表 1 篇成果的基金项目有 327个，占基金总数的 86.97%。即绝大多数资助基金只产出了 1 篇成果，中国经济法学总论资助基金的整体成果产出率非常低。当然，也要看到，从资助基金类别上看，产出成果 3 篇及以上的基金项目（表 5.4），主体上还是省以上尤其是中央资助基金项目(4 个国家社会科学基金，5 个国家部委基金，3 个省级基金)。其中的中央资助基金项目，虽然数量只占基金总数的 2.39%，但其成果产出率是平均数的三倍多(7.54%)，相形之下，数量占比二分之一强的省级以下尤其是校级项目资助基金，其平均成果产出率严重反比例倒挂。

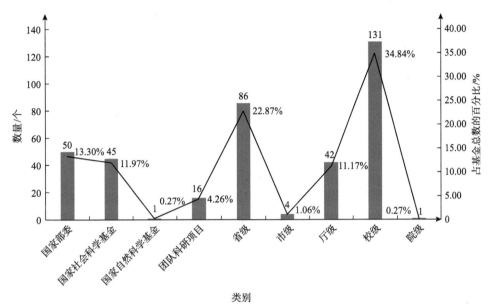

图 5.4　资助基金类别分布情况

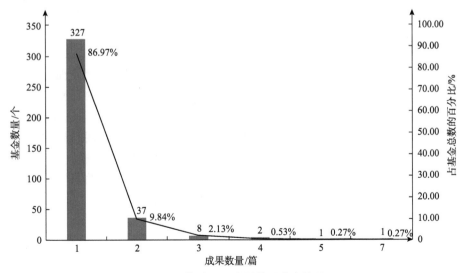

图 5.5　资助基金成果数量分布情况

### 表 5.4　高产出基金项目信息

| 序号 | 关键字段 | 成果数量/篇 |
| --- | --- | --- |
| 1 | 2017 年度国家社会科学基金重点项目 "新发展理念与经济法制度完善研究" (17AFX023) | 7 |
| 2 | 教育部人文社会科学一般项目《外部性问题解决的经济法对策研究》(09XJC820013) | 5 |
| 3 | 湖南省教育厅资助科研项目《中西方经济法产生与发展路径比较研究》(05C157) | 4 |
| 4 | 国家法治与法学理论研究项目和南京大学博士后基金项目 "经济法实施机制研究" (08SFB2044) | 4 |
| 5 | 国家社会科学基金项目 "经济法理念研究" (04BFX039) | 3 |
| 6 | 国家社会科学基金项目 "转轨经济法：西方范式与中国现实之抉择" (11BFX041) | 3 |
| 7 | 上海市高校一流学科法学(经济法)建设 | 3 |
| 8 | 国家社会科学基金重点研究项目 "公共视域下城乡基层社会治理机制创新研究" (14AZD046) | 3 |
| 9 | 江苏省社会科学基金重点项目资助(11FXA002) | 3 |
| 10 | 教育部人文社会科学重点研究基地重大项目 "和谐社会与社会转型——以新型现代性和实践结构的视野" (10JJD840003) | 3 |
| 11 | 教育部人文社会科学研究规划基金项目 "后金融危机时代公司治理创新研究" (11YJA820083) | 3 |
| 12 | 教育部人文社会科学研究 2007 年度规划基金项目《宪政经济规范的基础研究》(07JA820042) | 3 |

由此可见,过去四十年中国经济法学研究获得基金资助的文献量偏低(刚刚超过 10%),中国经济法学研究整体上属于自由探索型,其学科专业影响力还有待整合提升。这一结论与前述关于中国经济法学研究的文献标题极度分散个性、文献刊载平台两极失衡的研究结论之间高度一致;另外,资助基金种类全面,国家级、省级与校级资助基金三分天下的结构性特征,说明中国经济法学的现实需求广泛;最后,基金成果产出中,国家级基金尤其是国家社科、教育部、司法部基金的成果贡献大,省级以下特别是校级资助基金则主要扮演了项目培育和孵化角色。整体而言,中国经济法学大多数资助基金未能摆脱 "重申报,轻完成" 的魔咒,成果数量少,产出率不高。究其原因,这可能与不同层级资助基金的同行专业评价、研究团队实力、项目管理要求甚至基金资助力度等都有关联。

### (五)主要研究机构

#### 1. 机构分布

共有 1301 个机构发表了 3975 篇适格文献(图 5.6)。发文量为 1 篇的机构有

852 个,占机构总数的 65.49%;发文量为 2 篇的机构有 183 个,占机构总数的 14.07%。全国 600 多所法学院对中国经济法研究的贡献度不均衡(表 5.5)。发文量最高的机构为西南政法大学(234 篇),占文献总量的 5.89%。除西南政法大学外,发文量在 100 篇以上的有 3 个机构,分别是湘潭大学(120 篇)、中国人民大学(119 篇)、中南财经政法大学(112 篇)。发文量最高的 4 个机构总发文量占文献总量的 14.72%。我们可以发现发文量较高的机构中"五院四系"依然占有绝对优势和领先地位。

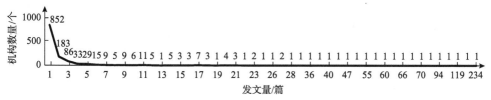

图 5.6 机构数量分布

**表 5.5 高频发文机构信息**

| 序号 | 机构 | 发文量/篇 | 序号 | 机构 | 发文量/篇 | 序号 | 机构 | 发文量/篇 |
|---|---|---|---|---|---|---|---|---|
| 1 | 西南政法大学 | 234 | 13 | 中山大学 | 55 | 25 | 江西财经大学 | 24 |
| 2 | 湘潭大学 | 120 | 14 | 郑州大学 | 51 | 26 | 厦门大学 | 23 |
| 3 | 中国人民大学 | 119 | 15 | 华中师范大学 | 47 | 27 | 中国社会科学院 | 23 |
| 4 | 中南财经政法大学 | 112 | 16 | 湖南大学 | 46 | 28 | 云南大学 | 22 |
| 5 | 北京大学 | 94 | 17 | 兰州大学 | 40 | 29 | 浙江大学 | 21 |
| 6 | 中国政法大学 | 79 | 18 | 辽宁大学 | 38 | 30 | 西安交通大学 | 21 |
| 7 | 南京大学 | 70 | 19 | 安徽大学 | 36 | 31 | 安徽财经大学 | 21 |
| 8 | 武汉大学 | 68 | 20 | 西南财经大学 | 29 | 32 | 华侨大学 | 20 |
| 9 | 华东政法大学 | 66 | 21 | 重庆大学 | 28 | 33 | 中央民族大学 | 20 |
| 10 | 吉林财经大学 | 62 | 22 | 沈阳师范大学 | 27 | 34 | 上海财经大学 | 20 |
| 11 | 吉林大学 | 60 | 23 | 长春理工大学 | 27 | 35 | 四川大学 | 20 |
| 12 | 中南大学 | 57 | 24 | 山西大学 | 26 | | | |

2. 机构共词分析

运用文献计量学软件,生成中国经济法总论研究发文机构合作网络图(图 5.7)。[①]

---

① 在 BICOMB2.0 中,选择机构阈值为 18～234(即发文量为 18 篇及以上的机构),生成共现矩阵并导出至文本文档。运用 UCINET6.0,对文本文档进行格式转换,然后采用 NetDraw 对机构合作情况进行分析,生成机构合作网络图。

我们可以发现，中国经济法学研究机构之间合作相对密切。合作网络不仅突破了地域上的联系，形成了以吉林大学、中国政法大学、西南政法大学、湖南大学、中南大学、湘潭大学为纽带的多核心、多组团、多条带的机构合作网络，也印证了前述发文量、期刊、基金分布情况等。另外，中国经济法研究机构合作最大网络包含 28 个机构，占机构总数的 2.15%，而且，机构合作网络图仅包含 2 个网络，参与合作研究的机构占机构总数比例过小，机构合作度不高。

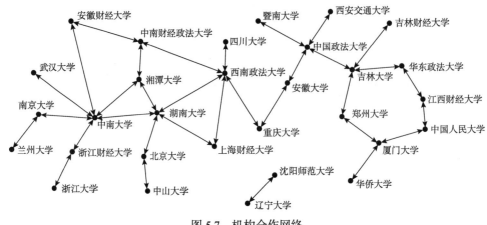

图 5.7　机构合作网络

## （六）发文作者

### 1. 多数作者仅发表一篇论文

有 3580 位作者发表了 3975 篇经济法论文（图 5.8）。其中，发表 1 篇论文的作者数量高达 3062 位，占作者总数的 85.53%；发表 2 篇论文的作者数量为 326 位，占作者总数的 9.11%。即绝大多数中国经济法研究作者并非专业或职业，学术兴趣只是基于一时的学业要求（如研究生毕业或课业）。发文量（表 5.6）最高的作者为张守文（34 篇）、陈乃新（30 篇），其次是单飞跃（22 篇）。发文量在 10 篇及以上的作者有 25 位，占作者总数的 0.70%，而这 25 位作者发文量总计 372 篇，占文献总量的 9.36%。即占作者总数不到 1% 的作者发表了将近 10% 的适格文献。值得注意的是，高产作者中包括俄罗斯（苏联）法学家 B.B.拉普捷夫，发文时间集中在 1981 年至 1993 年。

### 2. 研究者更倾向于个体户式科研

运用文献计量学软件生成作者合作网络图（图 5.9）[1]，共有 8 组作者合作网络，

---

[1] 在 BICOMB2.0 中，选择作者阈值为 7～34（即发文量为 7 篇及以上的作者），生成共现矩阵并导出至文本文档。运用 UCINET 6.0，对文本文档进行格式转换，然后采用 NetDraw 对作者合作情况进行分析，生成作者合作网络图。

其中有 6 组为两两合作；有 1 组涉及三位作者；最大的合作网络包含 8 位作者，形成了以西南政法大学李昌麒、单飞跃[①]为中心的作者合作网络，也印证了西南政法大学经济法学研究团队的实力与规模。图 5.9 中共计 23 位作者，占作者总数的 0.64%，这说明，中国经济法学研究队伍的主体都还是各自为政、个体户式科研，合作度、共识度不高。

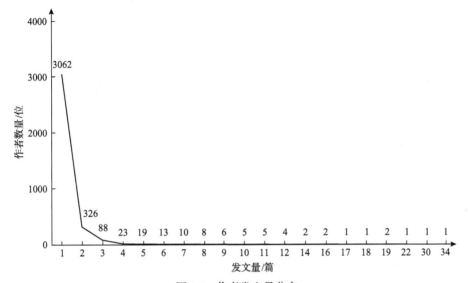

图 5.8　作者发文量分布

**表 5.6　高产作者信息**

| 序号 | 作者 | 发文量/篇 | 序号 | 作者 | 发文量/篇 | 序号 | 作者 | 发文量/篇 |
| --- | --- | --- | --- | --- | --- | --- | --- | --- |
| 1 | 张守文 | 34 | 11 | 甘强 | 14 | 21 | 胡光志 | 10 |
| 2 | 陈乃新 | 30 | 12 | 段葳 | 12 | 22 | 吕忠梅 | 10 |
| 3 | 单飞跃 | 22 | 13 | 颜运秋 | 12 | 23 | 杨紫烜 | 10 |
| 4 | 程信和 | 19 | 14 | 刘文华 | 12 | 24 | 陈婉玲 | 10 |
| 5 | 曹胜亮 | 19 | 15 | 冯辉 | 12 | 25 | 焦海涛 | 10 |
| 6 | 邱本 | 18 | 16 | 徐孟洲 | 11 | 26 | 陈云良 | 9 |
| 7 | 李昌麒 | 17 | 17 | 胡元聪 | 11 | 27 | 陶广峰 | 9 |
| 8 | 薛克鹏 | 16 | 18 | 漆多俊 | 11 | 28 | 李玉虎 | 9 |
| 9 | 史际春 | 16 | 19 | 刘大洪 | 11 | 29 | 杨三正 | 9 |
| 10 | 刘水林 | 14 | 20 | 张继恒 | 11 | 30 | 沈敏荣 | 9 |

[①] 李昌麒，单飞跃，甘强. 经济法与社会法关系考辨——兼与董保华先生商榷[J]. 现代法学，2003(5)：3-11.

| 序号 | 作者 | 发文量/篇 | 序号 | 作者 | 发文量/篇 | 序号 | 作者 | 发文量/篇 |
|---|---|---|---|---|---|---|---|---|
| 31 | 董成惠 | 9 | 42 | 黄茂钦 | 7 | 53 | 彭飞荣 | 6 |
| 32 | 李中圣 | 8 | 43 | 冯果 | 7 | 54 | B.B.拉普捷夫 | 6 |
| 33 | 闫海 | 8 | 44 | 李昌庚 | 7 | 55 | 岳彩申 | 6 |
| 34 | 程宝山 | 8 | 45 | 陈治 | 7 | 56 | 王菁 | 6 |
| 35 | 谭喜祥 | 8 | 46 | 李建华 | 7 | 57 | 李长健 | 6 |
| 36 | 孟庆瑜 | 8 | 47 | 郑少华 | 7 | 58 | 张忠 | 6 |
| 37 | 蒋悟真 | 8 | 48 | 应飞虎 | 7 | 59 | 董玉明 | 6 |
| 38 | 李永成 | 8 | 49 | 周林彬 | 7 | 60 | 刘少军 | 6 |
| 39 | 鲁篱 | 8 | 50 | 李激汉 | 6 | 61 | 王伦刚 | 6 |
| 40 | 刘光华 | 7 | 51 | 王保树 | 6 | 62 | 李占荣 | 6 |
| 41 | 韩志红 | 7 | 52 | 刘思萱 | 6 | | | |

图 5.9　作者合作网络

## (七)研究热点或主题重点

### 1. 研究主题较为分散

如果说,前述针对中国经济法学研究文献标题的高频统计结果分析(图 5.2、表 5.1)可能还存在着文献作者为吸引编辑与读者眼球的跟风抓热点,那么,恰如"重要的事情说三遍"一样,根据整个中国经济法学总论研究文献内容中的高词频所确定的研究文献历史主题，不仅能够映射出中国经济法学研究者作为个体与群体所意欲的最深层学术意图，同时也是解读其研究与阐述动机的最隐秘学术密码。四十年中国经济法学总论研究中积累的 3975 篇适格文献，经大数据统计分析后共获得 3179 个主题词。其中，仅出现 1 次的主题词为 2009 个，约占主题词总数的63.20%；出现 2 次的主题词为 399 个，约占主题词总数的 12.55%；出现 3 次的主题词为 183 个，约占主题词总数的 5.76%，出现频次在 3 次及以下的主题词共计2591 个，约占主题词总数的 81.50%（图 5.10），即不到 20%的主题词出现频次在 3篇论文以上。这一数据统计特征，也再一次印证了我们前述关于中国经济法学总论发文量、刊载平台分布情况的统计分析及结论：中国经济法学的研究主题，整体上个体化且较分散，重自由探索，缺乏学术研究共同体意识及研究共识的达成。

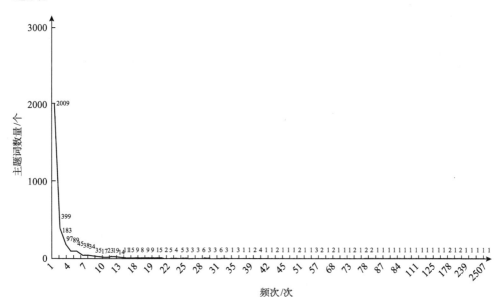

图 5.10　主题词数量分布情况

具体到弱 20%的高频主题词的统计数据（表 5.7），我们看到，其中居前十位的高频主题词中，"经济法"最高，为 2507 次，即"经济法"在 63.07%的文献中作为主题词出现；其后，依次是"价值"（283 次）、"教学"（262 次）、"市场经济"（239 次）、"调整对象"（197 次）、"责任"（190 次）、"政府"（190 次）、"社会利益"（178 次）、"企业"和"干预"并列（161 次）等。这些高频主题词从一个侧面反映出我国经济法研究四十年来将研究热点集中于市场经济背景下经济法的价值、经济法教学、经济法的调整对象等问题。再次印证了中国经济法学的早期学术旨趣与智识贡献，就在于：从价值论范式出发证成经济法（学）的独立地位。①

**表 5.7　高频主题词信息**

| 序号 | 主题词 | 频次/次 | 序号 | 主题词 | 频次/次 | 序号 | 主题词 | 频次/次 | 序号 | 主题词 | 频次/次 |
|---|---|---|---|---|---|---|---|---|---|---|---|
| 1 | 经济法 | 2507 | 6 | 责任 | 190 | 11 | 理论 | 129 | 16 | 社会主义 | 98 |
| 2 | 价值 | 283 | 7 | 政府 | 190 | 12 | 民法 | 125 | 17 | 宏观调控 | 96 |
| 3 | 教学 | 262 | 8 | 社会利益 | 178 | 13 | 经济体制 | 118 | 18 | 利益 | 94 |
| 4 | 市场经济 | 239 | 9 | 企业 | 161 | 14 | 民商法 | 113 | 19 | 经济法体系 | 93 |
| 5 | 调整对象 | 197 | 10 | 干预 | 161 | 15 | 理念 | 111 | | | |

### 3. 主题词共词分析

为了进一步探究上述高频主题词之间的关系及其链接成的知识网络，我们再次利用大数据软件甄选了 43 个主题词，生成四十年中国经济法学总论研究高频主题词共词网络（图 5.11）。②这个主题词共词网络图还非常直观地为我们揭示了以"经济法"为核心的高频主题词网络，根据其网络关系的紧密度所大致形成的由内而外的三个相互联通的知识层：最内层是由"民商法""社会利益""价值""民法""市场经济""调整对象""政府"等主题词所共同形成的中国经济法学总论的紧密知识层；中间则是由"部门法""干预""社会本位""企业""市场失灵""理论""反垄断""经济体制""商法""法律规范""行政法"等主题词所构成的中国经济法学总论的次紧密知识层；需要指出的是，高频主题词"责任""独立""制度""利益""理念""实质""宏观调控"形成了连接第二层与第三层的知识交集地带；外围是由"法律责任""社会法""和谐社会""公平""效率""可持续发展""基本原则""发展""WTO""社会主义""市场""教学""经济法学""经济法主体""中国经济法""经济法体系""功能"等主题词所组成的中国经济法学总论的边缘知识层。

上述高频主题词围绕"经济法"所形成的中国经济法学知识网络及层级结构，不仅从一个侧面实证地反映出了中国经济法学研究四十年来的结构性重点，即其核心关注命题主要是经济法的价值或自身合法性问题、经济法的调整对象或部门法独立地位问题，以及中国经济法的功能与体系问题。而且，细究中国经济法学总论研究的上述结构性重点，我们还能观察到这些研究重点的不同演进阶段。具

---

① 刘光华. 经济法的分析实证基础[M]. 北京：中国人民大学出版社，2008.

② 在 BICOMB2.0 中，我们选择主题词阈值为 51～2507（即出现频次为 51 次及以上的主题词），生成共现矩阵导出至文本文档。运用 UCINET6.0，对文本文档进行格式转换；然后，采用 NetDraw 对主题词进行共词分析；最后，生成主题词共词网络。

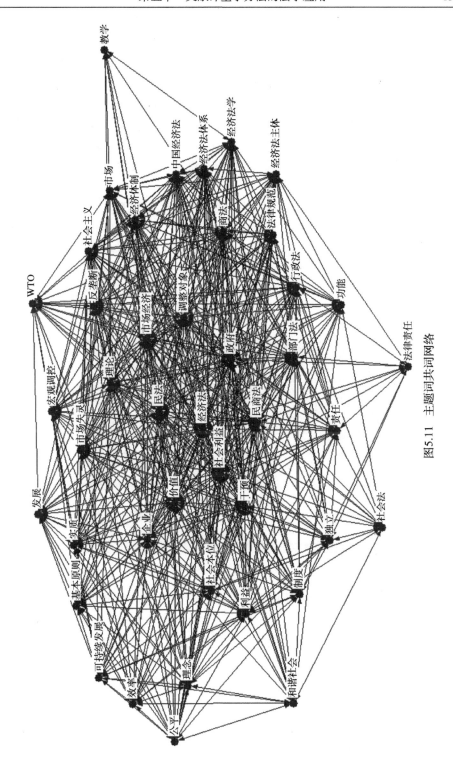

图5.11　主题词共词网络

体而言，从经济法作为一种人类现代法治新生事物合法性的论证，到经济法学在整个中国法学学科和法律体系中的独立地位的证成，再到对中国经济法的独特制度功能与理论体系的挖掘，充分呈现了中国经济法学从过去到现在进而到未来的内在发展规律和知识路径。

当然，"市场经济""经济体制""可持续发展""和谐社会""WTO"等高频主题词在中国经济法学不同层序知识网络中的持续共现，更是反映了经济法与生俱来的问题导向性、政策性和回应性等制度特性与理论特征。

4. 主题词聚类分析

我们利用软件生成主题词聚类曲面图(图 5.12)和主题词聚类矩阵图(图 5.13)[①]，形成中国经济法总论过去四十年来研究的三大主题。根据上述软件技术背后的设计理念，主题词聚类曲面图是通过色调由深到浅的变化情况来说明研究主题间内在关联性，色调越浅说明聚类效果越好或者研究主题的关联度越高。由此，我们就非常直观地看到它所形成的三大主题中，主题 1 聚类效果最好，主题 2、主题 3 聚类效果依序次之。

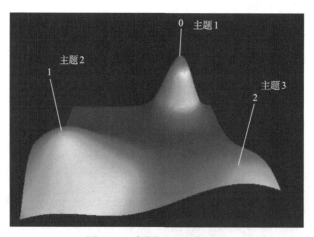

图 5.12　主题词聚类曲面图

具体而言，经过四十年的不断积累，中国经济法学总论研究已形成了如下三大基本历史主题。即，围绕"责任、经济法主体、法律责任、独立"等主题词，形成了基本研究主题 1：经济法主体及法律责任的独立性。围绕"市场经济、调整对象、企业、理论、民法、经济体制、社会主义、经济法体系、部门法、经济法学、中国经济法、法律规范、商法、反垄断"等主题词，形成了基本研究主题

---

① 对高频出现的 43 个主题词进行聚类分析，构建 43×43 的矩阵，根据聚类效果选定聚类的主题数为 3，生成主题词聚类曲面图和矩阵图。

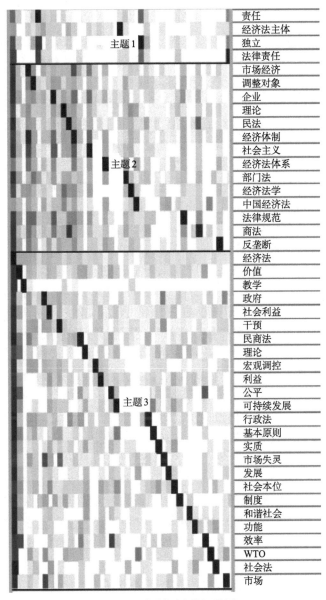

图 5.13　主题词聚类矩阵图

2：经济体制改革或者社会主义市场经济背景下，中国经济法（学）的部门法（学科）地位，特别是经济法（反垄断法、企业法）和民法、商法之间围绕调整对象、法律规范的理论争鸣。围绕"经济法、价值、教学、政府、社会利益、干预、民商法、理念、宏观调控、利益、公平、可持续发展、行政法、基本原则、实质、市场失灵、发展、社会本位、制度、和谐社会、功能、效率、WTO、社会法、市场"等主题词，形成了基本研究主题 3：不同时代主题（WTO、和谐社会、可持续发展）下的经济法理念价值（公平、效率、发展、利益）、基本原则（社会本位、政府、市场和干预间的关系）和制度功能（宏观调控、市场失灵、社会利益；经济法与民商法、行政法和社会法的边界）研究与教学。

　　四十年中国经济法学研究所形成的三大基本学术主题中，相形之下，主题 1：经济法主体及法律责任的独立性，虽然仅涵盖了 4 个主题词，却凝聚了过去四十年中国经济法学总论研究的最高学术含金量。回顾中国经济法治四十年的实践展开和理论研究，不管是这一研究主题与主流法学知识系谱（法律主体、法律责任）之间的衔接度，还是它在经济立法、执法、司法和守法等中国经济法治基本环节中所扮演的实际角色，都说明它可能正是中国经济法学理论和实务界在过去四十年间所提炼的最大公约数；表明中国经济法学的首要问题是如何科学合理地界定经济法主体与责任的范围和边界。

　　当然，这一主题将经济法主体与（法律）责任进行的"独木桥式"的排他性（即所谓"独立性"）学术勾连，表面上看，有可能契合了过去长期存在中国传统的"官—民关系"逻辑，以及改革开放前三十年社会主义计划经济语境下对"民"或"市场主体"的偏狭解读，但就中国经济法治的现实和发展而言，它不仅强化了"经济法是经济领域的行政法"等轻率理论的误读，导致了"经济法是公法""政府之外的市场主体是义务受体"等错误观点，甚至它还可能掩盖改革开放四十多年间中国社会经济发展所取得成绩背后的真正因果关系，进而从根本上动摇中国经济法（学）的部门独立性和学科独特性。①反之，我们就能真正理解，为什么在全面深化改革与建设新时代中国特色社会主义法治的历史新阶段，中国最高决策者及国家权力机关所出台的经济政策、经济法律法规和司法解释，纷纷以对经济法主体（生产经营者、市场竞争者，简言之企业家）权益保护为主的理念取代了过去四十年对经济法主体（法律）责任追究的陈旧思维。甚至作为法治保守形象代言人的最高人民法院，也公开宣布要从依法保护产权和民营企业家合法权益，营造稳定、公平、透明、可预期法治化营商环境角度，开展司法解释的全面清理工作，一律废止涉及民企的不平等规定。②

　　基本主题 2：经济体制改革或者社会主义市场经济背景下，中国经济法（学）的部门法（学科）地位，特别是经济法（反垄断法、企业法）和民法、商法之间围绕调整对象、法律规范的理论争鸣，则涉及经济法学总论的几乎所有主流议题，也形成了中国经济法学总论四十年研究中最宽厚的学术高地。它在一定程度上反映了中国经济法学四十年研究给中国法学界和社会各界贡献的基本学术共识：中国

---

① 刘文华. 中国经济法"干预论"之批判[J]. 首都师范大学学报（社会科学版），2017（6）：61-66.
② 最高法：对涉及民营企业的不平等规定一律予以废止[N]. 人民日报，2019-05-30.

经济法因其独特的调整对象和调整手段而具有独立的法部门和法学科地位。至于该主题词聚类效果相比之主题 1 不是特别理想的原因，可能在于中国经济法学研究主题内容过于庞杂，且每个高频主题关键词都映射了经济法基础理论中的一个重要内容，在缺乏深入系统挖掘、实证分析论证的前提下[①]，不仅无法在众多议题之上垒建中国经济法学的学术巴别塔，而且其未来的发展方向也不可能清晰明朗。事实上，迄今为止在顶级期刊《中国社会科学》上发表的仅有的 3 篇经济法学适格研究文献，不但主要是围绕经济法调整对象和调整方法展开的，而且发表时间都在 2000 年之前。[②]

最后，主题 3：不同时代主题（WTO、和谐社会、可持续发展）下的经济法理念价值（公平、效率、发展、利益）、基本原则（社会本位、政府、市场和干预间的关系）和制度功能（宏观调控、市场失灵、社会利益；经济法与民商法、行政法和社会法的边界）研究与教学，虽然所涵盖的主题词最多（25 个，约占 58.14%），但既没有搭建起中国经济法学研究的学术尖峰，也没有夯筑成中国经济法学未来发展的学术高台。

## 三、中国经济法学总论研究的共识与前景

在明了中国经济法总论历史发展大数据规律的基础上，接下来，我们对四十年中国经济法学的研究共识进行总结，最终对其未来发展前景作一预研展望。

### （一）文献质量良莠不齐，学术不端现象严重

从标题来看，多篇论文标题相同或者类似，这一方面反映了学界研究热点，另一方面也反映出学术跟风、抄袭现象严重。从刊载期刊来看，《法制与社会》和《法制博览》两本期刊的载文量与 24 本中文法学核心期刊的载文量基本持平，

---

① 中国经济法总论四十年的研究成果更倾向于价值论规范路径，较少进行定量分析与实证研究. 刘光华. 经济法的分析实证基础[M]. 北京：中国人民大学出版社，2008；单飞跃，余骁. 经济法律责任：语义、规范及其整体谱系——基于法律文本的实证分析[J]. 现代法学，2017，39(3)：170-185；甘强. 经济法中的国家干预——基于法律文本的实证考察[J]. 现代法学，2013，35(5)：68-75；单飞跃，张玮. 经济法中的政策——基于法律文本的实证分析[J]. 社会科学，2012(4)：89-97；蒋悟真. 经济法总论研究之检视——以近年来法学主流刊物论文为视角[J]. 法学评论，2011，29(6)：56-62；刘思萱. 经济法政策性特征的实证考察——基于 31 年最高人民法院工作报告的整理与分析[J]. 南京大学学报（哲学·人文科学·社会科学版），2011，48(1)：58-72；李昌庚. 金融危机视野下经济法价值拷辨——以国有企业为例的实证分析[J]. 政治与法律，2010(6)：80-89；王红霞. 经济法功能实证研究——实证社会学的进路[J]. 法学评论，2008(2)：114-116.

② 周沂林，孙皓晖，任景荣，等. 论经济法调整对象[J]. 中国社会科学，1982(5)：63-83；李时荣，王利明. 关于经济法的几个基本问题[J]. 中国社会科学，1984(4)：123-132；李胜兰，周林彬，邱海洋. 法律成本与中国经济法制建设[J]. 中国社会科学，1997(4)：33-47.

而且《法制与社会》《法制博览》等期刊刊载的多篇论文与中文核心期刊论文相似，有抄袭的嫌疑。如何规范经济法学界研究者发表期刊质量、规范学术评价指标，从而避免论文发表成为某些机构甚至个人的牟利手段等问题值得我们深思。

(二)研究方法单一

从合作情况来看，绝大多数作者和机构更偏爱个体户式的科研，较少进行合作。通过阅读适格文献摘要，我们发现中国经济法总论研究者较少进行实证研究，更倾向于规范研究。学者们主要专注于对经济法理论的研究，较少地进行定量分析与实证研究，研究方法单一。[①]

(三)研究内容多为主义研究

从研究内容来看，结合高频标题、高产出基金成果和研究热点等，研究内容虽然不乏对社会经济发展的回应与对策研究，例如对城乡基层社会治理机制创新研究、后金融危机时代公司治理、和谐社会与社会转型、新发展理念、外部性问题等的关注。但是更多的是基础理论研究，包括经济法的基本原则、调整对象、价值取向、宗旨、体系，经济法与其他部门法的关系等，基础理论研究当然也非常重要，但是过多的学术跟风和重复研究无疑是对学术资源的一种浪费，也导致经济法总论研究未能很好地为我国经济发展和社会建设做出更大的贡献。此外，理论研究人员与实务部门的合作较少，未能有效将理论与实务衔接。

高产作者和高产机构、高产出基金及核心期刊的发文量之间有着密切的联系。从主题词的数量分布、共现分析和聚类分析来看，绝大多数的主题词只是昙花一现，没有什么学术价值。结合高频论文标题，市场经济、调整对象、责任、经济体制、价值、理念、基本原则等高频关键词，在一定程度上反映了我国经济法学四十年研究热点和难点、共识。主题词聚类效果不是特别理想，原因可能在于经济法这个主题内容过于庞杂和丰富，基本上每个高频关键词都反映了经济法基础理论中的重要内容，未来发展方向不明。

另外，由于本书是基于中国知网收录以经济法为标题的期刊论文，有必要对数据处理中出现的问题及对中国知网数据库的改进，做一点说明。中国知网虽然

---

① 单飞跃，余骁. 经济法法律责任：语义、规范及其整体谱系——基于法律文本的实证分析[J]. 现代法学，2017，39(3)：170-185；甘强. 经济法中的国家干预——基于法律文本的实证考察[J]. 现代法学，2013，35(5)：68-75；单飞跃，张玮. 经济法中的政策——基于法律文本的实证分析[J]. 社会科学，2012(4)：89-97；蒋悟真. 经济法总论研究之检视——以近年来法学主流刊物论文为视角[J]. 法学评论，2011，29(6)：56-62；刘思萱. 经济法政策性特征的实证考察——基于31年最高人民法院工作报告的整理与分析[J]. 南京大学学报(哲学·人文科学·社会科学版)，2011，48(1)：58-72；李昌庚. 金融危机视野下经济法价值拷辨——以国有企业为例的实证分析[J]. 政治与法律，2010(6)：80-89；王红霞. 经济法功能实证研究——实证社会学的进路[J]. 法学评论，2008(2)：114-116.

已经尝试建立个人/机构数字馆，但功能还并不健全，同名作者在不同机构发表的论文，在中国知网上很容易被识别为不同机构的不同作者。另外一个问题是中国知网收录的论文存在重复情况，尤其是 2006 年及以前年度的论文。因此，从中国知网这个单一数据库导出文献后要进行去重，期待中国知网数据库能够从技术层面对以上两个方面改进，提高用户体验。

也就是说，本书基于对中国知网过去四十年来收录的以经济法为标题的论文进行的全面系统检索，并借助文献计量学分析的工具，运用统计学、共词分析、聚类分析等数据挖掘方法等，对纳入研究的适格文献的标题、年代、期刊、机构、作者、关键词数量分布进行分析，对机构、作者、主题词进行了共现网络分析，对主题词进行了聚类分析。综合评价了各分析指标及中国知网数据库存在的问题及改进方向等，客观直观、全面系统地呈现了中国经济法学四十年研究共识及存在的问题。

综上所述，在四十年中国经济法学研究中，关于经济法理念价值、基本原则与制度功能的研究，虽然文献数量庞大、研究热度最高，但最终形成的主题词聚合度或者主题词之间的论证关联度，不仅不是最好的，相反，还是效果最差的。很多研究只是望文生义地在对一些理论热词进行贴标签式使用，绝大多数的主题词只是作者自娱自乐的昙花一现，既没有学术价值，实际上也没有产生多少实质性的知识贡献。表面上看，这一主题下的研究文献也不乏对社会经济发展现实需求的对策回应，例如对城乡基层社会经济治理机制、后金融危机时代经济治理、和谐社会与社会转型法治、新发展理念的经济法学关注，但受其传统价值论研究范式的制约，更多研究成果蜕化为"不接地气"的理想化应然推导，这正是学术跟风和重复研究在实际学术作业中的体现，其负面影响也可见一斑。

总之，经过四十年曲折探索后的新中国经济法学，又站在了全新的中国特色法治国家及中国特色社会主义经济法治理论、课程、教材体系建设的新起点，它要求并呼唤中国经济法学界内部围绕主题 1、主题 2 开展理论革新，期待中国经济法学理论研究与实务部门之间聚焦主题 3 实现实效合作。

# 第六章　引文空间方法的法学应用

## 第一节　引文空间方法概述

### 一、引文空间方法的概念

引文空间（CiteSpace），即 Citation Space 的缩写。从文献计量学角度，引文空间是一款着眼于分析科学文献中蕴含的知识，并在科学计量学（scientometrics）、数据和信息可视化（data and information visualization）背景下逐渐发展起来的一款多元、分时、动态的引文可视化分析软件。[①]它主要通过可视化的手段分析科学文献中蕴含的潜在知识，呈现科学知识的结构、规律和分布情况。因此，从交叉学科的角度，我们可以将它称为一种跨学科研究方法。

换个角度，引文空间又是一种文献计量学用定量的方法来描述和监测已发表研究文献的计量建模软件，通过这种系统的、透明的、可重复的审查过程，克服了叙事型文献综述的主观偏见。通过此类方法分析得到的可视化图形，因其突出的实证性而被称为"科学知识图谱"。它可以用来探究某一研究领域的研究热点、研究前沿、知识基础（关键文献）、主要作者和机构等，同时帮助预测某一研究领域的未来发展走向。

互联网大数据背景下，利用引文空间开展法学研究，比之传统的文献阅读和文献综述途径，可以更加高效、准确、全面地把握研究问题所处的学术地形地貌，通过知识图谱有利于寻找某一学科领域的研究进展和当前的研究前沿，以及其对应的知识基础；可以科学辨析特定研究主题文献质量的高低，精准锁定研究者自己所需的高印证率和具有开创性的重要文献，避免学术研究走弯路，减少在"要么发表，要么死亡"的现代科研过程中，无谓浪费宝贵时间和机会的情况。

引文空间方法的公认理论基础，包括托马斯·库恩的科学发展模式理论、普赖斯的科学前沿理论、结构洞理论、克莱因伯格的突发探测技术、科学传播的最

---

① 引文空间是由陈超美（Chaomei Chen）教授所支持开发的一款很实用的可视化分析共被引网络的共享软件。诞生于奉行学习与实习并重的合作教育（cooperative education）并致力于整合科技资源的美国德雷塞尔大学（Drexel University）。参见李杰，陈超美. Citespace：科技文本挖掘及可视化（第二版）[M]. 北京：首都经济贸易大学出版社，2017.

佳信息觅食理论，以及知识单元离散和重组理论。[①]具体而言，库恩关于范式的积累与变革理论深刻地阐释了引文聚类的形成、积累和转换进程，为引文空间图谱展示一个科学学科或者知识领域动态演化提供了宏观历程；普赖斯的科学论文网络及科学前沿理论，则进一步为引文空间图谱展现了一个学科及知识领域研究前沿及其知识基础演化的微观进程；结构洞理论、突发探测技术与信息觅食理论，又主要是为引文空间图谱的解释与预见提供了基础。它们都分别从不同角度、不同侧面、直接或间接地实现或支持了引文空间的设计理念，对"引文空间图谱改变人们看世界的方式"起到了非常重要的作用。

之所以这种科学文献分析方法可以而且应该被引入包括法学在内的社会科学研究，主要的原因在于随着人类的生产与生活逐渐全方位融入"大智移云"时代，特别是以元宇宙为代表的虚拟空间为人类生存和发展带来了全新的挑战，虽然人类生存发展中的现实问题本质上依然没有摆脱传统的三维空间，但是，人类分析问题和解决问题的思维理念、路径流程与方法技术等却必须出现革命性变革，那就是思考问题、分析问题和解决问题都需要借助大数据提供的决策证据，来保障兼顾决策效率与质量。而且，如何从浩如烟海的文献中分析出某一个领域的研究发展历史和现状文献综述，确实是个非常令人头痛的问题。

引文空间作为学科动态追踪软件和法学领域的跨学科研究方法，根据中国知网数据库中文献计量软件工具名称出现的频率统计，其常用的文献计量软件工具有：CiteSpace、Ucinet、Bibexcel、VOSviewer 和 Bicomb。引文空间支持多种类型的文献计量学研究，包括机构共引分析、作者合作网络分析、主题和领域共现的可视化，而且其功能和范围还在不断进化。使用科学的制图程序，以帮助对领域的结构、动态模式和趋势进行可视化分析研究，使研究者能够直观地辨识出学科前沿的演进路径及经典基础文献。

因此，借助引文空间等文献计量分析工具及其不断进化的算法/方法[②]，对特定社会科学问题展开实证分析，可以呈现出一个关于论题的有价值的研究史概述，并识别研究领域的结构、研究动态演变模式和新兴研究主题等，为后续研究提供清晰的借鉴路径。这使得法学在内的社会科学研究不再是不确定性基础上"盲人摸象"式的学术拼图游戏，并能够真正走向研究成果的体系化与自主知识创新。

所以，表面上，引文空间工具方法，能够协助研究者实现对重大研究课题文献综述的撰写工作，快速锁定课题领域内的最新研究热点。这样，也就使得功能强大的、专门用于文献定量化分析的软件神器和交叉学科研究方法——引文空间

① 陈悦，陈超美，胡志刚，等. 引文空间分析原理与应用：CiteSpace 实用指南[M]. 北京：科学出版社，2014.
② 同样作为文献计量软件工具，节点链接图 Bibexcel 适合为可视化工具提供辅助；Ucinet 是一款社会网络分析工具，适合分析较大的数据集；CiteSpace 则是一款功能比较完善的文献计量专用软件。

方法，成为"大智移云"时代的科研与决策必备。当然，相辅相成地，作为网络原住民们的全新生产生活工具，引文空间方法对研究者文、理、工科交叉研究的门槛要求越来越高，需要的团队合作能力越来越强，需要研究者或者团队成员必须学习和掌握专门的软硬件配置与基本操作。

## 二、引文空间方法的特征

### （一）方法的形式特征：可视化（visualization）

作为回应大数据、互联网和读图时代三期叠加新语境的人类科学研究与知识传播的新状态与新范式，以引文空间为代表的文献计量学可视化研究方法，在其引文分析学科基础与信息可视化技术基础的双重加持下，具有了超越传统文字描述的突出的比较优势。对于国内外主流的法学功能数据源/库，如 Web of Science（WOS）、Scopus、CNKI、CSSCI 等，它都可以根据研究者的具体需要，对包括合作网络、共现分析、共被引、文献耦合、双图叠加、作者、机构、国家/地区、关键词、术语、领域、文献、作者、期刊等在内的数据类型进行可视化处理。当然，目前引文空间的软件功能和处理数据源的范围、程度都还在不断演进升级，研究者自身也需要持续不断地跟进学习，更新研究能力。

将研究文献的重要信息数据化，进而对数据可视化呈现，是引文空间方法相比于传统法学等社会科学研究方法最突出的方法形式特征。数据可视化的方式有很多，举其要者，如图形类的数据的尺寸可视化、不同指标或者强弱效果的颜色可视化、主题和效果的图形可视化、地理位置数据的空间（地图）可视化、抽象数据结果的概念可视化等。当然，上述可视化的不同类型，可以根据研究需要和数据类型搭配使用，如空间可视化和颜色可视化等的结合使用。借助可视化的引文空间方法，可以让法学研究的同行与读者非常直观地看到数据自身的特征及数据之间的关系规律。正所谓，"一图展春秋，一览无余；一图胜万言，一目了然"。

总之，引文空间方法通过将法学文献中蕴含的基本观点和现象进行数据化加工处理，可视化地呈现特定法学知识的内在结构、规律和分布情况，揭示某一专题领域的研究热点、研究前沿、知识基础（关键文献）、主要作者和机构，识别并显示相关法学领域的发展新趋势和新动态，并能帮助研究者预测某一法学研究领域的未来发展走向。

### （二）方法的实质特征：循证化（evidence-based）

1. 全面刻画特定研究主题的知识地图

借用普赖斯的科学前沿理论，"论文会因为引证关系而形成网络，人们可以借助于图论和矩阵的方法来加以研究"，"论文一定会聚集成团，而形成几乎绘制成地图的(显示出拥有高地和不可逾越的沼泽地)'陆地'和'国家'"；因为，"参考文献的模式标志科学研究前沿的本质"，所以，可以通过"知识基础"来实现映射"研究前沿"的科研目的。

这样，引文空间方法，就可以超越传统以时间轴(beyond horizon)展开的作者、发表刊物、主要观点等为主要内容的法学文献综述方法，实现对适格法学研究文献中时、空、人等多轴纵横结合的可视化文献模态呈现。典型者可以将宏观层面的国家/地区(country)合作、中观层面的机构(institution)合作和微观层面的学者(author)合作结合起来进行科研合作网络分析，利用更加丰富的统计数据及数据关系来获得和呈现特定研究主题的知识地图。

2. 准确定位特定研究主题的知识转型点(奇点/intellectual turning point)

如罗纳德·伯特(Ronald S. Burt)的结构洞理论(Structural Holes)所指出的那样，个人在社会网络的位置比关系的强弱更为重要，其在网络中的位置决定了个人的信息、资源与权力。即，"处于结构洞位置的个体通过信息过滤获得更多竞争优势与创新能力"(信息优势和控制优势)。[①]引文空间基于此理论，开发出知识网络中关键节点及关键位置的发现技术。借此，研究者可发现特定研究主题方面的知识转折点或奇点。但传统的法学研究，对于某个特定领域的研究主题是否临界知识转折点，是否可能开启新的研究领域和方向，除了依靠名师指点、研究者常年积累，以及不确定的学术运气、可遇不可求的学术顿悟之外，无法高效地获得科学性与确定性的方法保证。这使得包括法学在内的人文社会科学研究，不管是科研成果的含金量，还是对学科建设与人类社会的贡献度，都具有很大的偶然性和不确定性。这样，很可能浪费学者与科研团队的学术生命、浪费宝贵的学术资源，更可能错失抓住和促成重大科研成果的最佳良机。

3. 完整呈现特定研究主题的知识趋势(emerging trends)

包括法学在内的所有知识域，都是无数与时俱进、"苟日新、日日新、又日新"的研究主题或领域所组成的。根据库恩的科学发展模式理论，存在着"前科学与范式形成→常规科学与范式积累→科学危机与范式解体→科学革命与范式变革→新常规科学与新范式形成"的科学发展模式。它深刻地阐释了引文空间知识图谱上引文聚类的形成、积累、扩散、转换进程，可以揭示特定知识领域研究前沿的突现与演变进程。库恩范式理论所描述和揭示的科学发展与科学革命的历史进程，同以引文分析为基础的引文空间科学知识图谱所展示的知识领域形成与演变历程，在宏观结构上存在着惊人的类似，显示出科学哲学的哲学思维方式与知

① 1992年，伯特在《结构洞：竞争的社会结构》提出。参见聂磊."结构洞"理论分析——解析《结构洞：竞争的社会结构》[J]. 群文天地，2011(16)：280-281.

识图谱的视觉思维方式的内在统一性。库恩关于范式的说明，本质上是知识单元的组合，它同时为用范式积累与变革理论来解读图谱基于知识单元的聚类积累与转换提供了合理性依据。库恩关于发现的涌现、经典著作是科学的转折点等的观点，也仿佛预见到了引文空间共引网络图谱中关键节点论著的被引突现性和转折点特征。

## 三、引文空间方法的意义

引文空间作为一种科研文献信息的可视化工具，旨在改变"大智移云"时代人类看待世界的方式。在科学知识图谱中的"看"，包含了"搜索"和"解读"两个步骤。它所具有的理论和实践意义，主要体现为以下三个方面。

首先，作为一种新的跨学科科研方法，它可以帮助科研人员更好地理解科研业务的底层逻辑。引文空间方法所内含的数学思维——从不确定性中找到确定性、用动态的眼光看问题、公理体系、数字的方向性，以及全局最优和达成共赢等，目的是让人文社科学者通过训练数学思维，获得符合规律的思维方式，也即古人所言"从心所欲不逾矩"。最终看到大数据关系背后的人类轻易无法洞察且支配我们行为的规律与边界，实现科研活动及其研究结论真正服务于现实人类的从心所欲的自由。不仅如此，信息觅食理论也揭示了，包括法学研究者在内人们在网络环境中的信息搜寻行为和信息搜寻过程，始终遵循着信息效率原则，即都谋求以其最小搜索成本获取最大利益。

其次，在法学科研实践中，借助引文空间的方法，可以有效提升科研工作的效率。通过引文空间的数据可视化，可以全面提高科研人员与组织根据需要查找所需信息的能力，并且比其他不具有此能力的同行能够更高效地完成科研工作，抢占学术制高点。经验数据已经证明，使用可视化数据发现和处理工具的科研组织团队，其科研工作效果都会得到较大幅度的提升。因此，引文空间被称为发核心论文的必备利器，还可加强科研信息传递的效率。因为对人类而言，通过视觉和图像比文本和数字更容易吸收和掌握信息。引文空间的数据可视化，使读者能够接收有关特定主题科学研究的大量生动信息；数据可视化还允许决策者查看多维数据集间的连接，并通过使用热图、地理图和其他丰富的图形表达来提供解释数据的新方法。可以快速识别最新科研趋势。海量的电子化科研数据，可以为法学研究者提供对科研新趋势和机会的洞察力；使科研机构的决策者借助可视化数据，更快地把握跨学科的研究人员的科研行为和学术市场的条件环境变化。

引文空间的数据分析过程，一般包括以下几个部分：数据处理、建立项目或设置参数、可视化结果、结合图谱结果进行初步解读、分析结果并完成撰写报告。数据采集及数据处理的重点，在于熟悉主流中、外文文献数据库，以及不同文献数据库的特点与检索策略，以保证对于研究主题所需数据全面、准确、无遗漏地获得采集，为后续研究打好坚实、可信的基础；同时还应遵循一些科学规范的包括背对背双盲筛选、争议小组研讨、业内专家咨询等数据预处理流程和方法。至于引文空间分析软件、安装及界面功能，甚至手把手按图索骥的案例数据分析等，在相关软件安装及分析方法的指南中①，都有详细讨论。

最后，借助引文空间文献计量学方法展开法学研究，需要围绕特定科研主题和项目建立专门的数据工程；进而结合引文空间的理论基础与技术构架，掌握包括词频和共词分析、关键词共现网络、术语共现网络、领域共现网络等基础分析手段，以及更加高端复杂的共被引和耦合网络分析、科研合作网络分析等数据分析的关键步骤、解读方法特别是知识意图。例如，某一研究主题的知识基础是由共被引文献集合组成的，而其研究前沿则是由引用这些知识基础的施引文献集合组成的。当然，引文空间的一些高级功能，目前还主要是在其原生的英文科研环境及数据库系统中，才能够得到比较好的实现，如网络图层的叠加分析、网络的结构变异分析、期刊的双图叠加分析、全文本挖掘及可视化，以及引文空间与MySQL 和外部软件结合，等等。

## 第二节　引文空间方法的法学例证

在这一节中，我们将通过对选定主题的文献计量学分析，来展现大数据背景下的全新交叉学科特征的循证方法——引文空间方法，在法学研究中引入的可能性，对比其分析方法的优长，探讨其未来的应用前景。特别是想通过对比研究，试图为传统法学研究中的文献综述方法找到更加科学的方法替代与实证操作路径。

为此，我们基于两方面的考虑，一是选题应该符合文献计量学研究的方法要求，二是能够弥补法循证学研究的内容空白，最后选定国际法循证学研究的现状评价为研究主题。目的在于通过对国际法循证学相关文献的可视化分析，全面了解法循证学领域的国际研究与发展现状。具体通过以科学网（Web of Science）核心合集中的社会科学引文索引（Social Sciences Citation Index, SSCI）收录的相关文献为对象，运用引文空间方法进行作者、国家、机构、关键词共词分析，对被引作者、被引文献进行共被引分析，对被引文献和关键词进行聚类分析，绘制并分析总结可视化图谱。

① 李杰. CiteSpace 中文版指南[EB/OL]. (2017-07-18). http://blog.sciencenet.cn/blog-554179-1066981.html.

## 一、资料与方法

### (一)来源与策略

我们的资料来源于科学网的核心合集社会科学引文索引,围绕研究主题确定了如下关键词及表达变体作为检索策略,即"系统评价/systematic review"与"元分析"及其变体/"meta-analysis""meta-analyses""meta analysis""meta analyses";"元集成"及其变体/"meta-synthesis""meta synthesis""meta-syntheses""meta syntheses";"元评价"及其变体/"meta-review""meta review";"概括评价"/"scoping review";"快速评价"/"rapid review";"元分析"/"meta-analyses"与"法循证学"/"evidence-base law"。检索的时间跨度从数据库收录第一篇相关适格文献的 2000 年至检索日,检索的文献类型限定为论文或综述(article or review),文献类别为法律或犯罪学(law or criminology penology),共获得适格文献 2081 篇,每条记录导出为全记录与引用的参考文献。

### (二)研究方法

将科学网中下载的全记录与引用的参考文献,导入引文空间 5.1.R8 SE。设置参数:时间分区选择为"1",主题词来源默认全选,top $N$ 选择 100。即在每个时间片(time slice)中提取 100 个被引次数最高的文献。$N$ 越大,生成的网络将相对越全面。节点类型分别选取作者、机构、国家、关键词作共现分析,生成共现图谱;对被引作者、被引文献进行共被引分析,生成可视化图谱;对共被引文献、关键词作聚类分析,生成聚类图谱。

## 二、检索结果分析

### (一)文献年份

从图 6.1 我们可以看出,国际法循证学论文经历了从无到有[1]、稳定递增的发展历程。在 2004 年达到了 50 篇,在 2009 年突破了 100 篇,2016 年至 2017 年发文量到达峰值,分别为 283 篇和 259 篇。上述趋势表明,国际法循证学研究近年来,发文量随时间变化而逐年攀升,呈现出了良好的发展势头。

### (二)发文作者

在引文空间中选择 top $N$ 为 100 进行分析,不对网络进行剪切,其他设置为

---

[1] Wood R M, Grossman L S, Fichtner C G.Psychological assessment, treatment, and outcome with sex offenders[J]. Behavioral Sciences and the Law, 2000, 18(1): 23-41.

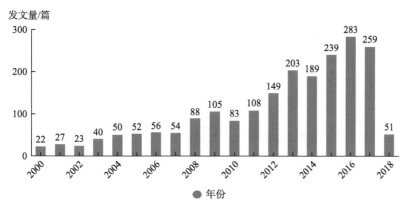

图 6.1 发文量随时间变化趋势

默认，得到节点数为 281、连线数为 316 的如下作者合作网络图，即 281 名法循证学发文作者之间有 316 条合作连线（图 6.2、图 6.3、图 6.4）。作者频次前 5 位

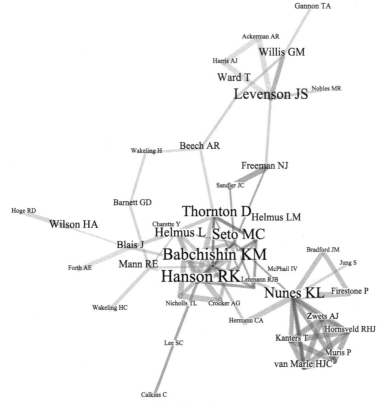

图 6.2 作者合作网络最大子网络

注：由于统计所使用的引文空间 5.1.R8 SE 的格式要求，本章统计图表中所涉及的外文文献作者姓名，
均采取了不同于全书的格式

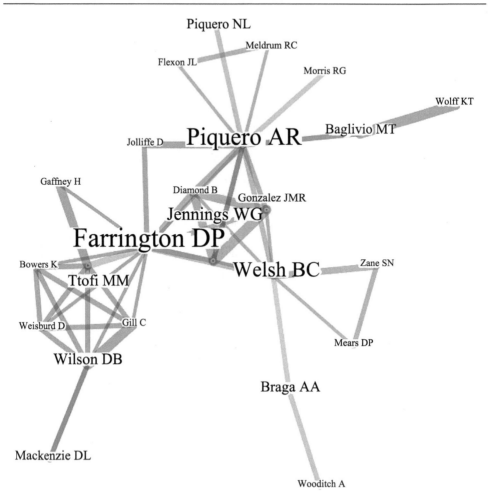

图 6.3　作者合作网络次大网络

作者分别是法林顿（Farrington D P，31 次）、奥尔佛（Olver M E，24 次）、施塔姆斯（Stams G J J M，23 次）、汉森（Hanson R K，21 次）和沃尔特斯（Walters G D，21 次）。国际法循证学作者合作网络，共形成了三个比较大的子网络。其中，图 6.2 是作者合作网络最大子网络，以汉森、巴布奇沙（Babchishin K M）、濑户（Seto M C）为中心，共有 41 名作者；图 6.3 是作者合作网络最大次网络，以法林顿、皮克罗（Piquero A R）为中心，共有 24 名作者；图 6.4 是作者合作网络第三大子网络，以施塔姆斯为中心，共有 18 名作者。由此，我们可以发现，发文量多的作者往往处于作者合作网络的中心；国际法循证学研究作者已经形成了三个比较大的合作比较紧密的研究团队。

为了更好地展现作者之间的合作关系，补充图 6.4 中无法纳入的内容，从时

图 6.4　作者合作网络第三大网络

间轴上分析国际法循证学发文作者之间的合作关系与变化特点，在引文空间中选择以时区（time zone）的方式呈现作者合作关系，生成作者合作网络时区图（图 6.5）。由此，可以发现以汉森为中心的作者合作最大子网络，也是最早在 2000 年就已经发表了法循证学论文的国际团队，整体上早于以法林顿为中心的作者合作最大次网络。以施塔姆斯为中心的作者合作第三大子网络，则是发文时间最晚的国际团队。而且，自 2012 年开始，法循证学国际发文作者明显增多。

　　从对共被引作者的分析中，可以发现国际法循证学研究领域具有代表性和影响力的作者。在引文空间中将选择标准设为"top100"，将时间切片设置为 1，得到节点数为 771、连线数为 3789 的共被引作者网络图。即共被引的 771 名作者中有 3789 条连线（图 6.6）。作者共被引的频次前 5 分别是：安德鲁斯（Andrews D A，608 次）、汉森（593 次）、利普西（Lipsey M W，340 次）、甘德劳（Gendreau P，334 次）和本塔（Bonta J，314 次）。由此，我们可以发现，安德鲁斯和汉森等是国际法循证学研究领域最具影响力和代表性的作者。

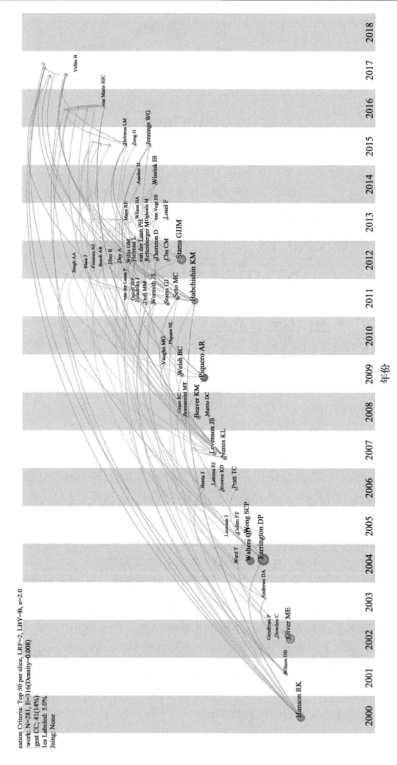

图 6.5 作者合作网络时区图

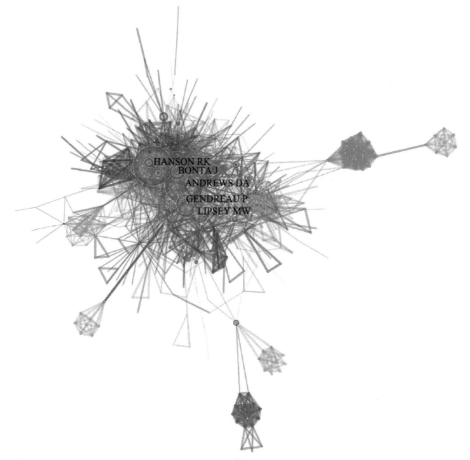

图 6.6　作者共被引图谱

## （三）发文国家或地区

　　发文国家或地区网络图，能够很好地反映国际法循证学的纵向研究情况及各国的科研实力。在引文空间中选择标准为"top100"，将时间切片设置为 1，得到节点数为 31、连线数为 101 的国家或地区合作网络图，即 31 个国家或地区有 101条连线（图 6.7）。频次前 5 的为美国（984 次）、加拿大（364 次）、英国（306 次）、荷兰（134 次）和澳大利亚（131 次）。中国的国际发文频次为 13 次，远远落后于上述领先国家。从数量上来看，国际法循证学研究，在国家或地区之间的发展也很不平衡，美国在法循证学研究领域发展迅速，远远超过其他国家。从合作情况看，发文量多的国家或地区与其他国家或地区的合作关系更为紧密，处于网络的中心位置。

图 6.7　国家或地区合作网络图

　　为了更好地展现国家或地区之间的合作关系，从时间上分析各国法循证学的研究历程，在引文空间选择以时空的方式呈现国家或地区合作关系，生成国家合作网络时区图(图 6.8)。我们可以发现，美国、加拿大、英国、瑞典法循证学研究起步最早，随后是澳大利亚、荷兰和新西兰，中国法循证学研究则是在 2014 年开始走出国门[①]，参与国际化学术合作和交流的。

　　(四) 合作机构

　　机构合作网络图能够反映机构的科研实力和机构之间的合作情况。在引文空间中选择标准为 "top100"，将时间切片设置为 1，得到节点数为 257、连线数为 549 的机构合作网络图，即 257 个机构有 549 条连线(图 6.9)。频次前 5 名的为美国卡尔顿大学(Carleton University, 73 次)、英国剑桥大学(University of Cambridge, 61 次)、美国辛辛那提大学(University of Cincinnati, 57 次)、英国诺丁汉大学(University of Nottingham, 49 次)和荷兰阿姆斯特丹大学(University of Amsterdam, 49 次)。机构频次前 5 名中有两所美国大学、两所英国大学、一所荷兰大学，与上述国家或地区的发文量排名基本一致。

------

① Yang Y, Chen F, Xu K, et al. Self-control strength in prison inmates with antisocial personality disorder[J]. The Journal of Forensic Psychiatry & Psychology, 2014, 25(5): 613-622.

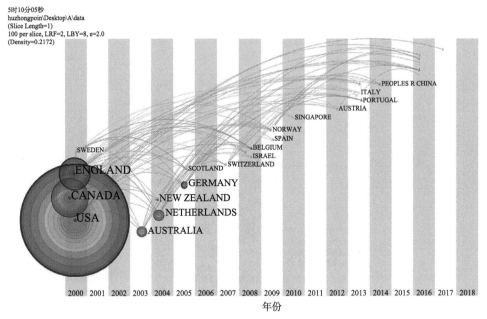

5时10分05秒
huzhongpoin\Desktop\A\data
(Slice Length=1)
100 per slice, LRF=2, LBY=8, e=2.0
(Density=0.2172)

图 6.8　国家合作网络时区图

## （五）被引文献

在引文空间中选择"top100"，得到节点数 1717、连线数 5543 的被引文献网络图，即 1717 篇被引文献有 5543 条连线（图 6.10），形成了国际法循证学研究前沿的知识基础文献和著作的共被引网络。从共被引文献频次前 10 名的文献信息表（表 6.1），我们可以发现：安德鲁斯、汉森、曼恩（Mann RE）和杨（Yang M）是国际法循证学领域的高被引作者，与上文共被引作者相呼应、相一致。安德鲁斯有两篇被引文献属于著作，即《犯罪行为心理学（第五版）》（*Psychology of Criminal Conduct, 5th Edition*）和《犯罪行为心理学》（*The Psychology of Criminal Conduct*）。作为澳大利亚著名法学家，安德鲁斯的研究重点在于犯罪心理学，汉森和曼恩的研究重点主要是性犯罪矫正，而杨则主要侧重于暴力预测的有效性。

在引文空间中对共被引文献进行聚类，以对数似然率（log-likelihood ratio）命名，共得到 20 个共被引文献聚类（图 6.11）。其中，聚类的轮廓（silhouette）值越接近 1，聚类的同质性越高（表 6.2），共被引文献聚类的轮廓值介于 0.749～0.999 之间，同质性较好。值得注意的是，当聚类成员较少时，轮廓值的信度会降低。聚类#15、#16、#19、#34 和#44 因其容量太小，轮廓值不具有可信度。并且，在这 20 个聚类中，容量较大的 8 个聚类容量占被分析文献量的 70% 以上，具有代表性。因此，本节主要对容量较大的 8 个聚类进行分析。这些聚类标签是通过

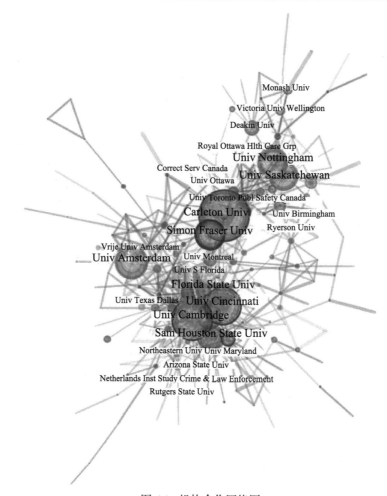

图 6.9　机构合作网络图

**表 6.1　共被引频次排名前 10 名的被引文献**

| 序号 | 频次/次 | 文献名 | 作者(发表时间) |
|---|---|---|---|
| 1 | 156 | 犯罪行为心理学(第五版)(Psychology of Criminal Conduct, 5th Edition) | Andrews D A (2010) |
| 2 | 156 | 性犯罪者再犯风险评估的准确性:一个 118 项预测研究的元分析 (The accuracy of recidivism risk assessments for sexual offenders:A meta-analysis of 118 prediction studies) | Hanson R K (2009) |
| 3 | 143 | 性犯罪惯犯的特征：累犯研究的元分析 (The characteristics of persistent sexual offenders：A meta-analysis of recidivism studies) | Hanson R K (2005) |
| 4 | 85 | 有效矫正治疗原则对性犯罪者适用性：一个元分析 (The principles of effective correctional treatment also apply to sexual offenders: A meta-analysis) | Hanson R K (2009) |

续表

| 序号 | 频次/次 | 文献名 | 作者(发表时间) |
|---|---|---|---|
| 5 | 77 | 再犯预测：性犯罪者再犯研究的元分析<br>（Predicting relapse: A meta-analysis of sexual offender recidivism studies） | Hanson R K (1998) |
| 6 | 71 | 性再犯风险评估：若干有心理学意义的危险因素的建议<br>（Assessing risk for sexual recidivism: Some proposals on the nature of psychologically meaningful risk factors） | Mann R E (2010) |
| 7 | 66 | 恢复性刑事司法政策与实践<br>（Rehabilitating criminal justic policy and practice） | Andrews D A (2010) |
| 8 | 60 | 犯罪行为心理学（The Psychology of Criminal Conduct） | Andrews D A (2006) |
| 9 | 58 | 过往和即期风险与需求评估<br>（The recent past and near future of risk and/or need assessment） | Andrews D A etc. (2006) |
| 10 | 54 | 暴力预测的有效性：九种风险评估工具的元分析比较<br>（The efficacy of violence prediction: A meta-analytic comparison of nine risk assessment tools） | Yang M (2010) |

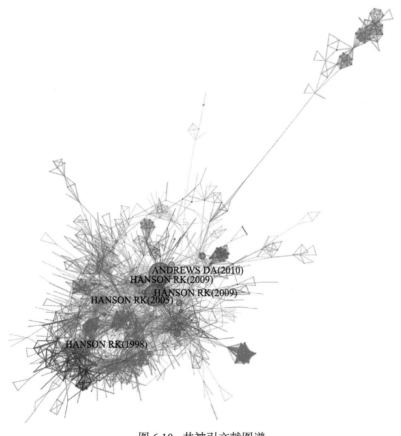

图 6.10　共被引文献图谱

图 6.11　共被引文献聚类图

**表 6.2　共被引文献聚类信息**

| 聚类 ID | 平均年份 | 容量 | 轮廓值 | 关键词标签 | 包含的主要关键词 |
|---|---|---|---|---|---|
| #0 | 1999 | 188 | 0.778 | young sex offender | young sex offender (7505.42, 1.0E-4) ; sexual predator evaluation (4370.43, 1.0E-4) ； evidentiary reliability (4370.43, 1.0E-4) ； considering issue (4370.43, 1.0E-4) ； psychological assessment (2756.19, 1.0E-4) |
| #1 | 2009 | 142 | 0.781 | predictive validity | predictive validity (3434.56, 1.0E-4) ； general risk (2507.46, 1.0E-4) ； young offender (2015.55, 1.0E-4) ； need assessment (1840.21, 1.0E-4) ； probation practice (1840.21, 1.0E-4) |

续表

| 聚类 ID | 平均年份 | 容量 | 轮廓值 | 关键词标签 | 包含的主要关键词 |
|---|---|---|---|---|---|
| #2 | 2008 | 140 | 0.749 | predictive accuracy | predictive accuracy (3241.05, 1.0E-4)；static-2002r sex offender risk assessment (2540.41, 1.0E-4)；absolute recidivism rate (2540.41, 1.0E-4)；offender characteristics (2242.85, 1.0E-4)；treatment change (2242.85, 1.0E-4) |
| #3 | 2003 | 89 | 0.857 | pcl-r total | pcl-r total (3164.85, 1.0E-4)；inter-rater reliability (3164.85, 1.0E-4)；personality feature (3164.85, 1.0E-4)；behavioral feature (3164.85, 1.0E-4)；psychopathic sex offender (3164.85, 1.0E-4) |
| #4 | 2004 | 86 | 0.938 | relative effectiveness | relative effectiveness (2488.98, 1.0E-4)；systematic foundation (2488.98, 1.0E-4)；sex offender (837.43, 1.0E-4)；sex offender treatment consumer (831.67, 1.0E-4)；study characteristics (578.32, 1.0E-4) |
| #5 | 2002 | 78 | 0.911 | presidential address | presidential address (2973.49, 1.0E-4)；American society (2973.49, 1.0E-4)；cognitive skills programme (1529.77, 1.0E-4)；substance abuse programming (1180.96, 1.0E-4)；female offender (1180.96, 1.0E-4) |
| #6 | 2005 | 69 | 0.888 | study characteristics | study characteristics (1408.08, 1.0E-4)；recidivism base rate (1408.08, 1.0E-4)；juvenile sex offender recidivism (1408.08, 1.0E-4)；sexual offense (1102.74, 1.0E-4)；individual belief (1077.8, 1.0E-4) |
| #7 | 2008 | 61 | 0.921 | systematic review | systematic review (2213.94, 1.0E-4)；delinquency prevention program (1164.91, 1.0E-4)；gender difference (1164.91, 1.0E-4)；school-based program (397.9, 1.0E-4)；social learning theory (238.09, 1.0E-4) |
| #8 | 2003 | 54 | 0.997 | adolescent delinquent involvement | adolescent delinquent involvement (2969.48, 1.0E-4)；non-shared environmental infuence (2969.48, 1.0E-4)；negligible parenting infuence (1203.75, 1.0E-4)；delinquent peer (1203.75, 1.0E-4)；sex offender (84, 1.0E-4) |
| #9 | 2011 | 54 | 0.896 | violent offender | violent offender (3841.78, 1.0E-4)；within-treatment change (2527.52, 1.0E-4)；violence risk (1645.21, 1.0E-4)；violent recidivism (1501.83, 1.0E-4)；therapeutic change (1247.96, 1.0E-4) |
| #10 | 2011 | 46 | 0.96 | Psycho-social outcome | Psycho-social outcome (2952.18, 1.0E-4)；childhood adversity (2952.18, 1.0E-4)；adverse childhood experience (1482.66, 1.0E-4)；arrest pattern (1315.94, 1.0E-4)；sexual offender (436.91, 1.0E-4) |

续表

| 聚类 ID | 平均年份 | 容量 | 轮廓值 | 关键词标签 | 包含的主要关键词 |
|---|---|---|---|---|---|
| #11 | 2009 | 41 | 0.965 | online sexual offense | online sexual offense (3366.46, 1.0E-4)；online sex offender (537.23, 1.0E-4)；sex offender (36.66, 1.0E-4)；young sex offender (31.47, 1.0E-4)；predictive validity (27.5, 1.0E-4) |
| #12 | 2005 | 37 | 0.999 | trial research | trial research (1882.59, 1.0E-4)；future direction (961.81, 1.0E-4)；meta-analytic review (671.25, 1.0E-4)；sex offender (28.8, 1.0E-4)；young sex offender (24.72, 1.0E-4) |
| #13 | 2009 | 35 | 0.954 | reactive violence | reactive violence (1900.65, 1.0E-4)；national survey (35.41, 1.0E-4)；violent person legislation (35.41, 1.0E-4)；sex offender (14.38, 0.001)；young sex offender (12.34, 0.001) |
| #14 | 2003 | 32 | 0.888 | local context | local context (304.95, 1.0E-4)；generic juvenile risk assessment instrument (304.95, 1.0E-4)；theoretical lesson (304.95, 1.0E-4)；re-offense risk (283.31, 1.0E-4)；assessment measure (275.89, 1.0E-4) |
| #15 | 2005 | 25 | 0.975 | violent predator proceedings evidence | violent predator proceedings evidence (620.98, 1.0E-4)；risk assessment measure (620.98, 1.0E-4)；adversarial allegiance (620.98, 1.0E-4)；forensic evaluation (620.98, 1.0E-4)；violent predator (298.17, 1.0E-4) |
| #16 | 2012 | 23 | 0.954 | juvenile delinquent | juvenile delinquent (742.76, 1.0E-4)；social skills training (742.76, 1.0E-4)；post-treatment change (742.76, 1.0E-4)；self-conscious emotion (726.78, 1.0E-4)；callous-unemotional trait (170.06, 1.0E-4) |
| #19 | 2009 | 11 | 0.984 | prevalence rate | prevalence rate (255.15, 1.0E-4)；physical disability (255.15, 1.0E-4)；protective factor (185.66, 1.0E-4)；special group (27.76, 1.0E-4)；providing eye witness (13.86, 0.001) |
| #34 | 2001 | 4 | 0.997 | self-appraisal violence | self-appraisal violence (35.83, 1.0E-4)；high-risk drug offender (35.83, 1.0E-4)；pre-release general offender (17.79, 1.0E-4)；dynamic assessment (7.3, 0.01)；predictive validity (4.79, 0.05) |
| #44 | 1997 | 3 | 0.998 | subsequent violence | subsequent violence (20.25, 1.0E-4)；treatment involvement (20.25, 1.0E-4)；civil psychiatric patient (5.98, 0.05)；sex offender (0.25, 1.0)；young sex offender (0.21, 1.0) |

相关算法对施引文献标题进行提取而生成的，反映的是国际法循证学研究前沿领域。

聚类#0 容量最大，包含 188 篇文献，轮廓值为 0.778，同质性较好，相似度较高。标签为该聚类中出现频次最高的词，即青少年性犯罪者 (young sex offender)，主要内容为青少年性犯罪者(young sex offender)心理评估(psychological assessment)的证据可靠性(evidentiary reliability)问题(considering issue)及性掠夺者的评价(sexual predator evaluation)。该聚类的平均年份为 1999 年。[①]

聚类#1 是第二大聚类，包含 142 篇文献，轮廓值为 0.781，同质性较好，相似度较高。标签为预测的有效性(predictive validity)，主要内容为青少年罪犯(young offender)缓刑实习(probation practice)的预测有效性(predictive validity)、一般风险(general risk)和需求评估(need assessment)。该聚类的平均年份为 2009 年。[②]

聚类#2 是第三大聚类，包含 140 篇文献，轮廓值为 0.749，略低于聚类#0 和聚类#1，同质性较好。标签为预测的准确性(predictive accuracy)，主要内容为性犯罪风险评估(static-2002r sex offender risk assessment)、完全的累犯率(absolute recidivism rate)、罪犯性格(offender characteristics)预测的准确性(predictive accuracy)和处理改变(treatment change)。该聚类的平均年份为 2008 年。[③]

聚类#3 是第四大聚类，包含 89 篇文献，轮廓值为 0.857，高于前三个聚类，同质性好，相似度高。标签为病态人格检索表(pcl-r total)，主要内容为病态人格检索表(pcl-r total)对精神病性性犯罪者(psychopathic sex offender)人格特征(personality feature)和行为特征(behavioral feature)的评分信度(inter-rater reliability)。该聚类的平均年份为 2003 年。[④]

聚类#4 是第五大聚类，包含 86 篇文献，轮廓值为 0.938，非常接近 1，在这 8 个聚类中最高，同质性很好，相似度高。标签为相对效率(relative effectiveness)，主要内容为性犯罪者(sex offender)和性犯罪者治疗消费者(sex offender treatment consumer)的相对效率(relative effectiveness)、系统基础(systematic foundation)和研究特征(study characteristics)。该聚类的平均年份为 2004 年。[⑤]

聚类#5 是第六大聚类，包含 78 篇文献，轮廓值为 0.911，接近 1，同质性很好，相似度高。标签为学会会长讲话(presidential address)；主要内容学会会长讲

① Langstrom N, Grann M. Risk for criminal recidivism among young sex offenders[J]. Journal of Interpersonal Violence, 2000, 15(8): 855-871. 这篇论文引用了聚类#0 中 11%的文献。

② Andrews D A, Bonta J, Wormith J S, et al. Sources of variability in estimates of predictive validity:A specif cation with level of service general risk and need[J]. Criminal Justice and Behavior, 2011, 38(5): 413-432. 这篇论文引用了聚类#1 中 6%的文献。

③ Helmus L, Hanson R K, Thornton D, et al. Absolute recidivism rates predicted by static-99r and static-2002r sex offender risk assessment tools vary across samples: A meta- analysis[J]. Criminal Justice and Behavior, 2012, 39(9): 1148-1171. 这篇论文引用了聚类#2 中 8%的文献。

④ Edens J F, Boccaccini M T, Johnson D W. Inter-rater reliability of the PCL-R total and factor scores among psychopathic sex offenders: Are personality features more prone to disagreement than behavioral features?[J]. Behavioral Science & the Law, 2010, 28(1): 106-119. 这篇论文引用了聚类#3 中 16%的文献。

⑤ Levenson J, Letourneau E, Armstrong K, et al. Failure to register as a sex offender: Is it associated with recidivism?[J]. Justice Quarterly,2010, 27(3): 305-331. 这篇论文引用了聚类 4#中 15%的文献。

话(presidential address)、美国社会(American society)、认知技能计划(cognitive skills programme)、药物滥用计划(substance abuse programming)、女性罪犯(female offender)。该聚类的平均年份为 2002 年。①

聚类#6 是第七大聚类，包含 69 篇文献，轮廓值为 0.888，同质性较好，相似度较高。标签为研究特征(study characteristics)，主要内容为少年性犯罪再犯(juvenile sex offender recidivism)、性犯罪(sexual offense)的研究特征(study characteristics)、累犯基数(recidivism base rate)和个人信仰(individual belief)。该聚类的平均年份为 2005 年。②

聚类#7 是第八大聚类，包含 61 篇文献，轮廓值为 0.921，接近 1，略低于聚类#4 的轮廓值，同质性很好，相似度很好。标签为系统评价(systematic review)，主要内容为系统评价(systematic review)、预防犯罪计划(delinquency prevention program)、性别差异(gender difference)、以学校为基础的计划(school-based program)、社会学习理论(social learning theory)。该聚类的平均年份为 2008 年。③

为了更好地展现共被引文献的聚类情况，从时间上分析国际法循证学研究前沿随时间的变化情况，在引文空间中选择以时间线(timeline)的方式呈现共被引文献聚类(图 6.12)。我们可以发现，聚类#0 是国际法循证学早期研究热点(1992—2004 年)，随后是聚类#5 和聚类#3。聚类#1 和聚类#2 是最近十年来国际法循证学的研究热点与重点。

为了更好地分析国际法循证学研究前沿的变化情况，在引文空间中选择突发(burstness)，检测被引文献的突发性(表 6.3)。被引文献的突发性主要是指被引文献引文频次在短期内所发生的很大变化。对比表 6.3 和表 6.1，我们可以发现，汉森的论文《再犯预测：性犯罪者再犯研究的元分析》(Predicting relapse：A meta-analysis of sexual offender recidivism studies)和《性犯罪惯犯的特征：累犯研究的元分析》(The characteristics of persistent sexual offenders: A meta-analysis of recidivism studies)，安德鲁斯的著作《犯罪行为心理学(第五版)》(Psychology of Criminal Conduct，5th Edition)、《犯罪行为心理学》(The Psychology of Criminal

① Cullen F T. The twelve people who saved rehabilitation: How the science of criminology made a difference-The American society of criminology 2004 presidential address[J]. Criminology, 2005, 43(1): 1-42. 这篇论文引用了聚类#5 中 13%的文献。

② Caldwell M F. Study characteristics and recidivism base rates in juvenile sex offender recidivism[J]. International Journal of Offender Therapy and Comparative Criminology, 2010, 54(2): 197-212. 这篇论文引用了聚类#6 中 14%的文献。

③ Welsh B C, Rocque M. When crime prevention harms: a review of systematic reviews[J]. Journal of Experimental Criminology, 2014, 10(3): 245-266. 这篇论文引用了聚类#7 中 16%的文献。

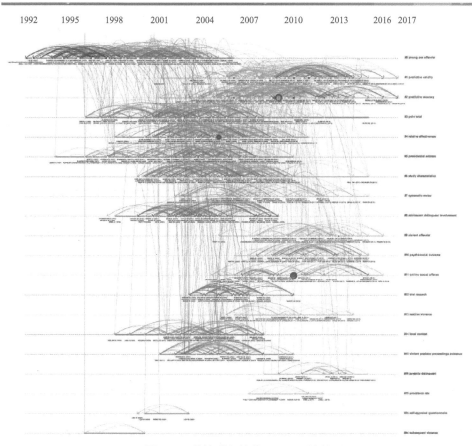

图 6.12　共被引文献的 timeline 呈现

**表 6.3　突发文献**

| 突发 | 引文 | 作者(发表时间) | 聚类 ID |
|---|---|---|---|
| 41.07 | 再犯预测：性犯罪者再犯研究的元分析/Predicting relapse：A meta-analysis of sexual offender recidivism studies | Hanson R K (1998) | #0 |
| 27.51 | 犯罪行为心理学(第五版)/Psychology of Criminal Conduct, 5th Edition(著作) | Andrews D A (2010) | #11 |
| 26.55 | 性犯罪惯犯的特征：累犯研究的元分析/The characteristics of persistent sexual offenders: A meta-analysis of recidivism studies | Hanson R K (2005) | #4 |
| 22.81 | 暴力罪犯：风险评估与管理/Violent Offenders：Appraising and Managing Risk(著作) | Quinsey V L (1998) | #0 |
| 21.74 | 精神障碍罪犯的犯罪与暴力再犯预测：一个元分析/The prediction of criminal and violent recidivism among mentally disordered offenders：A meta-analysis | Bonta J (1998) | #0 |
| 21.21 | 犯罪行为心理学/The Psychology of Criminal Conduct(著作) | Andrews D A (1998) | #5 |

续表

| 突发 | 引文 | 作者(发表时间) | 聚类 ID |
|---|---|---|---|
| 17.97 | 精神障碍的诊断和统计手册/Diagnostic and Statistical Manual of Mental Disorders(著作) | American Psychiatric Association (2013) | #9 |
| 16.95 | 成人罪犯再犯预测因素的元分析：什么管用！/A Meta-analysis of the predictors of adult offender recidivism：What works! | Gendreau P (1996) | #0 |
| 15.37 | 犯罪行为心理学/The Psychology of Criminal Conduct(著作) | Andrews D A (2003) | #5 |
| 14.78 | 六种风险评估工具对成人性犯罪者的预测准确性的评估/Evaluating the predictive accuracy of six risk assessment instruments for adult sex offenders | Barbaree H E (2001) | #0 |

*Conduct*)不仅是高被引文献，也是突发性较高的文献。这表明性犯罪者累犯研究和犯罪行为心理学一度成为国际法循证学研究的热点，而上述文献也成为这些研究领域的知识基础。另外，暴力犯罪者的评估和管理、精神错乱罪犯中的刑事和暴力累犯的预防、成人犯罪者累犯及成人性犯罪者的预防都一度成为国际法循证学的研究热点。值得注意的是，美国精神医学学会(American Psychiatric Association)2013 年出版的《精神障碍的诊断和统计手册》（*Diagnostic and statistical manual of mental disorders*）的突发性较高，说明国际法循证学对精神障碍的关注，也说明国际法循证学研究与心理学研究密切相关，这要求研究者具备相应的心理学知识。

### (六)关键词

文献的关键词能够系统全面地反映文献的研究内容，因此，对关键词进行分析能够展现国际法循证学研究的热点与前沿。在引文空间中选择标准为"top100"，得到节点数为 454、连线数为 2907 的关键词网络图谱，即 454 个关键词有 2907 条连线(图 6.13)。根据出现频次较高的关键词(表 6.4)，我们可以发现国际法循证着重于运用元分析方法对累犯、性犯罪、暴力罪犯等问题进行风险评估。

**表 6.4　频次在前 20 的关键词信息**

| 序号 | 频次/次 | 关键词 | 序号 | 频次/次 | 关键词 |
|---|---|---|---|---|---|
| 1 | 1597 | 元分析/meta-analysis | 7 | 201 | 行为/behavior |
| 2 | 598 | 累犯/recidivism | 8 | 201 | 犯罪/crime |
| 3 | 274 | 性犯罪者/sex offender | 9 | 199 | 风险/risk |
| 4 | 271 | 罪犯/offender | 10 | 161 | 青少年/adolescent |
| 5 | 245 | 暴力/violence | 11 | 151 | 心理变态/psychopathy |
| 6 | 244 | 风险评估/risk assessment | 12 | 138 | 预测/prediction |

续表

| 序号 | 频次/次 | 关键词 | 序号 | 频次/次 | 关键词 |
|---|---|---|---|---|---|
| 13 | 137 | 有效/validity | 17 | 108 | 准确性/accuracy |
| 14 | 128 | 不法行为/delinquency | 18 | 108 | 修复/rehabilitation |
| 15 | 123 | 侵害/aggression | 19 | 104 | 影响/impact |
| 16 | 109 | 反社会行为/antisocial behavior | 20 | 104 | 预测的有效性/predictive validity |

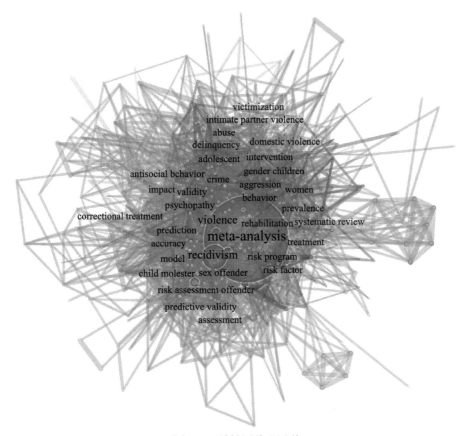

图 6.13　关键词共现图谱

在引文空间中选择对关键词进行聚类，以 log-likelihood ratio 命名，将 454 个关键词聚合得到 10 个聚类（图 6.14）。轮廓值越接近 1，同质性越好。聚类#9 和聚类#10 节点数比较少，因此，轮廓值的可信度不高（表 6.5）。其余 8 个聚类的轮廓值在 0.447 到 0.784 之间，同质性较差。

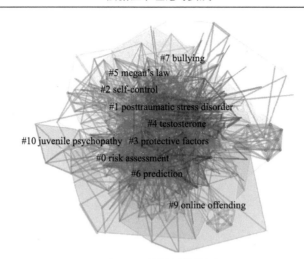

图 6.14　关键词聚类图

**表 6.5　关键词聚类信息表**

| 序号 | 聚类 ID | 节点数 | 轮廓值 | 对数似然率标签 |
|---|---|---|---|---|
| 1 | #0 | 92 | 0.501 | 风险评估/risk assessment |
| 2 | #1 | 77 | 0.447 | 创伤后应激障碍/posttraumatic stress disorder |
| 3 | #2 | 62 | 0.567 | 自我控制/self-control |
| 4 | #3 | 58 | 0.539 | 保护因素/protective factors |
| 5 | #4 | 51 | 0.603 | 睾酮/testosterone |
| 6 | #5 | 32 | 0.729 | 梅根法案/megan's law |
| 7 | #6 | 31 | 0.67 | 预测/prediction |
| 8 | #7 | 30 | 0.784 | 欺凌/bullying |
| 9 | #9 | 9 | 0.948 | 网络犯罪/online offending |
| 10 | #10 | 8 | 0.944 | 青少年精神病/juvenile psychopathy |

## 三、研究结论和讨论

本节中我们运用了文献计量学的引文空间方法，对科学网中收录的法循证学 SSCI 文献，从时间、作者、国家或地区、机构、共被引文献、关键词进行了可视化分析，全面了解国际法循证学研究前沿和现状。

国际法循证学研究自 2000 年以来呈稳步增长的趋势。在作者方面，形成了规模化的研究团队，其中汉森和安德鲁斯是最早开始进行国际法循证学研究的作者[①]，

① 根据表 6.1 和表 6.3，我们可以发现，Hanson R K 和 Andrews D A 在 20 世纪 90 年代就开始了国际法循证学研究。

他们不仅是高被引作者，他们的论文或著作还是高被引文献，具有较高的突发性，构成了国际法循证学研究的知识基础。结合国家或地区和机构来看，我们可知，发文量高的机构主要来自发文量高的国家，我国在国际法循证学方面的研究跟这些国家还有很大的差距。结合共被引文献和关键词来看，可以发现国际法循证学研究前沿集中于性犯罪者、累犯、心理障碍或心理变态等领域。值得注意的是，国际法循证学尤其关注罪犯心理障碍或犯罪心理方面的研究。

从时间上看，法循证学研究自 2000 年以来缓慢发展，近几年发展势头良好，2016 年发文量最高，为 283 篇。从作者来看，形成了三个规模比较大的研究团队，法循证研究团队初具规模，作者之间合作关系比较紧密。其中，汉森不仅是发文量比较高的作者，而且也是被引频次比较高的作者，在法循证学研究领域具有一定的影响力和代表性。从国家或地区以及机构来看，高产作者或机构来自美国、加拿大、英国等，我国法循证学研究的国际化不足，远远落后于上述国家。从共引文献来看，安德鲁斯、汉森的研究被引频次最高，在法循证学研究领域具有一定的影响力，而且目前法循证学的研究重心和热点主要是犯罪心理、性犯罪者的矫正。从关键词来看，法循证学主要运用元分析方法研究累犯再犯风险、性犯罪者矫正等领域。

我们通过对科学网收录的法循证学文献进行可视化分析，共获得 2081 篇适格文献，高产作者主要来自美国，且作者间的合作关系比较紧密。高产国家和机构主要是美国、加拿大和英国的大学。高频关键词为元分析(meta-analysis)、累犯(recidivism)、性犯罪者(sex offender)、罪犯(offender)、暴力(violence)、风险评估(risk assessment)、行为(behavior)等，并形成了 10 个聚类。最终发现了国际法循证学研究领域目前具有代表性的作者、机构，以及国际法循证学目前的研究热点及发展趋势，应该说较为全面地展现了法循证学的国际研究和发展现状，为未来的国际、国内法循证学研究提供了方向。

# 第七章 内容分析方法的法学应用

## 第一节 内容分析方法概述

### 一、内容分析方法的概念

内容分析法(Content Analysis),是一种基于定性研究的量化分析方法,它以定性的问题假设作为出发点,利用定量的统计分析方法和工具对研究对象进行处理,从统计数据中得出定性结论。[①]

内容分析法作为源于大众传播内容研究的方法,发展于 1945 年第二次世界大战后的文化传媒领域。[②]它通过对大众传播信息如书籍、杂志、电影、广播和电视等内容及传播过程的客观、系统和定量描述,来研判某一时段大众传播的内容质量、传播重点,对特定问题的立场、倾向和态度,以及传播内容在特定时期的变化规律,等等。它通过选取大样本传播文本内容中所包含的具有特定信息量的语词、语句,通过定量化实证分析其变化特征,将每个独立样本中表征意义的特定词句纳入大数据的长时段、集体性叙事,通过层层推理获得其背后更加准确和更具共识性的(潜)意义表达。正因此,最初服务于报刊等大众传媒的内容分析方法,现已作为一种重要的文献研究方法,被广泛应用于社会科学研究中。

随着传播研究的深入,内容分析方法逐渐从纯粹分析内容发展到具有统计推理和检定的较复杂的统计分析过程。内容分析的对象是信息,通过信息的分析来推测信源的目的、手段,以及受众的理解和反应。曾任肯尼迪总统时期的美国教育部助理部长和约翰逊总统特别助理的约翰·奈斯比特(John Naisbitt)所书写的,被称为未来学"三部曲"之一的《大趋势》,就是内容分析法的出色与成功范例。现代最早的内容分析被认为是 20 世纪 20 年代美国著名专栏作者李普曼与梅里茨一起为证实美国新闻界存在严重失实弊端所展开的以在美国素有"公正""准确"声誉的《纽约时报》上的有关俄国"十月革命"的报道为例的相关研究尝试。不

---

[①] 朱亮,孟宪学. 文献计量法与内容分析法比较研究[J]. 图书馆工作与研究,2013(6):64-66.

[②] 最早的内容分析方法可以追溯到 18 世纪的美国对报纸非宗教内容的分析。在中国,内容分析法则始于1905—1907 年的《民报》与《新民丛报》间的论战。

管是 1927 年美国政治学家哈罗德·拉斯维尔将统计定量方法引入内容分析，并对世界大战中的宣传技巧特别是大众传播过程与效果进行的开创性科学研究，还是其后学者将内容分析方法运用到提高美军作战士气和改变士兵对战争态度方面的效果研究等，内容分析法的问题导向、科学精神与决策服务功能日益突出，已逐渐成为一种成熟的跨学科实证研究方法为社会科学各领域的研究所采用。

内容分析法作为交叉学科方法引入法学研究，目的是将用语言文字表达的法律文本、法学研究文献和司法文书等研究文献，转换为用数量表示的分析资料，并通过统计数据来描述分析结果。①这种研究方法可以最大限度地弥补传统手工文献研究者无法排除的个人主观色彩，甚至对文献观点的断章取义。它借助现代大数据统计方法对特定研究主题研究文献的定量分析，从方法上保证了在起点上必须将所有研究文献，不分观点臧否，都可以被平等无差别地作为一个有机整体纳入全面、系统的统计分析，而且在终点上追求立足现存文献材料而非研究者主观预设，对特定主题所内含的研究者集体共识与普遍价值观进行凝练与揭示。

由于内容分析的对象不仅包括样本文本中的显性内容信息，也包括隐性内容信息。所谓显性内容，是指与内容分析法相关的、文本信息中所包含的有形的词，即文本中可见的和表面性的内容；区别于显性内容的隐性内容，则是指与内容分析法相关的、话语或图像背后所隐含的意义。隐性内容一般是间接通过外在信息表现出来的那些事件现象或过程的特征、性质。故而，也如同现代人类所普遍具有的综合式思维方式所要求的那样，注重定量分析的内容分析法也并不排除定性分析。实际上，对于大数据统计所获得的材料和数据，只有经过一定的逻辑推理和哲学思辨，才能挖掘、凝练并提升其蕴含的学术价值与实践意义。

根据内容分析法在包括传媒学、教育科学等在内的其他学科研究中积累的成功经验，内容分析法可有效适用于趋势分析、现状分析、比较分析、意向分析等多种研究目标。

一般而言，内容分析法的规范实施，需要经过选择、分类、统计等三个阶段，要经过以下步骤：第一，提出研究问题假设；第二，确定研究范围，从总体中抽取有代表性的样本；第三，制定分类表，确定编码体系，信效度检验，并将研究内容按分类表编码归类；第四，内容标注结果统计计算，分析数据；第五，根据分析结论，提出相应的完善对策建议。

从内容分析法的方法规范出发，需要两个或两个以上独立研究者组成研究团队，在保障相同分析维度，同一分析材料的相互同意信度的前提下，获得可靠、客观、具有可接受一致性的内容分析与评判结果。最后，通过对比分析数据化的评判结果统计资料，客观描述各分析维度(类目)特征及相互关系，继而根据研究

---

① 近年来，内容分析方法越来越多地应用于对总统选举中的潜在内容的分析(屏幕形象、手势、面部表情等)。

主题目标要求，比较得出关于研究对象的时间趋势、内容特征、异同点等方面的实证结论。

作为大数据研究方法，基于我们的实践探索，内容分析法在法学研究中的引入，需要因事制宜地紧扣研究对象的性质与数量。除对于大型研究对象，可以借助新闻传播学中已经成型的常用工具如罗斯特内容挖掘(ROST content mining)等大型研究性工具平台软件外①，在学科适格文献数量有限的情况下，更多时候需要依据上述内容分析法的指导思想和方法规范，借助 Excel 等经典数据统计分析软件来协助完成文本和内容分析。在此，容我们对当今中国法学界热捧社科法学研究的范式转型意义，进行一句应景点评：它真正需要洞悉的是，内容分析方法等类似大数据跨学科实证研究方法的引入，才是真正实现中国法学知识产出在质与量方面转型的生产工具与技术方法保障，才能真正避免对传统法学价值论规范研究的"旧瓶装新酒"式的标签化运用。

## 二、内容分析方法的特征

作为一种全新的研究方法，内容分析法虽然缘起于社会科学的新闻传播等学科领域，但其研究方法属性明显地具有社会科学和自然科学研究方法的交叉性和边缘性。内容分析法有以下三个关键特征。

### (一)系统性

不同于只针对特定研究样本及其个别片断信息的传统分析方法，内容分析法是对长时段或者超广谱范围内的传播信息进行的系统整体研究。这既是因为互联网时代社会科学研究对象的信息化及其所提供的客观条件，同时也是由于大数据互联网时代日益成熟的统计分析方法(软件)所提供的便利，使得我们通过全样本统计或者借助科学抽样等方法，超越传统的支离破碎甚至随心所欲的文献引证研究方法，将研究结论建立在对整体文献特征的把握和描述之上。另外，内容分析法的评价过程也必须坚持系统性要求，即所有纳入分析研究的内容信息，应该以完全相同的编码方法被处理，各个编码员接触研究材料的时间应相同，分析过程必须一致。系统评价意味着研究自始至终只使用一套的评价规则，在研究中交替使用不同的规则会导致结论混淆不清。

这样保证通过内容分析法，不仅能够获得研究内容所载信息的静态特征，而

---

① 该软件涵盖的分析对象，既可以是本地文本类格式的文件，特别是数据库中各类文本字段类型的研究文献，还可以是互联网时代最流行的文本形式如微博、博客、论坛、网页、书籍、聊天记录、电子邮件等等。它所支持的分析方法包括：分词、字频统计、词频统计、聚类、分类、情感分析(含简单和复杂)、共现分析、同被引分析、依存分析、语义网络、社会网络、共现矩阵等。

且还能可视化呈现整个信息的动态传播过程。在阐释传播内容所直接传递的表面信息的同时，依据统计数据的隐藏规律，能合逻辑地推断信息内容与整个传播过程甚至传播效果间的互动关系。

## （二）客观性

根据内容分析法的方法要求，所有研究课题在对选定的对象样本信息进行统计分析时，都要按照内容分析前期阶段所确定的分析题目、制定的评价标准、定义的分析类别和单元等标准要素和操作流程进行，保证被分析的内容严格按照明确无误、前后一致的原则和程序都进行了归类，信息类目的取舍依据的是一致的标准，且每个项目接受分析的机会均等。通过分类操作方式的可重复性，保障了研究方法与结果的客观性。这样，虽然其中不可避免地具有特定研究团队的主观性，但可以最大限度地减少研究人员个人性格和主观偏向对分类结果的影响，避免了传统研究中只有支持研究者假设前提的资料才被纳入研究对象的常见弊端，至少是将归类过程中的主观偏差限制在某种已知范围内。不仅如此，为了获得特定的研究目的，在适当理论观点的指引下，上述具有一定主观性的特定内容信息，在被按照特定评价标准、分析类别和单位确定或转化为定量数据后，其后续的研究过程就具有了客观性，其研究结论也就成为不以研究者个人意志而转移或者所左右的数量分析结果。

一般情况下，研究者都需要在研究成果中充分解释上述标准、程序，特别是抽样和分类方法；如果有必要，还需区分和侧重分析不同内容信息所使用的语言及其特性。尽可能确保不同的研究者可以通过重复内容分析过程，从相同的文献中得出同样的研究结果。

## （三）定量性

内容分析法主要是通过运用统计学方法对研究内容的类目和分析单元出现的频数进行计量，用数字或图表等可视化方式呈现内容分析结果。即，最终以数量及其关系的形式表述对特定研究样本内容的分析和把握。由此可见，区别于以传统法学研究方法价值判断为主的质性研究，内容分析法的追求目标是借助频数、百分比、卡方分析、相关分析及 T-TEST 等统计技术，实现对研究内容信息的精确量化描述，借助统计数据所提供的最简明扼要的方式来描述、解释和分析研究结论。因此，定量性是内容分析法最显著的特征，是保障内容分析法的系统性与客观性的必要手段。

当然，基于法学等社会科学研究的本质属性，内容分析法的这种数量表述，并不等于简单或者纯粹的"数字化"，而是通过内容"量"及其变化分布，来说明研究对象的"质"或者实现对"质"更为准确的把握；同时，定量分析与定性解释要有机统一，只有挖掘和阐释出具有特定内容特征的数据及其关系后的规律性意义，法学研究目的才能最终实现。

总之，内容分析法的最大优点，是将语言文字表示的文献转换为统计数字，以便获得传统价值论定性分析中难以发现的因果关系和被隐藏的规律。作为一种人类有限理性下的科研活动，它同样需要在样本选取、类目设计等前期工作过程中，注意尽可能通过流程设计和规范方法，来排除分析人员的主观意图与主观推断的影响，从而减少分析结果因人而异的偏差。①

## 三、内容分析方法的意义

### （一）服务科学法治决策的实践价值

内容分析法作为一种主要对特定文献资料内容进行客观、系统和定量描述的现代跨学科研究方法，它的理念与方法却是始终伴随人类源远流长的决策历史，不断演进成熟和完善的。人类文明的漫长发展历程中，长久以来都是基于个体(特别是某些经验丰富或者天赋异禀者)有限的经验感受，来完成很多性命攸关的重大历史决策过程，其中的许多刻骨铭心的教训已经深深刻入历史丹青。也正是在此螺旋式上升的历史进程中，为了不断提升决策基础的确定性、决策效果的可预期性，增强决策过程科学性，"以史为鉴，可知兴衰"理念指引下对历史文献内容的大尺度量化分析，不断被突出和强化。直至近现代社会伴随自然科学研究方法，特别是信息化与网络化文献内容系统分析工具的出现，才最终促成内容分析法成为现代科学研究不可或缺的一种基本思维与跨学科研究方法。

特别是"时势造英雄"的第二次世界大战前后，迫切而重大的现实需求，促使新闻传播学、政治学、图书馆学、社会学等领域的专家学者与军事情报机构结盟，让内容分析法的多学科应用范围得到了极大拓展。典型者如第二次世界大战期间美国学者 H.D.拉斯韦尔等人组织的名为"战时通讯研究"的工作，以德国公开出版的报纸为分析对象，获取了许多军政机密情报。

另外，内容分析法的实践意义，除了揭示文献所含有的隐性情报内容，还体现为它能够服务于前瞻性的科研，对事物发展作情报预测，用于对特定研究领域及研究主题的趋势预测。作为业界和学界都公认的案例，就是日本。日本巧妙地利用内容分析法搜集、开发和利用信息情报，成为助推日本经济在战后高速发展的公开秘密。当时日本能够做到只要 5～10 分钟就可搜集到世界各地金融市场的行情，3～5 分钟就可以查询并调用日本国内三万多个重点公司、企

① 宋振峰，宋惠兰. 基于内容分析法的特性分析[J]. 情报科学，2012，30(7)：964-966，984.

业当年或历年经营生产情况的时间系列数据，5分钟即可利用经济模型和计算机模拟出国际国内经济因素变化可能给宏观经济带来影响的变动图和曲线，5～10分钟就可以查询或调用政府制定的各种法律、法令和国会记录。除了这种高超的现代化信息处理技术外，日本人更加重视时时处处的信息搜集，而且善于从平淡无奇的信息报道中分离出重要的内容。例如，20世纪60年代中国开发大庆油田，唯独日本和中国谈成了征求设计的买卖。原因是别国设计均不符合中国大庆油田的要求，而日本的产品设计则是在事先为大庆油田量体裁衣基础上的"守株待兔"。日本对处于相对保密状态的大庆油田及其相关产品的设计要求，正是借助内容分析法获得的。

　　日本先是根据1964年4月20日出版的《人民日报》上看到的"大庆精神大庆人"字句，判断出"中国的大庆油田确有其事"。随后，又根据1966年7月的一期《中国画报》封面上铁人王进喜身穿大棉袄、头顶鹅毛大雪的宣传照片，猜测"大庆油田是在冬季为零下30℃的东北地区，大致在哈尔滨与齐齐哈尔之间"。再后来，他们派人通过乘坐上述区间火车时发现的来往油罐车上积土的颜色和厚度，证实了"大庆油田在东北"的论断。

　　为了获得大庆油田的具体地点，1966年10月日本又从《人民中国》杂志上找到了王进喜的先进事迹，从对事迹介绍的分析中得知："最早钻井是在安达东北的北安附近下手的，并且从钻井设备运输情况看，离火车站不会太远。"在该事迹介绍中，还写有这样一段话，即王进喜一到马家窑看到大片荒野时说："好大的油海！把石油工业落后的帽子丢到太平洋去。"于是，日本人又从地图上查找到"马家窑是位于黑龙江海伦县(今海伦市)东面的一个小村，在北安铁路上一个小车站东边十多公里处"。就这样，日本人最终将大庆油田的准确地理坐标搞清楚了。

　　后来，日本又从王进喜的一则事迹报道中了解到，"王进喜是玉门油矿的工人，是1959年9月到北京参加国庆之后志愿去大庆的"。由此，日本人断定大庆油田在1959年以前就开钻了，并在大体上知道了大庆油田的规模，即"马家窑是大庆油田的北端，即北起海伦的庆安，西南穿过哈尔滨与齐齐哈尔铁路的安达附近，包括公主峰西面的大赉，南北400公里的范围。估计从'北满'到松辽油田统称为大庆"。但此时的日本人依然还搞不清楚大庆的炼油规模。

　　为此，他们从1966年7月《中国画报》上发表的一张大庆炼油厂反应塔的照片入手，算出了大庆炼油厂的规模。其推算方法很简单，首先找到反应塔上的扶手栏杆，扶手栏杆一般是一米多一点，以扶手栏杆和反应塔的直径相比，得知反应塔内径约为5米。据此，日本人推断：大庆炼油厂的加工能力为每日900kl，如果以残留油为原油的30%计算，原油加工能力为每日3000kl，一年以360天计算，则其年产量为 1 000 000kl。根据这个油田的出油能力和炼油厂规模，日本人得出结论：中国将在最近几年出现炼油设备不足的状况，完全有可能买日本的轻油裂解设备，以满足每日炼油 10 000kl 的需要。随后，他们又根据中国报刊的各种报道，进一步推断出了大庆油田的钻油时间、规模大小、年加工原油能力，从而得出结论：中国必定要大量引进采油及炼油设备。1966 年，日本三菱重工据此设计出了适合中国大庆油田的采油方案和设备，一举中标，获取了巨大的商业利益。这就是所谓日本人仅靠几张照片和几篇报道，在内容分析法的帮助下，实现商业业务的故事。

不仅如此，日本政府还特别重视信息机构的建设。外务省分布在世界 105 个国家的 75 个驻外使馆是其搜集外交信息的前沿阵地，这些机构为日本外交提供各国动向的信息。外务省内有一个约 100 人的电信部门，以三班倒方式在 24 小时内与世界各地保持不间断的联系，平均每天处理的公务电话电报就有近 3000 封。在外务省的 63 个部门中，只有电信部门拥有一栋独立的四层楼，无特殊通行证的人不得进入。公务电报是用 110 根专线和普通线路收发的，这些公务电报都采取无法破译的密码。为了防止窃听还设有隐线装置。1988 年还开始研究采用"宇宙通信系统"，即使在条件恶劣的地区，也可确保通信畅通。[①]

## （二）提升研究科学性的理论价值

内容分析法在法学在内的社会科学领域的引入，最大的理论价值在于：为传统的定性研究和分析过程注入定量分析的科学因子。如上所述，内容分析法适用范围广泛，因此，对于法学等社会科学所面对的多样异质研究材料，不管是随机材料如日常报道或记录，还是如访谈记录、观察记录、句子测验等为某一特定研究目的而专门收集的材料；不管是文字记录形态类型的材料，还是非文字记录形态类型的材料如广播与演讲录音、电视节目、动作与姿态的录像等，都可以根据需要进行对材料内容的构成要素或材料结构等的细致和程序化定量实证分析。

甚至对于主要由研究者通过阅读、收听或观看，然后依靠主观感受理解、体会和分析的文本形态但非量化的有交流价值的信息，也可采取如"5W1H'三问'分析法"（表 7.1）等比较规范的方法读取并将相关内容转化为定量数据，建立有意义的类目分解交流内容，并以此来进行信息的某些特征定量分析，解读、判断和挖掘信息中所蕴含的本质内容。

---

① 杨沛霆. 科技情报工作的几个问题[M]. 北京：情报科学杂志社，1983：233-235. 据考证"日本人是怎样发现大庆？"原文第一出处是日本科技杂志《石油和石油化学》1971 年第 9 期特辑之中国化学工业，由日本 ITS 化工开发株式会社的十川透写的一篇中国特稿。

**表 7.1　5W1H "三问" 分析法**

| 5W1H<br>设问焦点 | 初次提问 | 二次提问 | 再次提问 | 结论 |
| --- | --- | --- | --- | --- |
| | 现状 | 为什么 | 能否改善 | 新方案 |
| 为何事/Why | 干的必要性 | 理由是否充分 | 有无新的理由 | 充分新理由 |
| 是何事/What | 干什么 | 为何要干它 | 能否干别的 | 应该干什么 |
| 于何方/Where | 在什么地方干 | 为何在此干 | 能否在别处干 | 应在何处干 |
| 在何时/When | 什么时间干 | 为何在此时干 | 能否在别的时间干 | 应在何时干 |
| 与何人/Who | 谁来干 | 为何由他/她干 | 能否由别人干 | 应由谁来干 |
| 以何道/How | 怎么干 | 为何这样干 | 能否用别的方式干 | 应该如何干 |

　　总之，内容分析法通过建立研究目标、确定研究总体和选择分析单位、设计分析维度体系、抽样分析过程和量化分析材料、进行评判记录和分析推论等流程，将非定量的文献材料转化为定量的数据，并依据这些数据对文献内容做出定量分析和关于特定事实的判断推论，最终通过具有能重复操作、被人感官体验、意义明显、可直接理解等特征的科学方法[1]，对研究内容进行客观、系统和定量描述。对于一些较为深层和潜在的内容关系的研究，内容分析法具有客观、方便、经济等方法比较优势。

　　实际上，内容分析法的具体实施中，不仅可以通过比较研究模式，实现传统社会科学定性研究与自然科学定量研究方法的融合对接，而且可以借助推理研究模式，推动法学规范研究与实证研究方法，特别是包括实用语义分析、语义分析和符号载体分析在内的分析实证方法的深度融合。基于此，有必要进一步探索内容分析法运用统计知识对内容(content)的定量分析与归类研究，与借助符号学和结构主义的文本分析定性研究之间的耦合。实现前者描述传播内容固有倾向、说明信息来源特征等主要目的，与后者着重文本(text)结构和意义分析，以此来探寻受众对意义的不同解读方式和文本所隐藏的意识形态的操纵力量。[2]

　　内容分析法对包括法学在内的传统社会科学研究方法最大的方法论贡献在于：其是一种较为客观或定性基础上的半定量研究方法，有利于弥补传统定性研究的不足，同时有效对接并升华传统研究方法；作为一种结构化研究，所具有的目标或问题导向、过程高度控制等特点，有利于弥补传统研究的主观随意性过大的缺憾；作为一种非接触研究方法，它在研究者的主观态度与研究对象(事物而非人)之间建起的 "防火墙"，有利于保障研究成果的高效度；最后，它作为一种定

---

　　[1]　当然，并非所有的主题和材料都适合采取内容分析方法。对于内容分析法和分析材料之间的适配度和匹配性需要进行事先的评估和预测，否则难以保证研究结论的客观性和准确性。

　　[2]　里夫，赖斯，菲克. 内容分析法：媒介信息量化研究技巧(第 2 版)[M]. 嵇美云，译. 北京：清华大学出版社，2010.

量与定性结合的研究方法，还有利于呈现文献本质、客观事实、变化趋势、发展轨迹、发展历程，进而揭示内容优劣、立场态度等隐性内容。

## 第二节　内容分析方法的法学例证

在习近平法治思想指引下，推进新文科建设，深化高等法学教育教学改革，培养立德树人、德法兼修的卓越法治人才，是全面推进新时代法治中国建设的重要一环。下面，我们借助循证社会科学理念，以入选卓越法律人才培养基地且已公布了其法学专业教育培养方案的 20 所高校为样本，采用内容分析方法，探究"新文科"建设背景下中国法学专业本科教育培养方案现状，特别聚焦其中的培养目标与课程设置的内容特征，以期在数据统计分析的基础上，提出"新文科"建设的浪潮中法学专业教育培养方案守正创新的循证思路。

2019 年 4 月 29 日，教育部等 13 个部门在天津联合启动"六卓越一拔尖"计划 2.0，提出要全面推进"四新"建设。[①]"卓越法治人才教育培养计划 2.0"作为"六卓越一拔尖"计划 2.0 之一[②]，是教育部、中央政法委在"卓越法律人才教育培养计划 1.0"的基础上[③]，应对世界范围内思想文化交流交融交锋的新形势，对中国特色社会主义法治人才建设提出的新要求，是法学高等教育在新文科建设部署下的总抓手。2020 年 11 月 3 日，新文科建设工作会议发布了《新文科建设宣言》[④]，明确地从构建世界水平、中国特色的文科人才培养体系，并从强化文科教育价值引领、促进专业结构优化、夯实课程体系、推动人才培养模式创新等方面提出了新文科建设的具体要求。

在新文科建设的框架内，如何提高法学专业的人才培养质量，进而推动"卓越法治人才教育培养计划 2.0"建设乃至包括新文科在内的"四新"建设，成为法学教育者和决策者需要共同面对和思考的问题。培养方案既是本科教育的"宪法"，也是教学环节组织实施和评价的依据。[⑤]培养目标和课程设置作为培养方案的重要

---

① 教育部高等教育司关于印发《教育部高等教育司 2019 年工作要点》的通知(教高司函〔2019〕21 号)[EB/OL].(2019-04-09)[2021-06-30]. http://www.moe.gov.cn/s78/A08/tongzhi/201904/t20190426_379670.html.

② 教育部学校规划建设发展中心. 关于坚持德法兼修实施卓越法治人才教育培养计划 2.0 的意见[EB/OL]. (2018-10-18)[2021-06-30]. https://www.csdp.edu.cn/article/4281.html.

③ 中华人民共和国教育部政府门户网站. 教育部中央政法委员会关于实施卓越法律人才教育培养计划的若干意见(教高〔2011〕10 号)[EB/OL]. (2011-12-23)[2021-06-30]. http://www.moe.gov.cn/srcsite/A08/moe_739/s6550/201112/t20111223_168354.html.

④ 中华人民共和国教育部政府门户网站. 新文科建设工作会在山东大学召开[EB/OL]. (2020-11-03)[2021-06-30]. http://www.moe.gov.cn/jyb_xwfb/gzdt_gzdt/s5987/202011/t20201103_498067.html.

⑤ 袁靖宇. 高校人才培养方案修订的若干问题[J]. 中国高教研究，2019(2)：6-9.

组成部分，直接体现了学科和学校的人才培养特色。以培养方案为视角，基于高校本科法学专业培养目标和课程设置，可以有效透视高校专业建设困境，有助于高校本科法学专业积极响应新文科建设，实现良性发展。[①]因此，本次研究以首批中共中央政法委员会、教育部确立的卓越法律人才培养基地中正式对外公布的高校本科法学专业培养方案为研究样本，运用实证的内容分析法，分析了我国高校本科法学专业培养目标和课程设置的内容特征，特别是其与新文科建设要求的适应度与匹配度；最后，以循证社会科学[②]所提供的科学视角，对我国高校本科法学专业新文科建设提出了相应的建设对策。

## 一、研究设计及内容数据的析取

### （一）研究设计

内容分析法是一种基于定性研究的量化分析方法，它以定性的问题假设作为出发点，利用定量的统计分析方法和工具对研究对象进行处理，从统计数据中得出定性结论。[③]本书依据内容分析法采取以下步骤展开研究：第一，确定研究范围，抽取样本；第二，确定编码体系，信效度检验；第三，内容标注结果统计分析；第四，根据分析结论，提出相应的完善对策建议。[④]

### （二）样本选取

本书实证研究选取法学门类下，法学专业类中的法学专业为分析对象。对被确立为卓越法律人才培养基地[⑤]的 66 所高校的法学院官网进行检索（检索日期截至 2021 年 1 月 20 日），发现：有 20 所高校对外公示了完整的法学本科培养目标和课程设置，占比 30.3%；有 46 所高校未对外公示法学本科培养目标和课程设置或只是简单提及核心课程内容，未检索到具体详细的课程设置，占比 69.7%。考虑到高校详细培养方案的可获取程度，本次内容分析抽样方法采用方便抽样。最终以 20 所对外正式公示了法学本科培养方案的高校法学院的培养目标与课程设

① 郑继兵，王绍峰. 从人才培养方案透视高校专业建设的困境及出路[J]. 江苏高教，2013(1)：45-47.

② 循证社会科学理念的核心是"证据"，强调对高质量证据的综合应用。本书依据内容分析法对高校本科法学专业培养目标与课程设置进行统计分析，以期为高校新文科建设决策者提供高质量证据。参见魏志鹏，杨克虎. 循证社会科学视角下的新文科建设路径研究[J]. 兰州大学学报(社会科学版)，2021，49(1)：142-150.

③ 朱亮，孟宪学. 文献计量法与内容分析法比较研究[J]. 图书馆工作与研究，2013(6)：64-66.

④ 内容分析法最根本的优点是将语言表示的文献转换为统计数字，获取定性分析中难以找到的联系和规律。缺点是在样本选取、类目设计等前期工作中可能会受到分析人员主观意图和主观推断的影响，从而导致分析结果因人而异。参见宋振峰，宋惠兰. 基于内容分析法的特性分析[J]. 情报科学，2012，30(7)，964-966，984.

⑤ 教育部办公厅中央政法委员会办公室关于公布首批卓越法律人才教育培养基地名单的通知(教高厅函〔2012〕47 号)[EB/OL]. (2012-12-21) [2024-5-21].http://www.fxcxw.org.cn/dyna/content.php?id=3357.

置为研究样本(具体选取情况见表 7.2)。

**表 7.2　已选取高校样本情况总览**

| 基地类型 | 样本内容 |
|---|---|
| 应用型、复合型法律职业人才教育培养基地(18 所) | 中国人民大学、清华大学、中国政法大学、河北大学、大连海事大学、沈阳师范大学、吉林大学、同济大学、上海财经大学、苏州大学、江西财经大学、山东大学、烟台大学、湖南师范大学、广东财经大学(广东商学院)、海南大学、四川大学、兰州大学 |
| 涉外法律职业人才教育培养基地(4 所) | 中国政法大学、山东大学、中国人民大学、四川大学 |
| 西部基层法律职业人才教育培养基地(3 所) | 四川大学、西南民族大学、云南民族大学 |

注：中国政法大学、山东大学、中国人民大学和四川大学既是应用型、复合型法律职业人才教育培养基地，也是涉外法律职业人才教育培养基地；四川大学既是涉外法律职业人才教育培养基地，也是西部基层法律职业人才教育培养基地

### (三)分析单元

本书以 20 所样本高校法学专业的培养目标和课程设置作为内容特征研究分析的聚合对象。培养目标以句子级别为分析单元。即，培养目标中每一个有实意的语句表达被作为一个统计单位，依据语义，分别按照知识、能力和素质三个培养目标一级指标和十个二级指标进行归类统计；课程设置则以高校开设的每门课程为分析单元。即，课程设置中每一门课均被作为一个统计单位，然后分别按照专业理论课程和专业实践课程的一级指标和八个二级指标进行归类统计。

### (四)分析类目

#### 1. 培养目标分析类目

国家教学质量标准，是一个国家教育发展状况的基本标准和重要参照，具有法定性、官方性和权威性；在中国，包括法学类专业在内的本科教学质量都有法定的基本标准。本书以《法学类教学质量国家标准(2018 年版)》(以下简称《国家标准》)对法学专业提出的知识、能力和素质的培养目标为基本依据构建出培养目标分析类目(表 7.3)。

**表 7.3　分析类目及典型条目**

| 培养目标 | 培养目标细分 | 典型条目 |
|---|---|---|
| 知识 | 人文自然知识 | 了解人文社会科学和自然科学的基础知识；拓宽学生的知识面；具备系统跨学科知识；具备人文与社会科学、自然科学与工程技术的综合背景知识；具备一定的人文科学知识和为专业服务的其他知识 |

续表

| 培养目标 | 培养目标细分 | 典型条目 |
|---|---|---|
| 知识 | 法学基础知识 | 具有扎实的法学专业知识；牢固掌握法学学科的基本知识和基本理论；主要学习法学的基本概念、基本规范、基本制度和法律理论体系；理解并掌握法学学科领域基本概念、基本原则、基本理论和基本制度；系统深入地掌握法学理论和部门法知识体系 |
| | 法学分析方法 | 掌握本专业的研究思路和研究方法；掌握法学理论研究的基本方法；深刻掌握法学学科的科学思维方法和研究方法 |
| | 国家政策法规 | 熟悉党和国家的方针、政策和法规；了解我国和相关国际法律；了解国内外相关政策法规和惯例；熟悉我国主要法律、法规的内容和党的有关法律政策 |
| 能力 | 法律实务技能 | 具有较强的运用法律知识解决具体问题和实际操作能力；能够准确理解、适用我国法律，具有运用法律解决复杂法律实际问题的能力；具有独立分析和解决法律问题的能力；熟练掌握法律实务基本技能 |
| | 研究创新技能 | 具备利用创造性思维方法开展科学研究工作和创新创业实践的能力；具有一定的科研能力；能够结合法学专业的新发展对传统法学理论进行创造性的突破；能开展科学研究工作，具有一定的创新思维、探索能力 |
| | 计算机技能 | 具备基本的计算机应用能力；掌握运用现代信息技术和工具获取信息的基本技能；能够熟练使用各类软件和网上办公系统；能够使用相关模型进行分析和判断；具备计算机和信息技术应用能力；能够使用信息技术解决本专业领域实际问题 |
| | 涉外交往技能 | 具备较高的外语能力；具备应对现代社会的外语能力；具备熟练的英语听、说、读、写能力；具备国际化视野；能够在跨文化背景下进行沟通和交流 |
| 素质 | 专业素质 | 养成良好的道德品格、健全的职业人格、强烈的法律职业认同感，具有服务于建设社会主义法治国家的责任感和使命感；具备先进的法律理念和良好的职业伦理；具有诚信意识和良好的道德品质，具备法律职业道德规范；树立科学的发展观，能为边疆民族地区法治建设服务 |
| | 综合素质 | 具有良好的人文社会科学素养；具备爱国爱校情怀；具有坚定正确的政治方向；拥有健康的心理和体魄；德、智、体、美、劳全面发展 |

### 2. 课程设置分析类目

本书对标《国家标准》中的课程设置要求和《新文科建设宣言》的任务要求，将课程分为专业理论课程和专业实践课程。其中，专业理论课程分为专业核心课程、专业拓展课程、大数据课程、交叉课程、涉外课程列示（表7.4）。当然，我们也注意到，2021年5月国家发布实施了最新的《法学类教学质量国家标准（2021版）》[①]，其中最大的变化是将法学专业核心课程分类设置模式从原来的"10+X"更新为"1+10+X"，而"1"则专指"习近平法治思想概论"课

---

① 教育部办公厅关于推进习近平法治思想纳入高校法治理论教学体系的通知（教高厅函〔2021〕17号）[EB/OL]. (2021-05-21) [2021-06-30]. http://www.moe.gov.cn/srcsite/A08/s7056/ 202106/t20210602_535109.html.

程。鉴于《国家标准》2021 版颁布时间较短，"习近平法治思想概论"课程目前尚未在我们统计的高校法学专业培养方案特别是核心课程设置中得以体现，故而，本书实证分析主要采用《国家标准》2018 版所确立的"10+X"分类设置模式进行统计分析。同时，本书在专业理论课程的核心课程的归类中，也综合统计了《国家标准》中的核心课程所包含的主要子法课程，例如，商法中的公司法、证券法、票据法、企业破产法，民法中的物权法、债权法、婚姻法、继承法等；大数据课程、交叉课程、涉外课程则依据课程特征单独进行归类统计；专业拓展课程，是指除了上述课程之外的样本高校所开设的其他相关法学专业课程。

**表 7.4　课程分类及典型条目**

| 课程分类 | | 典型条目 |
|---|---|---|
| 专业理论课程 | 专业核心课程 | 宪法学、刑法学、民法学、商法学、国际法学、国际经济法学、民事诉讼法学、知识产权法学、行政法与行政诉讼法、中国法律史、经济法学、法理学 |
| | 专业拓展课程 | 立法学、犯罪学、刑事侦查学、刑事政策学、物证技术学、证据调查学、仲裁法学、监察法学、网络与信息法、经济刑法学、房地产法、海商法、能源法、人权法、海洋法、民族法学、电子商务法、体育和娱乐法、自然资源法、强制执行法、仲裁法、非诉讼纠纷解决机制原理与实务、青少年犯罪与少年司法、行政法案例研习、班轮运输实务与法律、犯罪预防与控制、规划和产业法、航运代理实务与法律、航运金融业务与法律、中国法律思想史、法学导论、法学方法论、比较法总论、法律英语、法律文书写作、法律名著研讨、法律谈判与法律辩论、法律推理和研究、法律职业规范和礼仪、公务员职业伦理与技能、律师与公证制度、比较公司治理、比较政治制度、律师学 |
| | 交叉课程 | 法律逻辑学、法律经济学、法律社会学、法律与文学、法律与哲学、法学与公共政策、法务会计、艺术设计与法律、系统法律语言学、信息法学、犯罪心理学、司法心理学、法医学、司法精神病学、医事法学 |
| | 涉外课程 | 西方法律思想史、外国法制史、国际私法、国际贸易法、国际投资法、外国宪法、外国刑法、国际环境法、国际金融法、国际商法、国际刑法、美国宪法、世界贸易组织法、英美侵权法、德国民法概论、国际海事法、国际航空法、国际经济组织法、国际竞争法、德国基本法、东亚公法比较、南亚东南亚法律制度(双语) |
| | 大数据课程 | 计算法学与法律大数据分析、司法数据分析、大数据与 AI 法、大数据与法律检索 |
| 专业实践课程 | 实验课程 | 证据学实验、物证技术实验、法医实验、法律情景实验课堂、企业法律实务校内综合仿真实习 |
| | 实训课程 | 法律诊所、模拟法庭、审判实务、检察实务、律师实务、仲裁实务、公证实务、监察实务、刑事司法实务、监狱管理实务、海关法律实务、政府法制实务、行政诉讼实务、刑事辩护实务、环境风险和损害鉴定评估、电子数据取证、创业中的法律风险控制与法律实务、疑案辩论、模拟公务员考录 |
| | 社会实践 | 法治宣传与法律咨询、法律援助实训、创新创业教育、社会研究与创新训练、社会实践与志愿服务法律咨询、社会调查、司法见习 |

（五）内容标注结果

1. 培养目标标注结果

　　我们依据表 7.3 所提出的培养目标分析类目，对 20 所样本高校的培养目标文本进行了标注，并按照高校名称拼音进行了排序。例如，如果样本高校培养方案中提及"学生具有较坚实的法学理论基础"，则在表 7.5 "知识" 一级指标下的 "法学基础知识" 二级指标项目中标注统计单位 1，依此类推。如果统计数据为 0，则代表样本高校的培养目标中缺乏相关项目的表达语句；如果统计数据大于 1，则代表样本高校的培养目标中相关项目有多个表达语句。最后，全部 20 所样本高校的培养目标文本标注内容共计 349 条（表 7.5）。培养目标对知识方面的要求 97 条，占 27.79%；对能力方面的要求 159 条，占 45.56%；对素质方面的要求为 93 条，占 26.65%。

表 7.5　法学专业培养目标编码结果统计

| 学校名称 | 知识 | | | | 能力 | | | | 素质 | |
|---|---|---|---|---|---|---|---|---|---|---|
| | 人文自然知识 | 法学基础知识 | 法学分析方法 | 国家政策法规 | 法律实务技能 | 研究创新技能 | 计算机技能 | 涉外交往技能 | 专业素质 | 综合素质 |
| 大连海事大学 | 1 | 4 | 0 | 1 | 5 | 0 | 1 | 4 | 3 | 5 |
| 广东财经大学 | 0 | 2 | 0 | 1 | 0 | 0 | 0 | 0 | 1 | 0 |
| 海南大学 | 1 | 4 | 0 | 0 | 2 | 1 | 1 | 1 | 2 | 3 |
| 河北大学 | 1 | 2 | 1 | 1 | 4 | 3 | 1 | 3 | 5 | 4 |
| 湖南师范大学 | 1 | 2 | 0 | 1 | 2 | 4 | 1 | 3 | 2 | 1 |
| 吉林大学 | 0 | 1 | 0 | 0 | 5 | 2 | 0 | 5 | 3 | 3 |
| 江西财经大学 | 2 | 3 | 1 | 0 | 8 | 4 | 2 | 2 | 2 | 6 |
| 兰州大学 | 0 | 2 | 1 | 1 | 1 | 2 | 0 | 0 | 2 | 0 |
| 清华大学 | 2 | 5 | 0 | 1 | 2 | 0 | 0 | 1 | 2 | 2 |
| 山东大学 | 1 | 4 | 1 | 1 | 6 | 4 | 3 | 6 | 3 | 1 |
| 上海财经大学 | 1 | 1 | 0 | 0 | 5 | 2 | 1 | 1 | 3 | 1 |
| 沈阳师范大学 | 1 | 5 | 1 | 3 | 8 | 3 | 2 | 2 | 6 | 2 |
| 四川大学 | 1 | 1 | 0 | 2 | 3 | 0 | 0 | 4 | 2 | 4 |
| 苏州大学 | 0 | 4 | 0 | 0 | 7 | 2 | 1 | 0 | 1 | 4 |
| 同济大学 | 0 | 3 | 0 | 0 | 6 | 0 | 0 | 0 | 6 | 0 |
| 西南民族大学 | 0 | 3 | 1 | 1 | 2 | 2 | 0 | 0 | 1 | 1 |
| 烟台大学 | 1 | 3 | 1 | 1 | 1 | 0 | 0 | 1 | 1 | 0 |

| 学校名称 | 知识 | | | | 能力 | | | | 素质 | |
|---|---|---|---|---|---|---|---|---|---|---|
| | 人文自然知识 | 法学基础知识 | 法学分析方法 | 国家政策法规 | 法律实务技能 | 研究创新技能 | 计算机技能 | 涉外交往技能 | 专业素质 | 综合素质 |
| 云南民族大学 | 0 | 3 | 1 | 1 | 3 | 1 | 0 | 0 | 2 | 0 |
| 中国人民大学 | 0 | 2 | 0 | 0 | 2 | 0 | 0 | 1 | 2 | 2 |
| 中国政法大学 | 1 | 5 | 1 | 1 | 3 | 2 | 0 | 2 | 1 | 2 |
| 小计 | 14 | 59 | 9 | 15 | 75 | 35 | 13 | 36 | 50 | 43 |
| 总计 | 97 | | | | 159 | | | | 93 | |
| 占比 | 27.79% | | | | 45.56% | | | | 26.65% | |

上述统计数据说明，目前 20 所样本高校普遍重视对学生法律实际操作能力的培养，法学知识和素质的培养虽平分秋色，但相对较弱。体现出了主流法学培养目标较为浓重的实用主义指导思想和实践(甚至市场)取向的培养思路。当然，不同统计数据内部横向结构，也细致地呈现了特定样本高校的不同法学人才培养目标。

2. 课程设置标注结果

课程设置则以《国家标准》中的课程设置要求和《新文科建设宣言》的任务要求，构建内容分析的编码体系。课程分为专业理论课程和专业实践课程两个一级编码和八个二级编码(表 7.6)。同时，本书在专业理论课程的专业核心课程的归类中，也综合统计了《国家标准》中核心课程所包含的主要子法课程，例如，商法归类统计中包含了公司法、证券法、票据法、企业破产法；民法归类统计中包含了物权法、债权法、婚姻法、继承法等；大数据课程、交叉课程、涉外课程则依据课程特征单独进行归类统计；专业拓展课程，是指样本高校所开设的除了上述课程之外的其他相关法学专业课程。课程设置中每一门课，均被作为一个统计单位。然后，再分别按照两个一级编码和八个二级编码进行统计。我们依据表 7.4 所提出的分析类目，对 20 所样本高校的课程设置文本进行了标注(表 7.6)，并按照高校名称拼音进行了排序。例如，样本高校的课程设置中开设"法理学导论"，则在表 7.6"专业理论课程"一级指标下的"专业核心课程"二级指标项目中标注统计单位为 1，依此类推。如果统计数据为 0，则代表样本高校的课程设置中缺乏相关项目；如果统计数据大于 1，则代表样本高校的相关课程设置有多个。最后，全部 20 所样本高校的课程文本标注内容共计 1570 条(表 7.6)。其中，课程设置的专业理论课程 1387 条，占比 90%左右；专业实践课程 183 条，占比 10%左右。

**表 7.6　法学专业课程编码结果统计**

| 课程分类 | 专业理论课程 | | | | | 专业实践课程 | | |
|---|---|---|---|---|---|---|---|---|
| | 专业核心课程 | 专业拓展课程 | 交叉课程 | 涉外课程 | 大数据课程 | 实验课程 | 实训课程 | 社会实践 |
| 大连海事大学 | 12 | 12 | 0 | 9 | 0 | 0 | 1 | 0 |
| 广东财经大学 | 25 | 17 | 4 | 12 | 0 | 1 | 2 | 2 |
| 海南大学 | 30 | 21 | 1 | 4 | 0 | 0 | 6 | 1 |
| 河北大学 | 24 | 15 | 8 | 5 | 1 | 2 | 7 | 3 |
| 湖南师范大学 | 30 | 20 | 4 | 15 | 1 | 1 | 3 | 2 |
| 吉林大学 | 24 | 23 | 2 | 10 | 0 | 0 | 5 | 0 |
| 江西财经大学 | 21 | 17 | 1 | 0 | 0 | 0 | 0 | 0 |
| 兰州大学 | 22 | 8 | 4 | 3 | 0 | 0 | 4 | 2 |
| 清华大学 | 31 | 48 | 0 | 15 | 0 | 0 | 5 | 3 |
| 山东大学 | 27 | 31 | 4 | 8 | 1 | 0 | 4 | 4 |
| 上海财经大学 | 27 | 13 | 0 | 21 | 1 | 0 | 1 | 1 |
| 沈阳师范大学 | 26 | 48 | 5 | 5 | 0 | 0 | 25 | 0 |
| 四川大学 | 33 | 49 | 7 | 21 | 1 | 0 | 20 | 3 |
| 苏州大学 | 24 | 48 | 7 | 22 | 0 | 0 | 4 | 0 |
| 同济大学 | 28 | 23 | 3 | 9 | 0 | 0 | 3 | 0 |
| 西南民族大学 | 26 | 15 | 2 | 8 | 0 | 0 | 3 | 1 |
| 烟台大学 | 28 | 16 | 1 | 9 | 0 | 0 | 8 | 2 |
| 云南民族大学 | 22 | 14 | 1 | 1 | 0 | 0 | 1 | 1 |
| 中国人民大学 | 26 | 16 | 5 | 20 | 0 | 1 | 8 | 2 |
| 中国政法大学 | 33 | 87 | 6 | 60 | 0 | 0 | 38 | 3 |
| 合计 | 519 | 541 | 65 | 257 | 5 | 5 | 148 | 30 |
| 占比 | 33.06% | 34.46% | 4.14% | 16.37% | 0.32% | 0.32% | 9.43% | 1.91% |

上述统计数据说明，目前 20 所样本高校的具体培养环节又被专业理论课程的讲授所垄断，专业实践课程沦为点缀。这与普遍重视对学生法律实际操作能力的培养目标形成了"丰满的理想"与"骨感的现实"间的巨大反差。即实证统计数据再次为法学教育中被长期诟病的理论与实践"两张皮"现象做了生动的注脚。这可能使得高校法学专业人才培养所要求的将专业理论知识灵活、综合地应用于法律实务之中的基本目标落空。当然，特定样本高校的专业课程设置不同统计数

据的内部结构，又表现出了其在实施法学人才培养目标方面的不同改革能力与创新意识。

(六)信度检验

信度是指不同编码员对上述内容归类的一致性。为了降低主观偏见对编码的影响，两位作者从培养目标和课程设置中分别随机抽取 50 个样本为分析对象，进行信度检验。经两位作者背对背归类统计分析结果，计算求得了培养方案和课程设置的 Kappa 系数[①]，分别为 0.89 和 0.91。即，本研究编码的一致性检验结果较为可靠。对于不一致编码，我们还引入了第三位作者参与的共同讨论，最终形成一致结果。

## 二、法学专业培养目标与课程设置的内容特征分析

(一)培养目标特征分析

统观 20 所样本高校法学专业培养目标中对于学生知识、能力、素质三个一级指标的标注结果(表 7.5)，能力要求的标注条目位于第一位(159)，遥遥领先，知识(97)和素质(93)的要求基本持平。从培养目标细分的二级指标的统计结果来看，一方面，法律实务技能(75)、法学基础知识(59)、专业素质(50)在总条目中分别占比 21.49%、16.91%、14.33%，分居统计数据的前三甲；另一方面，培养目标中的国家政策法规(15)、计算机技能(13)、法学分析方法(9)则在总条目中分别占比 4.30%、3.72%、2.58%，属于标注内容中倒数后三位的项目。这一统计结果，与法学专业具有很强的实践性和应用性特征的主流认知相一致，可能更多的是对 2012 版卓越法律人才教育培养计划 1.0——培养应用型、复合型法律职业人才——培养目标的回应。而且，如果对标 2018 版卓越法治人才教育培养计划 2.0 关于培养目标的要求，即"培养造就一大批宪法法律的信仰者、公平正义的捍卫者、法治建设的实践者、法治进程的推动者、法治文明的传承者"，我们也会清楚地看到：目前样本高校对于新时代中国特色法治人才培养及新文科建设要求的回应，尚有较大时滞。法治的保守性，不能成为妨碍法学教育与时俱进的借口。

1. 知识目标特征分析

法学基础知识是法治人才培养的根基，20 所样本高校均在培养目标的知识条

---

① $K = \dfrac{p_0 - p_e}{1 - p_e}$，其中，$p_0$ 代表一致性的观察值，$p_e$ 代表一致性的期望值。一般而言，Kappa 系数值达到或超过 0.8，即可认为编码结果的一致性较为可靠。参见里夫，赖斯，菲克. 内容分析法：媒介信息量化研究技巧(第 2 版)[M]. 嵇美云，译. 北京：清华大学出版社，2010：150.

目中提出了学习法学基础理论知识的要求。进一步对法学专业培养目标编码统计标注情况进行细分(表7.5),我们发现,"知识"一级指标条目共标注内容97条。其中,二级指标中的"法学基础知识"标注内容59条,占比60.83%;"熟悉党和国家的方针、政策法规"标注内容15条,占比15.46%;"人文社科与自然科学基础知识"标注内容14条,占比14.43%;"掌握法学及相关学科分析方法"标注内容9条,占比9.28%。

　　整体来看,一方面,高校在本科法学人才培养方案的知识要求方面,多以学习法学基础理论知识为中心,以党和国家的政策法规、人文社科与自然科学的学习为补充。另一方面,除了与《国家标准》相对接的经典条目外,各高校不同程度地将学校特色优势与法学专业知识要求相融合,例如,大连海事大学独树一帜地将办学特色和专业基础相结合,要求学生熟悉国际航运、经贸实务等法学专业知识;山东大学、大连海事大学、沈阳师范大学提出了要熟悉国外相关政策和法规、掌握国际规则、国际公约和惯例、了解国际法学前沿理论;9所高校要求学生掌握法学的基本分析方法、技术和研究手段;12所高校提出了要熟悉我国党和国家的方针、政策法规的要求;12所高校提出了学习人文自然社会科学知识的要求,在此基础上,烟台大学和上海财经大学还分别提出了要具备工程技术的综合背景知识,初步具备经济、管理等方面的相关知识等细化内容。当然,就整体而言,不管是《国家标准》还是样本高校的具体培养目标,部分样本高校对于党和国家的政策法规与人文自然科学知识的学习,并未在培养目标中直接指出;对于法学研究方法的要求也只有部分学校有,且只是笼统提及,其中并无相关具体实质内容。

　　当然,如果把培养目标中的法学基础知识标注内容59条在知识一级指标占比超过60%,培养目标总占比近17%;熟悉党和国家的方针、政策法规标注内容15条,在知识一级指标中占比近16%,培养目标总占比4%左右的这一统计结果,与表7.6课程设置中专业理论课程近90%的占比相勾连,我们自然而然会提出如下问题:样本高校的法学基础知识到底以什么为内容?它与中国特色社会主义理论体系、制度体系和话语体系之间的关系是什么?

　　2. 能力目标特征分析

　　在法学专业培养目标编码统计结果中,能力条目标注内容最多,共计159条。其中,二级指标法律实务技能的标注内容75条,占比47.17%;涉外交往技能的标注内容36条,占比22.64%;研究创新技能的标注内容35条,占比22.01%;计算机技能的标注内容13条,占比8.18%。

　　也就是说,样本高校的培养目标中,普遍要求学生具备独立自主地获取法学专业知识的能力、分析解决问题的能力、研究创新能力和涉外交往能力。具体到涉外交往技能,山东大学、吉林大学、四川大学、河北大学、大连海事大学在基本语言能力要求之外，还明确规定学生要通晓国际规则、具备国际视野，能够开展涉外交往；大连海事大学等 11 所高校要求学生具备从事法律工作需要的计算机能力，山东大学对学生的计算机能力提出了更具体和更高水平的要求，即要求学生能够运用现代信息技术和工具获取信息、使用相关模型进行分析和判断。

由此可见，高校以培养学生法律实务技能为主，对法律实务技能、研究创新技能规定较为细化和完善。具备法律实务技能的标注内容 75 条，能力二级指标中占比 47.16%，培养目标总占比 21.45%；涉外交往技能的标注内容 36 条，能力二级指标中占比 22.64%，总占比 10.32%；研究创新技能的标注内容 35 条，能力二级指标中占比 22.01%，总占比 10.03%；计算机技能的标注内容 13 条，能力二级指标中占比 8.18%，总占比 3.72%。一句话，大多数高校对于外语技能和计算机技能要求较低，而且还缺乏细致性的表述规定。它们都可能会使样本高校法治人才培养过程的可操作性不强，无法满足国际化、现代化的法治人才培养的现实需求。

同样，结合表 7.6 课程设置中的专业实践课程占比仅 10% 左右的统计数据事实，我们不禁也要问：作为培养目标标注内容中最多的一级指标，在总条目中占比近一半的能力目标，这是如何保障和实现的？特别是在国际化和网络化的 21 世纪，我们的培养目标中对于涉外交往技能和计算机技能的两项合计要求，在能力二级指标体系中不足 15%，又是如何回应卓越法治人才 2.0 版所要求的"培养一批具有国际视野、通晓国际规则、能够参与国际法律事务、善于维护国家利益、勇于推动全球治理规则变革的高层次涉外法治人才。服务'一带一路'倡议，着力培养熟悉'一带一路'共建国家法制的高素质专门法治人才"的教育教学目标的呢？

3. 素质目标特征分析

在法学专业培养目标编码统计中（表 7.5），作为一级指标的素质条目共标注内容 93 条。其中，专业素质的标注内容 50 条，占比 53.76%，综合素质的标注内容 43 条，占比 46.24%，二者作为二级指标，内部不分伯仲。

具体来看，无论是专业素质还是综合素质，20 所样本高校在培养方案中的要求都与《国家标准》大体相同，同质化程度较高。例如，具备职业道德，具有社会责任感、强烈的法律职业认同感，具有服务于建设社会主义法治国家的责任感和使命感，具有健康的心理的体魄，等等。当然，也有几所样本高校根据学校类型和学科定位，提出了相应的个性化的素质要求，例如，同济大学特别提出要重点培养既具有欧洲法基本专业知识，又精通英语或德语的涉外卓越法律人才；大连海事大学具体提出要培养适应国家航运、经济发展和海洋强国战略需要的国际型、应用型、复合型高素质法律人才；云南民族大学、西南民族大学基于办学定位与目标，规定了为边疆民族地区法治建设服务等特色内容。

由此可见，虽然专业素质（14.33%）与综合素质（12.32%）的标注内容占比不相上下，但二者合计在培养目标中的总占比为四分之一左右。这个占比不仅整体偏低，而且再结合 2018 版《国家标准》的 10 门专业必修课程中，截至我们的最后统计日期，法律职业伦理课程作为《国家标准》中首次列入的法学专业核心必修课程，20 所样本高校中竟然还有 9 所高校尚未开设这一事实，我们认为，样本高校整体上对卓越法治人才 2.0 版对法治人才培养目标的转变认识依然不到位，特别是对如何围绕新的"德法兼修"目标，贯彻落实"坚持以马克思主义法学思想和中国特色社会主义法治理论为指导，围绕建设社会主义法治国家需要，坚持立德树人、德法兼修，践行明法笃行、知行合一，主动适应法治国家、法治政府、法治社会建设新任务新要求"重视不够。

## （二）课程设置特征分析

从法学专业课程设置比例（表 7.6）来看，作为一级指标的"专业理论课程"共标注内容 1387 条，总占比 88.34%；"专业实践课程"共标注内容 183 条，总占比 11.66%。这说明，现阶段法学专业理论课教学依然在法治人才培养中扮演着决定性的角色。

1. 专业理论课程特征分析

第一，法学专业核心课程设置是法学教育的重中之重，是培养目标落实的载体与渠道。在一级指标的专业理论课程标注内容的 1387 条中，作为二级指标的专业核心课程标注内容 519 条，占比 37.42%。在《国家标准》规定的"10+X"课程设置模式中，10 门必修课程中有 7 门开课率达到 100%，需要特别指出的是，法律职业伦理课程自 2018 年被《国家标准》列为法学专业核心必修课程后，9 所样本高校未开设，样本高校的开课率仅为 55%；20 所样本高校都开设的"X"课程为：商法学、经济法学、国际经济法学、知识产权法学。

第二，专业拓展课程标注内容 541 条，占比 39%。目前主要包括如下三大类：一是部门法相关课程，例如中国人民大学的物证技术学、清华大学的宪法学文献选读等；二是法律实务技能课程，例如中国政法大学的司法鉴定学概论、四川大学的律师与公证等；三是为培养复合型法治人才，学校依据自身优势开设的特色专业课程，例如清华大学的经济学原理、江西财经大学的会计学原理等。

第三，交叉课程标注内容 65 条，占比 4.69%。基于法学与其他学科之间天然的联系，法学吸收其他学科的知识成果，并从法治角度对社会现象进行多维解读；加之众多法律问题并非纯粹的法学问题，是介于法学与其他学科的双边问题或多边问题。[①]目前，法学专业理论课程中的交叉课程，主要表现为文文交叉、文医交叉、文理交叉。其中，文文交叉占比最高，法学与哲学、政治学、经济学、社会学、逻辑学的交叉尤为突出。典型者，如以江西财经大学为代表的财经类样本高

---

① 张文显. 法理学[M]. 北京：高等教育出版社，2018.

校在"法经融合"理念推动下所开设的法务会计和司法会计学等课程。除传统文文交叉课程外，样本高校也开始探索法学与其他人文社会学科的交叉，如艺术设计与法学、法学与媒介、信息法学等新兴专业课程。文理交叉、文医交叉课程的设置，比重相对较小。文理交叉主要表现为法学和心理学交叉，例如犯罪心理学等；文医交叉主要表现为传统的法医学、犯罪心理学等，此外，四川大学还开设了医事法学，湖南师范大学开设了司法心理学和司法精神病学等。

第四，涉外课程标注内容 257 条，占比 18.53%。鉴于当前世界正处在局势加速演变，国际环境不稳定性不确定性明显上升的历史阶段，法治成为国家能力与竞争力的重要内容①，所以，培养具备跨文化沟通能力，熟悉国际规则，德才兼备的高素质、高层次的专门型、应用型涉外法治人才，是新时代中国法学教育特别是新文科建设的新使命。涉外课程标注内容的统计结果说明，样本高校普遍注重涉外课程建设，95%样本高校开设了涉外课程，课程开设内容包括国别法和国际法两大模块。国别法课程设置主要涉及英美法系与大陆法系代表国家的相关法律和区域特色法律制度研究，如德国刑法、美国宪法、南亚东南亚法律制度等。随着国际法调整范围从传统的陆地疆域向海洋、极地、外空、网络空间的迅速扩展，国际法课程的开设除了传统国际法课程如世界贸易组织法、国际投资法学、国际仲裁法外，还增设了国际网络空间法、国际航空法等课程。总体来看，样本高校的涉外课程开设体系完善，为我国涉外法治人才培养提供了必要的支撑。

第五，大数据课程标注内容 5 条，占比 0.36%。随着新科技和产业革命浪潮的奔腾而至，人工智能、大数据、区块链、5G 技术等新科技的发展，对新时代法治人才培养提出了全新的需求。为了培养"法律+互联网""法律+大数据""法律+人工智能"等的高端复合型人才，部分样本高校率先探索开设了"大数据+法学"课程。例如，2018 年 7 月四川大学开设了计算法学与法律大数据分析课程，通过裁判文书大数据，建立以原、被告等法律实体为主的知识图谱，帮助学生了解数据思维和人工智能；同年湖南师范大学开设的大数据与法律检索课程，以学生为中心，通过大量真实的法律检索应用场景完成教学任务，确保学生迅速掌握检索技术并运用到法律实务与法律研究中去；2020 年上海财经大学的大数据与AI 法课程，则强调信息化培养机制，注重提高学生数据运用能力和创新能力。

总之，样本高校的专业基础理论课程设置，基本上反映了本科法学高等教育的人才培养方向和目标，特别是做到了与中国特色社会主义市场经济主流及其对法治人才培养需求的同频共振。当然，未来中国特色社会主义法治事业的接班人，不仅要拥有精深的专业法律理论知识与实践操作技能，更要有坚定的奉献社会和民族复兴的理想信念，传承中华优秀传统法律文化的使命担当，也就是说，包括

---

① 栗战书. 习近平法治思想是全面依法治国的根本遵循和行动指南[J]. 中国人大，2021(2)：6-9.

法律职业伦理等在内的法治人职业道德、家国情怀等综合素质教育，应在高校课程设置中进一步得到加强和重视。法学交叉课程设置中重文文交叉，轻文理交叉、文医交叉的现象，也需要在新文科建设过程中平衡；涉外课程开设中"重国际法，轻国别法""重大国法、轻小国法"的倾向，也需要配合"一带一路"倡议及其"政策软联通"的战略需求的深入推进；最后，在全国高校都跟风互联网新科技热潮的背景下，进一步将现代信息技术融入传统法学教育，加大大数据课程开设数量和质量，是古老法学学科及人才培养体系借力"科技+人文"东风实现凤凰涅槃的关键步骤。

2. 专业实践课程特征分析

从 2012 年卓越法律人才 1.0 开始，以落实法学专业的职业教育理念，提升法学生实践能力和社会责任感为目标，全国高校开始纷纷探索创新校企协同人才培养机制，建立了包括法院、检察院、律师事务所等在内的数量较为充足的、多层次、多类型的教学实践基地，并相应地开设了种类繁多的实践课程。如表 7.6 所示，作为一级指标的专业实践课程共标注内容 183 条，其中标注内容中二级指标的实训课程是 148 条，占比 80.87%；社会实践是 30 条，占比 16.39%；实验课程是 5 条，占比 2.74%。

目前来看，专业实践课程设置中，实训课程相对内容丰富、形式新颖，占比 80% 以上，主要包括法律诊所、模拟法庭、检察实务、律师实务、仲裁实务等课程形式；以法制宣传与法律咨询、法律援助实训、创新创业教育、司法见习等为主要内容的传统社会实践课程，则处于衰落阶段，占比仅六分之一左右；实验课程作为法学教育和课程设置的新兴事物，近年来刚刚开始在国内外各高校文科教学中兴起。[①]样本高校的实验课程设置主要采用虚拟技术，让学生身临其境面对司法实务运行中的热点、难点问题，以实验教学促进理论深化。受制于教育理念、技术支撑和内容创新等制约因素，实验课程在专业实践课程中占比不足 3% 且课程开设率低。需要指出的是，部分样本高校在实验课程方面的探索已初具成效，如中国人民大学的证据学实验、河北大学的物证技术实验和法医实验、湖南师范大学的法律情景实验课堂等。

总之，专业实践课程在课程设置中总占比 11.66%（具体包括实训课程 9.43%、社会实践 1.91% 和实验课程 0.32%），处于陪衬地位，又与目前对法学专业的实践特征的主流认识特别是法治人才培养目标中对能力目标的过分突出和强调，三者间形成了非常紧张的关系。新文科建设背景下，如何化解法学专业人才培养在目

---

① 中华人民共和国教育部政府门户网站. 教育部财政部关于印发《高等学校哲学社会科学繁荣计划(2011—2020 年)》的通知[EB/OL]. (2011-11-07)[2021-10-02]. http://www.moe.gov.cn/srcsite/A13/s7061/201111/t20111107_126304.html.

标与实施手段之间的结构性张力，是一个亟待引起高度重视的问题。

## 三、法学专业培养方案完善的循证思路

新时代提出的新文科建设,给本科法学专业人才培养带来了新的机遇和挑战。我们秉持循证社会科学的上述先进理念与实证方法特征,以为国家教育主管部门和各高校法学教学管理部门的法学专业新文科建设提供精准循证决策依据为落脚点,通过实证化地审视目前法学专业本科人才培养的文本现状,从顶层设计、实践教学、方法创新、学科融合等四个方面,为法学专业的新文科建设,提出如下路径选择建议。

### (一)完善法学专业人才培养顶层新设计

新文科旨在通过推动人文社会科学与社会经济发展更好地匹配,精准对接国家战略。[1]要实现这一愿景,需要上到顶层设计、下到具体措施的协同布局。《新文科建设宣言》指出,新文科建设要构建世界水平、中国特色的文科人才培养体系。《国家标准》的培养目标中提出,要培养坚持中国特色社会主义法治体系和熟悉国际规则的复合型、应用型、创新型法治人才。循证理念的天然优势与传统法学专业在"新文科"建设热潮中寻求革新的时代使命不谋而合。从政策研究者到政策制定者再到政策实践者之间闭环印证的循证理念,可以为法学专业的建设方案提供完整的探究思路。

根据本节的实证统计分析结果,对标新时代"新文科"建设和《国家标准》设定的培养目标,在循证理念的指导下,《国家标准》与各高校培养方案的设置可以从如下四方面对法学本科专业人才培养方案进行调整完善:一是以国家战略为法学本科专业人才培养方案顶层设计调整依据,深入研究制定本科法学专业新文科建设政策、调研各高校培养方案的实体与程序实践现状[2],将国家战略布局与法学专业新文科建设的政策制定、高校实践相结合,进一步完善《国家标准》,使《国家标准》的内涵更加符合时代发展和科技进步的新要求,进一步自上而下地将法学专业《国家标准》与中国特色社会主义法学理论体系、法律制度体系和法治话语体系相联系;二是回应卓越法治人才 2.0 的要求,将"德法兼修"培养目标,特别是"一带一路"涉外法治人才培养目标中关于知识、能力、素质的具体要求增列在《国家标准》中;三是调整和细化各高校的培养方案,加强对中国特色社会主义法治理论的研习,创新法学相关研究方法,提倡高校在培养方案中

---

① 杨克虎,魏志鹏. 探索新文科背景下循证社会科学新发展[N]. 中国社会科学报, 2020-12-08.

② 我们特别需要指出的是,基于依法治国的应有之义,特别是依法治校的特殊价值考量,竟然有相当一些高校不能向社会公开其法学本科专业人才培养方案及其更新动态,就显得非常匪夷所思和令人费解。

强调办学特色和对定位的差异化描述，形成各自的人才培养特色；四是落实《国家标准》中规定的法学本科核心课程在高校的开设，各高校对"习近平法治思想概论""法律职业伦理"等课程的开设进程与质量。此外，还应该积极推广计算法学、法循证学、大数据法学、人工智能法学等专业设置和课程开设，大力促进法学教育的守正创新。

## （二）打造高品质法学实践教学和课程新体系

"新文科"要求促进文科教育与社会实务的紧密结合，聚焦中国问题的解决，更好地服务国家和社会治理、服务经济社会发展大局。法学教育的核心任务是培养能够促进生产力、拥有创新思维和价值判断力、能够在实践中做出最佳决策的法治人才。面对社会的巨变，法学实践教学要在各个方面共同创新，主动适应、积极回应时代的呼唤。从内容特征分析结果可以看出，样本高校专业实践课程的开设与法学基础理论课程相比，无法有效支撑上述培养目标的实现。所以，新文科建设中应该继续加大法学专业实践课程设置的比例，进一步强化法学实践教育。

在专业实践课程中，实训课程因为推广时间较长，高校普遍都有开设且种类丰富，未来各高校还应该加强与法院、检察院、律所及其他社会实践部门的全方位合作，充分整合利用校内资源和社会资源，大胆开展体制机制创新，培养高素质的法治人才。同时，广泛带领学生参与社会实践，帮助学生树立以人民为中心的新时代特色法治理念，让学生真正走进社会、走进生活，了解社情民意。借助循证社会科学的证据资格判定、证据质量控制方法，为法学实验课程开设提供可参考的方法依据。[①]承担中国特色社会主义法治人才培养的高校，还应进一步创新实践平台，通过从现实中所获得的各种大数据信息，对其进行科学梳理、筛选、分析，从而为亟待解决的各种现实问题提供智能化的决策与方案咨询。一方面，在现有的法律实践、校企深度协同实践基础上，融入大数据实践平台，创新法学实验室形式，将证据资格判定、证据质量控制方法引入证据实验课程。另一方面，各高校还应当借鉴循证实践路径，积极搭建国际实践通道，与国外的司法部门和国际司法组织、法治智库共同搭建国际法律交流平台，让更多的学生走出去，到国际法治环境中加强实践能力的锻炼，为"一带一路"建设贡献法治人才力量。最后，要在课堂设计中更多地引领学生参与社会实践，了解社情民意，帮助学生树立以人民为中心的新时代中国特色法治理念。让学生真正走进社会、走进生活，学会从现实中获取各种大数据信息，并对其进行科学梳理、筛选、分析，进而为亟待解决的现实问题提供智能化、精准化的决策方案支撑。

---

① 魏志鹏，杨克虎. 循证社会科学视角下的新文科建设路径研究[J]. 兰州大学学报（社会科学版），2021，49（1）：142-150.

## （三）拓宽法学研究和法治人才培育质量新视角

"新文科"背景下法学学科的发展不仅需要学科理论创新，更需要培养对象在知识、思政和能力三个方面实现研究方法与思维方式的创新。法学方法是法学教育中一部分基石性的内容，不论是在法学理论研究还是法律实践中，都具有非常重要的作用。现阶段法学教育中的法学研究方法种类繁多，既包括案例分析、文本分析、社会调研、文献计量学等在内的定量实证研究方法，也包括价值判断、逻辑推演等在内的定性研究方法，以及包括系统评价在内的融定量分析与定性分析一体的综合研究方法，等等。但因为传统法学研究强调以法律规范的适用为中心，高校法学人才培养中占主导的研究方法也主要是规范研究和定性分析，对实证分析、定量分析的研究方法很少涉及。至于更加前沿、复杂和新颖的量化技术——如大数据分析、文本挖掘等，更是付之阙如。[1]虽然《国家标准》在培养目标的素质要求中规定了要掌握法学类专业的思维方法和研究方法，但纳入本节研究的 9 所样本高校，在培养目标中仅仅提及要掌握法学的基本分析方法和技术，并未明确研究方法的具体内容，未根据时代需求对研究方法提出与时俱进的内容更新，甚至在课程设置中，仅有 3 所样本高校开设了学术写作与研究方法课程。样本高校法学人才培养目标中法学研究方法规定的模糊性和课程开设的缺失，都使得法治人才的培养根基不稳。

新科技革命正在推动法学研究方法的革新，掌握大数据时代的法学研究方法是卓越法治人才培养的应有之义。法学专业的建设应当广泛借鉴信息科学技术与计算机科学技术、管理科学与经济科学等相关学科的研究方法，如此方能获得长足发展。新文科建设背景下，各高校在法治人才培养中应该提高对法学研究方法的重视程度，在培养方案中增加其比重，对法学研究方法具体内容进行细化和补充，要求学生与时俱进熟悉和掌握新兴法学研究和分析方法。同时在课程的设置中，系统开设专门的法学分析方法相关的课程。例如，循证社会科学研究方法的目的就是以定量分析为主导，基于证据决策思想，在海量数据的基础上，借助现代信息技术和科学规范的分析方法对证据综合应用，以期得到更加有效、可靠的决策。其系统性和规范性方法优势，将为传统法学研究方法注入新鲜血液。[2]

## （四）推动法学学科的多学科交融发展新途径

在数据科学、循证科学、生物信息学等前沿新兴交叉科学涌现的同时，相关的法律、伦理、道德问题也随之而来。单从技术角度无法感知和处理其所引发的

---

① 杜维超. 论法学教育中的多学科交叉融合[J]. 中国法学教育研究，2018(4)：58-74.
② 刘光华. 法循证学：法学与循证科学的交叉方法和领域[J]. 图书与情报，2018(3)：11-17，49.

深层次政治、经济、社会、文化、生态等矛盾，要立足长远需求真正解决实际问题，就必须依靠多学科交叉汇聚与多技术跨界融合。[①]促进多学科实现交融发展也是新文科建设的核心要求。循证社会科学作为学科交叉融合的新贵，不仅为"新文科"建设提供了成功的范例，同时也为法学与其他学科之间的交融发展提供了很好的参照。

高校应在"宽口径、厚基础"的原则上，继续加强法学与特色人文社会科学的交叉，充分盘活现有教学资源，进一步关注法学与医学、信息学、统计学、计算机技术、人工智能、互联网大数据等专业的交叉。扩大文理交叉、文医交叉在课程设置中的比例，促进法学与理工医专业的真正交叉融合，着力打造各自的优势特色专业。首先，以大数据、计算科学的发展为契机，教育部应在高校中推广已在清华大学、四川大学成功探索开设的计算法学和人工智能法学、法律大数据等课程经验，引入国外法学教育中已广泛开设的循证公司法、循证医事法等法循证学[②]课程，扩大循证理念在法学教育中的应用范围，进一步探索循证理念在特定法律领域的功能和地位，为实现法学与其他学科的共融共生相互助力。其次，以立法和社会热点为导向，建设模块化的特色专业拓展课程，开设系列政法主题大讲堂，例如"法律与金融""法律与互联网""法律与环保"等；深入推进法学素质教育和专业教育基础上的职业教育。最后，在课程设置之外，通过创新创业教育，打破学科、专业、产业、学校之间的壁垒，实现跨学科学习的校内外协同，使交叉学科和课程的设置在实践中得到进一步的检验，使法学教育与社会经济发展协同共进。

## 四、结语

当今世界形势纷杂多变，科技进步日新月异，新文科建设已随着时代巨浪呼啸而至。新时代、新需求在为我国高等法学教育卓越人才的培养及法学学科创新发展带来许多机遇的同时，也形成了诸多挑战。在中国特色社会主义法治建设新语境下，法学学科如何追逐新文科建设大潮，乘风破浪，革故鼎新，既是建设中国特色社会主义法治的重要实践环节，也是推进高等法学教育发展的必然要求。经历过去四十年的不断探索，中国高校法学专业人才培养方案，不管在专业基础理论知识的学习和实务技能的培养，还是专业、综合素质的提升等方面的体系，都业已基本成型，并日趋成熟。但在顶层设计理念、研究方法创新、实践教学模式探索、交叉学科建设等与新文科对标的内涵建设方面，还有不少有待完善之处和亟待创新的空间。总之，未来新文科背景下的法学专业建设，亟须依照现代循证社会科学所提供的全新方法，做出坚实证据基础上的科学决策。

---

① 朝乐门. 数据科学导论的课程设计及教学改革[J]. 计算机科学，2020，47(7)：1-7.

② 刘光华，赵幸，杨克虎. 循证视角下的大数据法治决策证据转化研究[J]. 图书与情报，2018(6)：32-38.

# 第八章　系统评价方法的法学应用

　　系统论或系统科学是兴起于 20 世纪西方现代社会的前沿交叉科学理论，系统评价是其在医学领域深度应用的成果。但如果追溯其思想基因，那么可以说，以周易为代表的传统东方哲学思想，使得中华民族的思维方式自始就被打上了整体思维、"道统" DNA 或者"统合论"比较优势的深刻烙印。[①]

## 第一节　系统评价方法概述

### 一、系统评价方法的概念

　　系统评价（Systematic Review，SR），是指一种按照一定的纳入标准广泛收集关于某一科学问题的研究文献，对纳入研究的适格文献进行严格的偏倚风险和证据质量评估，将各研究结果进行定量合并分析或定性分析，以对该问题进行系统总结的循证科学研究方法。系统评价方法主要分为定量系统评价和定性系统评价两种。

　　就如同循证科学思想萌芽、方法成型且实践盛名于医学领域一样，系统评价方法内涵与外延的挖掘、探索工作也同样是由循证医学界完成的。循证医学创始人伊恩·查尔莫斯（Iain Chalmers）爵士等将其定义为：采用各种方法以减少偏倚和随机误差并将其记录在案和研究报告的方法中的一种证据合成方法。美国医疗保健研究与质量局（The Agency for Healthcare Research and Quality，AHRQ）将系统评价简洁明了地界定为：临床文献的总结。即研究人员就某一特定临床问题，系统全面地收集证据，采用一定的标准评价和总结证据。通过对研究的客观评价和总结，进而解决一个特定的临床问题，也可包含定量数据分析。循证医学国际科克伦协作网（The Cochrane Collaboration，CC）则更多地从方法的规范流程和实际功用角度，对系统评价进行了描述性定义。它认为：系统评价全面收集符合纳入标准的证据，以期解决某一特定研究问题，采用严格和

---

① 蒙培元. 论中国传统思维方式的基本特征[J]. 哲学研究，1988（7）：53-60.

系统的方法收集证据，尽最大的可能降低偏倚，呈现可靠的证据，进而得出可信的结论。

虽然不同学者和专业组织对系统评价的定义方式不同，但大多数认可的关于系统评价的基本要素，通常都包括如下四个，即：①制订全面的检索策略和严格的纳入排除标准；②评估纳入研究的偏倚风险；③对纳入研究资料进行定量或定性分析，获得纳入研究的合并效应量或定性结果证据；④估计所获证据的质量，在此基础上形成对临床(决策)实践的应用推荐。

总之，系统评价作为一种以合成证据(Synthesize Evidence)为特征的循证研究方法[①]，针对特定科学问题，系统全面收集所有相关研究文献，并按照科学标准筛选文献、严格偏倚风险、评估证据质量并进行定量合并分析或定性客观评价是其方法内核。当然，基于循证科学与医学学科思想交叉生成的原生背景与路径依赖，在此进一步提醒中国社会科学研究者，在充分学习借鉴循证医学发展经验和方法成果的基础上，一定要结合社会科学特别是中国特色法学的法治文本、制度实践和价值理念，在批判性反思的基础上，探索构建系统评价方法在法学中交叉融合的特定场域与方法边界，让法循证学方法真正扎根和服务于中国的人文社科大地。

## 二、元分析方法概述

为了充分利用不断增长的相关研究大数据样本进行整合分析，进一步凸显和完善系统评价的方法优势，以便得出更加科学、准确和可靠的结论，各领域的统计学家们特别是循证医学专家们不断拓展和完善相关统计分析方法与评估模型，并对评估效果好的药物和医疗措施在现实生活中广泛推广应用，最终于 1976 年由美国统计学家基恩·格拉斯(Gene V. Glass)正式命名了一种系统评价新方法——"元分析"(meta analysis，MA)。[②]

元分析，作为一种定量的统计分析方法，是指通过全面收集所有相关研究，逐个进行严格评价和分析研究结果间差异的来源，利用定量合成方法对具有足够相似性的结果资料进行统计学处理，进而得出综合结论的系统评价过程。它既是最常用的统计分析方法，也是最具代表性的定量系统评价。

当然，需要指出的是，在系统评价方法发展的不同阶段，不同的组织和研究

---

① Matowe L, Gilbert F J. How to synthesize evidence for imaging guidelines[J/OL]. Clinical Radiology, 2004, 59(1): 63-68. https://doi.org/10.1016/j.crad.2003.09.002.

② 吉恩·格拉斯(Gene V. Glass，1940 年 6 月 19 日生)，美国统计学家，从事教育心理学和社会科学研究，任职于内布拉斯加大学林肯分校(1962 年)，威斯康星大学麦迪逊分校(1965 年)。

者对元分析的定义也略有所不同，主要呈现如下（表8.1）。

**表 8.1　元分析定义一览表**

| 个人/组织名称 | 元分析（MA）的定义 |
| --- | --- |
| 科克伦（Cochrane）协作网 | 采用统计方法将不同研究数据进行合并。这种方法可以充分利用系统评价收集的所有信息，进而增加统计检验的效能。通过采用统计方法合并相似研究，可以提高结果效应量的精确性 |
| 美国国家医学图书馆（National Library of Medicine，NLM） | 合并不同独立研究（通常基于发表文献）、总结不同研究结果的统计方法，指导临床实践和科研，以便评估治疗效果和开展新的研究 |
| 希梅尔法布（Himmelfarb）健康科学图书馆 | 是系统评价方法之一，是一种统计方法，可以系统地合并不同研究的定量或定性数据，进而得到一个具有更好统计学效能和精确性的结论 |
| 医疗保健研究与质量局（AHRQ） | 对不同研究数据合并的统计学方法 |
| 克里斯达林·索尔特斯-帕德涅奥特（Kristalyn Salters-Pedneault）美国东康涅狄格州立大学心理学系（Eastern Connecticut State University，Department of Psychology） | 一种研究类型，可以对某一个研究问题的所有研究进行分析和合并，进而发现这些研究结果间的一般趋势。可以克服原始研究样本量较小的问题，帮助确定一个研究领域的研究趋势 |
| 基恩·格拉斯（Gene V. Glass） | 是对一系列研究结果进行统计学分析，进而整合这些研究结果 |
| 克龙比（Crombie）等 | 合并不同研究的统计学方法，通过合并两个及以上的随机对照试验来评估治疗措施的临床有效性；元分析可以提供一个精确的治疗效应，且根据纳入研究的大小和精确程度赋予不同的权重 |

　　通过比较上述定义，不难发现，元分析首先是一种统计学方法，该方法可以对不同研究结果进行合并，进而得到一个更精确和统计效能更高的定量结果。这种统计方法可以对研究结果间的相似性进行定量或定性的评价，特别是可以克服传统文献研究中原始研究样本量较小的问题。基于元分析方法的内在价值理念和方法规范，采用元分析方法开展的随机对照试验效果评估，有利于减少传统文献综述由于缺乏系统全面的文献检索所存在的随机误差，特别是由此所造成的潜在的研究结果偏倚。20世纪90年代，随着专门制作和更新系统评价的国际组织科克伦协作网的诞生，这个全球化与组织化循证科学学术平台，进一步推动了医学各个领域系统评价特别是元分析成果生产的数量与质量，绝对数量与相对数量都在逐年上升；这也使得动词形态的循证科学研究方法在名词化为系统评价或元分析报告后，其本身现已成为最常被引用的且具有较高信度的决策证据来源。

　　截至目前，国际循证社会科学界达成的共识是，一些包括元分析在内的循证科学方法，有其特定的适用性，可以在医学等自然科学属性浓厚的学科领域充分发挥其方法特征，但在人文气息浓厚的人文社会科学领域，其方法的适用性尚存疑，有待进一步的观察、挖掘和培育。①因此，本书也只是对元分析方法进行提示性介绍，随后将专门和重点介绍其他系统分析方法在法学领域的应用。

## 三、系统评价方法的特征

### （一）系统评价方法具有鲜明的目的导向性

针对特定具体现实问题开展定量实证研究，是循证方法的一般特征和前提性方法要求。系统评价作为一种基本也更为高级的循证研究方法，还需要在问题取向上拥有更加清晰的研究目的，并且能够获得一个清楚阐明评价目的的系统评价标题。由此可见，无论是"无病呻吟"的个体情绪宣泄式表达，还是"纸上谈兵"话语屠龙术式的宏大叙事，更不用说中国社会科学特别是法学界广为流行的"胡言乱语、不知所云"的高大上语词堆砌成的所谓综述性研究成果，都因为无标无的、无根无据，而无法被称为系统评价，也无法对其进行系统评价。一句话，系统评价必须来自实践真实需求、使命是服务现实问题决策。不同于传统法学研究原则上可以根据研究进程和研究素材变化而进行弹性调整，法循证学系统评价中，事先确立的问题导向基础上的明晰研究目的，是决定系统评价成败及成效大小的关键（甚至是不可逆转的）因素。

### （二）系统评价方法具有突出的系统整合性

正是因为系统评价方法的目的导向性，为此，在运用系统评价方法开展法学研究过程中，首先就需要根据已确定的系统评价研究目的，科学制定系统全面的检索策略，最大限度地保障无遗漏地纳入已发表和未发表的相关主题研究文献。这个检索策略制定是连接研究主题与其后所有具体系统评价工作的桥梁，其重要性不言而喻。当然，系统评价方法的系统性主要是强调：因为其中必然蕴含着传统人文社科研究中不存在的大量而繁杂的数据析取和编码工作，所以，对应当纳入研究的文献数据库、适格文献数量及具体研究内容，都不能进行"走捷径式"的随机抽取或者主观裁剪。系统评价方法整合性则是要求，为了保证系统评价结论的可靠性与实效性，对不同统计方法获得的所有同质或相似研究数据进行综合分析和证据合成，进而发现这些研究结果间的一般趋势，最终得到一个具有更好统计学效能和精确性的结论。也因为如此，元分析又被更加精当地翻译为"荟萃

---

① 本书第三章法律法学数据库中，特别借用的 2023 年 1 月 9 日由兰州大学社会科学处、循证社会科学交叉创新实验室及循证社会科学研究中心联合策划和主办，兰州大学特聘外籍教授霍华德·怀特（Howard White）主讲的学科前沿交叉专题培训课程《循证政策：以证据架构助力证据革命》（Evidence-based policy: building the evidence architecture to support the evidence revolution）中，就非常明晰地表达了这个观点。

分析"。

### (三)系统评价方法具有严格的科学规范性

虽然不同组织机构和专家对系统评价的定义略有不同，但评价过程的科学性与规范性，既是其区别于传统定性法学研究方法的最大特征，同时还是其内在不可须臾偏离的主轴。不管是胡适教授的口头禅"拿证据来"①，还是李昌钰博士的"让证据说话"②，都要求我们凡事要从具体问题入手，"大胆地假设，小心地求证"；且在求证过程中，"凡事要拿出证据来"，尽可能摒弃主观估量推测，"有几分证据说几分话，有七分证据不说八分话"。

为了实现系统评价方法所要求的目的导向性与系统整合性，首先，必须从系统评价方法的科学性出发，事先制订严格、明确、合理的研究文献排除纳入标准③，使用规范的统计方法进行文献检索，并全面系统地建立所有被检索研究文献的综合一览表；其次，严格评估纳入研究的偏倚风险，对纳入的适格研究文献进行定量或定性分析，获得纳入研究的合并效应量或定性结果证据；最后，按照偏倚最小、可靠性最大原则，综合评估所获证据的质量，在此基础上形成系统评价结论。总之，系统评价的科学规范性，就是要求整个研究过程在问题导向基础上的可重复、可验证与可更新，以及对每一研究步骤的详细、透明报告。以此来保障在真实问题、现实目标基础上，获得普适化研究结论与决策证据，服务各个环节的法治决策和实践应用。

### (四)系统评价方法具有较强的内部包容性

系统评价方法，如同其他循证科学方法一样，它们从产生时代背景、生产需求及设计理念等各方面，都应运而生突破了"原子结构"而具有"家族相似性"特征。也就是说，循证科学方法内部的文献计量学、系统评价乃至元分析等方法之间，既有家族成员的相似性，同时又有各自作为一个相对独立自主的方法而获得的存在合法性。即，相互之间不是非此即彼的矛盾排斥对立关系，而是在适宜的条件下，可以互相转化。所以，对于检索到的适格研究文献，还要进行元分析方法适用可能性的评估，通过研究文献质量的评价，最终决定采取哪种最适宜的系统评价手段来达到最佳评价目的。并非所有系统评价都必须也适合用一种统计

---

① 胡适先生终生信服美国杜威的实用主义，该主义强调证据，忠于事实。主张一切事物都要拿证据来，并且要求重新估定一切价值。反对空谈主义，呐喊救不了中国，因为"主义"的大危险，就是能使人心满意足，自以为寻着包医百病的"根本解决"，从此用不着费心力去研究这个那个具体问题的解决法子了。

② 李昌钰, 拉比欧拉. 让证据说话[M]. 吴丹红, 译. 北京：中国政法大学出版社, 2012.

③ 具体还包括：对被纳入的每个研究文献的特点及方法学角度的质量进行分析，对被排除的所有研究文献建立综合一览表并说明排除理由，对合成的资料进行可能的敏感性分析等。

分析方法，如是否展开元分析或定量系统评价，要视纳入的研究文献是否具有足够的同质性或相似性决定，否则就只能进行描述性的系统评价，即定性系统评价。由此可见，只有当检索获得的适格研究文献系统全面时，才有展开系统评价的前提。即使如此，元分析方法作为系统评价的一部分，也不是所有系统评价都必须或可能对纳入的研究文献进行定量合并分析，对于异质性较大可能使数据的定量合并产生较高偏倚值的研究文献，就需要通过定性描述来分析其应用的适宜范围。

### 四、系统评价方法的意义

#### （一）系统评价方法的引入有利于弥合"问题与主义"间的对立

从人类社会科学研究的基本理论系谱和知识生产范式上，一直存在着定性研究与定量研究的分野，特别是在近代以来的西方知识生产范式和思想体系主导下，欧陆的定性思辨与英美的实证分析研究模式之间一直存在着"问题与主义"的争论。近代以来的中国人文社科学术界受此影响，也出现了胡适所谓的"多研究些问题，少谈些主义"的"问题与主义"对立立场，甚至引发了20世纪中国知识分子阵营的分化，影响中国知识生态至今。

但不管是从中国传统阴阳动态和谐统一的哲学观，还是马克思主义辩证法出发，这种对"问题与主义"简单的二元对立观，不仅有着浓厚的西方知识传统背景，事实证明也有着其天然的不足。同样以西方现代系统论为知识背书的系统评价方法，本身就超越了近代的机械科学主义观，包容了定量研究与定性研究。大数据定量研究方法的引入，使得特别长于价值判断和逻辑推导的人文社会科学，增添了一种科学实证的品性，摆脱了科学研究背后的权力、金钱、人情等因素的扭曲和影响。[1]

#### （二）系统评价方法的引入有利于促进制度的持续创新

除了上述理论意义外，系统评价方法引入法学研究在法治实践方面也具有重要意义。以系统评价再评价（Overviews of Reviews，Overviews）为例，在循证医学领域，通过研究者持续全面地收集同一疾病或同一健康问题的治疗、病因、诊断或预后等方面的相关系统评价，再次展开进一步的综合研究，以此来获得持续的知识创新和制度改进。其中所蕴含的深刻制度价值，对于法治实践意义尤为重大。因为现阶段的包括法学在内的社会科学研究存在的主要问题，一方面是对特定主

---

① 刘光华. 社会法总论思想市场的学术脉络与叙事演变(1978—2018)[J]. 兰州大学学报(社会科学版)，2022，50(2)：74-89.

题的研究整体上处于随机和零散状态，另一方面，在重大制度问题上又缺乏对基础的制度创新持续性的追踪跟进。这样，只有借助大数据系统评价提供的便利与可行性，无数个体研究者的"板凳要坐十年冷，文章不写一句空"，才能最终汇集、凝练和锻造成"积沙成塔、集腋成裘、积水成渊"的知识与制度上的"基因突变/核聚变"。

## 第二节　系统评价方法的法学例证

这一节，我们将以坎贝尔系统评价(Campbell Systematic Reviews)中一篇有关公司犯罪威慑手段的系统评价为例[①]，来具体剖析和规范展示循证学科的系统评价方法在法律领域应用中应有的分析框架、技术路线与方法特征。以此回应关于法循证学的前述理论认知与阐述，并为该研究方法的学习应用，提供范例引导。

## 一、坎贝尔系统评价案例[②]

### (一)评价报告目录

内容摘要
1. 评价背景
2. 评价目的
3. 材料方法
3.1 纳入排除标准
3.2 甄别检索策略

---

① 中国法律和法学体系中有一个类似概念，即单位犯罪(unit crime；crime committed by unit)。当然，顾名思义，单位犯罪的外延涵盖了公司犯罪。1987年1月22日经由第六届全国人大常委会第19次会议通过的《中华人民共和国海关法》，开创了中国单位犯罪的立法先河。1997年的《中华人民共和国刑法》首次在刑法总则的第三十、三十一条及分则相关条款中规定了单位犯罪。中国法律中的单位犯罪，是指公司、企业、事业单位、机关、团体等法定单位，经单位集体研究决定或由有关负责人员代表单位决定，为本单位谋取利益而故意实施的，或不履行单位法律义务、过失实施的危害社会，而由法律规定为应负刑事责任的行为。中国法律对单位犯罪的处罚采取双罚制(即对单位和单位直接责任人员均处以刑罚)为主，以单罚制(即只处罚单位直接责任人员)为辅。根据《最高人民法院关于审理单位犯罪案件具体应用法律有关问题的解释》(1999年6月25日)，个人为进行犯罪违法活动而设立的公司、企业、事业单位实施犯罪的，或者公司、企业、事业单位设立后，以实施犯罪为主要活动的，不以单位犯罪论处。

② 本案例改编自一篇发表在坎贝尔图书馆的法律系统性评价研究。See, Simpson S S, Rorie M, Alper M, et al. Corporate Crime Deterrence：A Systematic Review[J]. Campbell Systematic Reviews, 2014(4). 对于原文中所有的图标和附录等，基于必要性和篇幅考虑，都予以省略处理。读者可以由以下链接下载原文参阅：https://onlinelibrary.wiley.com/doi/epdf/10.4073/csr.2014.4.

3.3 编码类别细节

3.4 统计分析流程

4. 研究结果

4.1 效应量的计算

4.2 元分析结果

4.3 调节变量分析

5. 研究结论

6. 评价更新

7. 声明致谢

8. 参考文献

8.1 系统评价文献

8.2 其他引用文献

9. 图表数字

9.1 各阶段文献、案例数及检索编码数

附录一：效应量及其统计频率

附录二：不同研究类型效应量

附录三：文献特性与评价结果

附录四：树状图

相关性(ES-D)树状图

标准化均差值(ES-R)树状图

附录五：威慑效果调节变量类别

附录五：威慑效果调节变量类别(续)

附录六：编码协议

## （二）评价报告结构摘要

### 1. 评价背景

　　由于人们对公司犯罪防控策略的有效性知之甚少，使得公司犯罪本身成为一个讳莫如深的话题。众说纷纭的(传统法学规范论)公司犯罪定义，既影响了人们对公司犯罪现象的研究路径，同时也阻碍了遏制公司犯罪的实践展开。为此，本系统评价报告借助约翰·布雷思韦特(John Braithwaite)教授关于公司犯罪的狭义定义，即公司犯罪是指 "公司或职员代表公司所为的、为法律所禁止并惩罚的行为"。[①]循着这一路径，本系统评价报告重点评价以减少公司犯罪为目标、针对公司及其高层或管理层的所有法律措施。其中，干预措施虽然既可以是惩罚性也可

---

① Braithwaite J. Corporate Crime in the Pharmaceutical Industry[M]. London: Routledge & Kegan Paul, 1984: 6.

以是合作性的，但其均须以防止违法行为和提高公司守法水平为目标。

2. 评价目标

本报告的总体目标，是通过甄别和整合围绕现行法律和行政法规中公司犯罪防控措施的已发表和未发表研究文献，例如，政府执法机构、立法机构和监管机构针对公司犯罪的行动和措施，进而，评估这些措施对个人与公司违法行为的影响。其中，包含了旨在威慑和遏制不法行为发生的法律和行政干预措施，如新法律的出台、法律的新修订、监管机构的检查、惩罚性制裁和非惩罚性干预措施，等等。

3. 纳入排除标准

本评价报告选取的研究标准具有非常大的包容性。它囊括的研究文献具有最广延的方法论，摘其要者，如实验性方法（如实验室研究、梗概性调查）、准实验性方法（如事前与事后测试）、非实验性方法（如使用二手数据的相关性统计分析）；本报告的研究文献也包含了来自官方监管机构、公司报告、个人调查答卷等多种样态数据；我们的文献检索还涵盖了已发表和未发表论文、报告、文件及其他现成资料来源；以及根据调查报告，能够反映主体真实行为或真实行为意图的期待结果（outcome of interest）与公司违法等。

4. 检索策略

报告的文献检索以文献是否符合上述"公司犯罪"定义为据，在如下（共计41个）在线数据库和其他来源中甄别已发表、未发表研究文献。

已发表文献主要在以下数据库中检索。

社会工作摘要（Social Work Abstracts）；商业数据全文（Abstracts of Business Information）；心理学文摘（PsycINFO）；社会学文摘（Sociological Abstracts）；埃里克（ERIC）；CJA；世界政治科学文摘（Worldwide Political Science Abstracts）；商业资源精粹（Business Source Premier）；经济学文献（EconLit）；PAIS 国际（PAIS International）；世界分类（WorldCat）。

除此之外，本报告在以下网站中检索了未发表文献和其他已发布文件。

谷歌学者（Google Scholar）；数字论文数据库（Digital Dissertation databases）；美国司法部网站（Department of Justice website）；美国证券交易委员会网站（Securities and Exchange Commission website）；美国联邦贸易委员会网站（Federal Trade Commission website）；美国职业安全与健康管理局网站（Occupational Safety and Health Administration website）；欧洲公司治理研究所网站（European Corporate Governance Institute website）；DLA Piper 网站（DLA Piper website）；国际商会网站（International Chamber of Commerce website）；国家白领犯罪中心网站（National White Collar Crime Center website）；金融犯罪执法网网站（Financial Crimes Enforcement Network website）；荷兰财政部网站（Ministry of Finance Netherlands website）；联

合国毒品和犯罪问题办公室网站(United Nations Off ce on Drugs and Crime website)；加拿大皇家骑警网站(Royal Canadian Mounted Police website)；欧洲委员会——公司法、公司治理和金融犯罪股网站(European Commission-Company Law, Corporate Governance and Financial Crime Unit website)；美国检察官研究所(American Prosecutors Research Institute)：白领犯罪股网站(White Collar Crime Unit website)；总检察官协会网站(Association of Inspectors General website)；商品期货交易委员会网站(Commodity Futures Trading Commission website)；美国司法部税务司网站(U.S. Department of Justice Tax Division website)；美国司法部刑事司：欺诈科网站(U.S. Department of Justice Criminal Division：Fraud Section website)；美国特勤局金融犯罪处网站(U.S. Secret Service Financial Crimes Division website)；道德资源中心网站(Ethics Resource Center website)；国际金融犯罪调查员协会网站(International Association of Financial Crimes Investigators website)；透明国际网站(Transparency International website)；世界贸易组织网站(World Trade Organization website)；英国外交和英联邦事务部网站(British Home Off ce of Foreign and Commonwealth website)；企业和监管改革部网站(Department for Business Enterprise and Regulatory Reform website)；犯罪研究中心网站(Crime Research Centre website)；澳大利亚犯罪学研究所网站(Australia Institute of Criminology website)；世界银行网站(The World Bank website)。

在上述检索过程中，共使用了如下69个检索词，其中包括与公司违法相关的特定检索词(如不当行为、腐败、不道德行为和组织犯罪等)、违法类型以及法律或监管措施。对于每个数据库和检索词，本报告同时也关注了检索中收集到的数据"呈现频率/点击量"，并由此来确定该文献是否涉及了广义上的公司犯罪威慑，以及是否有足够的证据使该文献编码用于系统评价。具备以上两个标准的文献方被认为具有纳入系统评价的"潜质/potentially eligible"，进而才能进入下一个合法编码阶段。

作为寻找相关研究文献的第一步，本报告在上述每个数据库中，使用了如下所示的69个检索字符串。

制裁和会计欺诈(Sanction and Accounting Fraud)；制裁与反竞争行为(Sanction and Anti-competitive Behavior)；制裁和反托拉斯(Sanction and Antitrust)；制裁和商业腐败(Sanction and Business Corruption)；制裁和商业犯罪(Sanction and Business Crime)；制裁和商业不当行为(Sanction and Business Misconduct)；制裁和商业违规(Sanction and Business Violations)；制裁和公司腐败(Sanction and Corporate Corruption)；制裁和公司过失杀人(Sanction and Corporate Manslaughter)；制裁和公司犯罪(Sanction and Corporate Crime)；制裁和公司不当行为(Sanction and Corporate Misconduct)；制裁和公司违规(Sanction and Corporate Violations)；制裁和环境

犯罪(Sanction and Environmental Crime); 制裁和医疗欺诈(Sanction and Health Care Fraud); 制裁和组织腐败(Sanction and Organizational Corruption); 制裁和组织犯罪(Sanction and Organizational Crime); 制裁和组织不当行为(Sanction and Organizational Misconduct); 制裁和组织违规(Sanction and Organizational Violations); 制裁和证券欺诈(Sanction and Securities Fraud); 制裁和道德商业文化(Sanction and Ethical Business Culture); 制裁和不道德行为(Sanction and Unethical Conduct); 制裁和不道德行为(Sanction and Unethical Behavior); 制裁和白领犯罪(Sanction and White Collar Crime); 罚款和会计欺诈(Fine and Accounting Fraud); 罚款和反竞争行为(Fine and Anti-competitive Behavior); 罚款和反托拉斯(Fine and Antitrust); 罚款和商业腐败(Fine and Business Corruption); 罚款和商业犯罪(Fine and Business Crime); 罚款和商业不端行为(Fine and Business Misconduct); 罚款和商业违规(Fine and Business Violations); 罚款和公司腐败(Fine and Corporate Corruption); 罚款和公司过失杀人(Fine and Corporate Manslaughter); 罚款和公司犯罪(Fine and Corporate Crime); 罚款和公司不当行为(Fine and Corporate Misconduct); 罚款和公司违规(Fine and Corporate Violations); 罚款和环境犯罪(Fine and Environmental Crime); 罚款和医疗欺诈(Fine and Health Care Fraud); 罚款和组织腐败(Fine and Organizational Corruption); 罚款和组织犯罪(Fine and Organizational Crime); 罚款和组织不当行为(Fine and Organizational Misconduct); 罚款和组织违规(Fine and Organizational Violations); 罚款和证券欺诈(Fine and Securities Fraud); 罚款和道德的商业文化(Fine and Ethical Business Culture); 罚款和不道德行为(Fine and Unethical Conduct); 罚款和不道德行为(Fine and Unethical Behavior); 罚款和白领犯罪(Fine and White Collar Crime); 监管政策和会计欺诈(Regulatory Policy and Accounting Fraud); 监管政策与反竞争行为(Regulatory Policy and Anti-competitive Behavior); 监管政策和反垄断(Regulatory Policy and Antitrust); 监管政策和商业腐败(Regulatory Policy and Business Corruption); 监管政策与商业犯罪(Regulatory Policy and Business Crime); 监管政策和商业不当行为(Regulatory Policy and Business Misconduct); 监管政策和业务违规(Regulatory Policy and Business Violations); 监管政策和公司腐败(Regulatory Policy and Corporate Corruption); 监管政策和公司过失杀人(Regulatory Policy and Corporate Manslaughter); 监管政策与公司犯罪(Regulatory Policy and Corporate Crime); 监管政策和公司不当行为(Regulatory Policy and Corporate Misconduct); 监管政策和公司违规行为(Regulatory Policy and Corporate Violations); 监管政策与环境犯罪(Regulatory Policy and Environmental Crime); 监管政策和医疗欺诈(Regulatory Policy and Health Care Fraud); 监管政策和组织腐败(Regulatory Policy and Organizational Corruption); 监管政策与组织犯罪(Regulatory Policy and Organizational Crime); 监管政策和组织不当行为(Regulatory

Policy and Organizational Misconduct）；监管政策和组织违规（Regulatory Policy and Organizational Violations）；监管政策和证券欺诈（Regulatory Policy and Securities Fraud）；监管政策和道德商业文化（Regulatory Policy and Ethical Business Culture）；监管政策和不道德行为（Regulatory Policy and Unethical Conduct）；监管政策与不道德行为（Regulatory Policy and Unethical Behavior）；监管政策与白领犯罪（Regulatory Policy and White Collar Crime）。

5. 数据收集分析

在上述文献检索的基础上，本报告分两个阶段对数据进行了收集和分析：第一阶段，即整个 2003 年，本书收集了重点以公司犯罪防控的法律和非法律干预措施为研究内容的文献。在研究的第二阶段，则完全侧重于只存在于法律领域的防控措施。为了反映第一阶段更加宽泛的重点，我们生成了一个足以包括整个公司犯罪预防与威慑研究领域的编码协议，其中内含了研究者当下所感兴趣的具体措施变量——"法律约束"。通过甄别后，共有 260 篇适格研究文献被纳入研究范围。对于每篇被纳入的研究文献，我们将其编码成各种类型的数据，分类并计算了多种效应量类型。这些效应量类型主要包括：①用以分析一个连续结果中的两组表现的"标准平均差效应量"；②用以分析自变量与因变量均为连续关系（或假设其为一个连续要件）的"积差相关效应量"；③用以分析所涉自变量与因变量二分情形下的"比值比效应量"。法律干预措施被分作六大类和若干小类（即分析单位及研究设计是横向还是纵向的细分）。当然，本书还开展了调节变量分析。

这样，我们按照系统评价所涉及的主要自变量（法律、惩罚性制裁、非惩罚性制裁、监管政策、多元对策）与因变量（个人、公司、地理区域、其他；纵向与横向），将效应量计算内容排列组合为如下 40 个不同分组，并运用特殊的计算方法和软件进行了计算机演算。

1）待遇：法律（Treatment：Law）

a. 单个样品/横截面（Individual Samples/Cross-sectional）

b. 公司样本/横截面（Corporate Samples/Cross-sectional，122）

c. 地理区域/横截面（Geographic Areas/Cross-sectional，123）

d. 其他分析单位/横截面（Other units of analysis/Cross-sectional）

e. 单个样品/纵向（Individual Samples/Longitudinal）

f. 公司样本/纵向（Corporate Samples/Longitudinal）

g. 地理区域/纵向（Geographic Areas/Longitudinal，223）

h. 其他分析单位/纵向（Other units of analysis/Longitudinal）

2）待遇：惩罚性制裁（Treatment：Punitive Sanctions）

a. 单个样品/横截面（Individual Samples/Cross-sectional，131）

b. 公司样本/横截面（Corporate Samples/Cross-sectional，132）

c. 地理区域/横截面（Geographic Areas/Cross-sectional，133）

d. 其他分析单位/横截面（Other units of analysis/Cross-sectional，134）

e. 单个样本/纵向（Individual Samples/Longitudinal，231）

f. 公司样本/纵向（Corporate Samples/Longitudinal，232）

g. 地理区域/纵向（Geographic Areas/Longitudinal，233）

h. 其他分析单位/纵向（Other units of analysis/Longitudinal）

3）待遇：非惩罚性制裁（Treatment：Non-punitive Sanctions）

a. 单个样品/横截面（Individual Samples/Cross-sectional）

b. 公司样本/横截面（Corporate Samples/Cross-sectional）

c. 地理区域/横截面（Geographic Areas/Cross-sectional）

d. 其他分析单位/横截面（Other units of analysis/Cross-sectional）

e. 单个样品/纵向（Individual Samples/Longitudinal）

f. 公司样本/纵向（Corporate Samples/Longitudinal）

g. 地理区域/纵向（Geographic Areas/Longitudinal）

h. 其他分析单位/纵向（Other units of analysis/Longitudinal）

4）待遇：监管政策（Treatment：Regulatory Policies）

a. 单个样品/横截面（Individual Samples/Cross-sectional，141）

b. 公司样本/横截面（Corporate Samples/Cross-sectional，142）

c. 地理区域/横截面（Geographic Areas/Cross-sectional，143）

d. 其他分析单位/横截面（Other units of analysis/Cross-sectional，144）

e. 单个样本/纵向（Individual Samples/Longitudinal，241）

f. 公司样本/纵向（Corporate Samples/Longitudinal，242）

g. 地理区域/纵向（Geographic Areas/Longitudinal）

h. 其他分析单位/纵向（Other units of analysis/Longitudinal）

5）治疗：多次治疗（Treatment：Multiple treatments）

a. 单个样品/横截面（Individual Samples/Cross-sectional，1151）

b. 公司样本/横截面（Corporate Samples/Cross-sectional，1152）

c. 地理区域/横截面（Geographic Areas/Cross-sectional）

d. 其他分析单位/横截面（Other units of analysis/Cross-sectional）

e. 单个样品/纵向（Individual Samples/Longitudinal）

f. 公司样本/纵向（Corporate Samples/Longitudinal）

g. 地理区域/纵向（Geographic Areas/Longitudinal）

h. 其他分析单位/纵向（Other units of analysis/Longitudinal）

最后，对于上述平均值的计算，特别考虑到每个分类中研究的同质性，即效应量有效性与随机样本错误间的关系，我们在评价报告中引入了如下 18 个调节变量。

①研究是否已发表/未发表(Whether the study was published/unpublished)；②研究发表的期刊所属学科或(如果无法确定)主要作者的学科[The discipline of the journal where the study was published or (if not determinable) the discipline of the lead author]；③出版年份(The year of publication)；④设计是否为实验性/准实验性，而不是非实验性(Whether the design was experimental/quasi-experimental as opposed to non-experimental)；⑤研究是否在美国进行(Whether the study was conducted in the United States)；⑥独立变量是否使用官方数据(例如，法院记录、监管机构记录、立法记录)、自我报告数据、观察/现场访问或"其他"构建[Whether the independent variable was constructed using official data (e.g., court records, regulatory agency records, legislative records), self-report data, observations/site visits, or "other"]；⑦因变量是否使用官方数据(如监管机构记录、法院记录)、自我报告数据、观察/现场访问或"其他"构建[Whether the dependent variable was constructed using official data (e.g., regulatory agency records, court records), self-report data, observations/site visits, or "other"]；⑧样本是否来自多个组织(Whether the sample was drawn from more than one organization)；⑨样本的平均年龄(The mean age of the sample)；⑩样本的优势种族(The predominant race of the sample)；⑪样本的主要管理水平(The predominant management level of the sample)；⑫样本中包括的参与者类型(例如学生、专业人员)[The type of participants included in the sample (e.g., students, professionals)]；⑬样本的教育程度(The level of education of the sample)；⑭样本来自的行业(The industry from which the sample came)；⑮样本中公司的平均员工人数(The average number of employees in the companies in the sample)；⑯样本中公司的平均利润(The average profit of the companies in the sample)；⑰样本是否随机抽取(Whether the sample was randomly selected or not)；⑱冒犯型(Offense type)。

6. 基本结果

在前述 40 种可能的法律措施类别中，本报告为其中 19 个计算出平均效应值。尽管大多数效应值呈现出了积极但并不显著的措施效果，但一些有着显著效果的措施，却是医源性的(iatrogenic)。从具体机制来看，法律对公司犯罪的影响，在公司组织和地理分析层面，显示出了温和的威慑效应(但在个体层面，却因为缺乏充足数据而无法计算其效应量)。当然，这一发现仅限于横向研究。对于惩罚性制裁，那里存在着真正和更加庞大的数据用以计算其效应量，但是，我们观察到一个相似模型：对于跨分析单位的威慑倾向，不论是横向数据还是纵向数据，都具有相对非常小的影响效果。具有持续措施效果的领域只是监管政策领域，但也仅限于个体层面。除此之外，其他层面的措施效果则是自相矛盾的。即，其中的一些具有积极效果，而另一些则是医源性的。没有一个具有统计学意义。对于调节变量效果，至少方法论严谨的研究设计与措施效果间有关联性，如非实验设计比之实验设计，没有统计控制变量的设计比之控制性变量设计。研究还发现，既往研究显示出的与更强威慑效果的相关性，或许是因为它的研究方法不如新的研究严谨。虽然其他调节变量的结果(包括出版偏好、国家偏好、专业偏好、违法类型等)也是更加模糊不清的，但是，考虑到很少有分析显示总体上强有力的干预措施效果，所以，我们认为，试图从上述研究发现中得出结论，是轻率和不负责任的。相反，本报告呼吁今后的系统评价研究，应更加注重方法的严谨性，并特别聚焦于惩罚性制裁和监管政策领域的研究文献。

## 二、坎贝尔系统评价案例分析

由上述可见，系统评价方法，作为循证方法中的代表性方法，其思维特性与方法特征，与最终形成的系统评价研究报告的框架结构和内在逻辑之间，有着鲜明的对照和呼应关系。具体而言，所有的系统评价报告，基于其科学理性主义的方法论特征，以及坎贝尔协作网对系统评价报告发布的技术要求等，都须依据严格规范的结构和论证逻辑来撰写。

### (一)系统评价背景(Background for the Review)

评价背景作为系统评价报告的开篇，需要作者阐明其选题背景。具体到本系统评价报告，作者指出：自 1939 年美国社会学联合会主席萨瑟兰(Sutherland)在大会上发表了其闻名遐迩的关于公司犯罪的演讲致辞，并紧随出版了其著作《白领犯罪研究》(White Collar Crime)十载后，鉴于公司犯罪的跨学科特征，包括商业研究者、经济学家、社会学家、政治科学家、法官、心理学家和犯罪学家在内的各界精英，不仅对公司犯罪进行了病因学思考，而且还对公司犯罪的防控策略及其成效，展开了跨界研究。席卷全球的 2008 年金融危机，再次将白领犯罪问题带入了媒体、公众和决策者们的研究思考视野。但令人深感遗憾的是，回顾既往研究文献，几乎找不到基于对公司犯罪的恰当理论分析与经验评价，提出公司犯罪防控政策建言的循证研究。为此，作者决定敢为人先地运用系统评价方法，来对公司犯罪威慑策略的经验证据进行报告和循证评估。由此可见，如同所有系统评价研究报告一样，其背景介绍主要服务于作者的破题目标。在此，作者就开门见山地将本循证研究的主题，框定为非常具体的公司犯罪威慑策略成效评价问题。

当然，为了使上述研究议题真正符合学术规范性，在评价背景中，作者还重点针对本系统评价研究所涉及的关键词，如公司犯罪、威慑策略等，借助现有权威研究成果，对其内涵和外延，从多个角度和层次进行了深度阐释和剖析界定。为其后系统评价的开展，打下较为坚实的逻辑基础。

具体而言，从权威学者关于公司犯罪的概念界定——公司犯罪，是指法律所禁止和处罚的公司行为，或公司职员对公司的代表行为——入手[1]，提出：本文所研究的公司犯罪，涵盖了广义上的、由公司经理人或公司职员个体及公司组织体，为达公司组织目标所为的为法律所禁止的刑事、民事和管制行为。进而，还以 Tyco 国税责任案，以及有关"集体侵权 (collective embezzlement)"的研究成果为例[2]，指出：公司犯罪，在一般情况下，虽然易于同其他类型的白领犯罪划清界限，如借助公司组织资源所实施的白领犯罪与行为人因违法而获益的白领犯罪，但是，二者并非泾渭分明，其模糊性始终存在。尽管如此，本系统评价的研究立场和学术关切，只关注典型的以公司组织为主体的犯罪，排除以谋求私人利益的犯罪动机所实施的宽泛意义上的公司犯罪。

这种绕口令似的问题界定方式，凸显了对概念进行科学、严格和规范界定之于法律领域系统评价的重要性。同时，它也反衬了主流汉语法学研究中，基于主观价值判断所开展的规范论研究，与讲求客观性的法循证方法之间，有着深刻的范式背离。它同时也为国内初创阶段的法循证学研究，设置了观念障碍。前述中国法学界开展循证矫正研究的历史及现状，也恰恰印证了这一点。

为了更进一步明晰研究对象，本系统评价报告的作者还立足主流学者关于公司犯罪分类的研究成果，对符合本系统评价定义标准的公司犯罪类型，进行了外延式明确列举，即不服管制行为 (administrative noncompliance)、环境违法行为 (environmental violations) 和金融违法行为 (f nancial violations)。进而，还从法律实证主义 (legal positivism) 角度指出，上述每一类公司犯罪行为的具体理解，还应该紧扣美国相关立法案的具体规定进行。如关于垄断、固定价格等不公平贸易行为的定义和具体惩罚手段，需要结合《联邦贸易委员会法》《罗宾逊—帕特曼法》《谢尔曼—克莱顿反托拉斯法》等的具体规定；对于环境违法行为的分类规范，须参引《清洁水法》(Clean Water Act)、《清洁空气法》(Clean Air Act) 和《资源保护与修复法》(Resource Conservation and Recovery)，等等。

其间，作者通过阐述公司犯罪的定义混沌性、外延广(延)泛性、形态复杂性[3]

---

[1] Braithwaite J. Corporate Crime in the Pharmaceutical Industry[M]. London: Routledge & Kegan Paul, 1984: 6.

[2] Calavita K, Pontell H N. "Other People's Money"revisited: Collective embezzlement in the savings and loan and insurance industries[J]. Social Problems, 1991, 38(1): 94-112.

[3] 公司违法 (offending) 的关键特征是其犯罪的复杂性。虽然，其中不乏如商业贿赂或医保欺诈等非常简单的犯罪，但大多公司犯罪如财务造假的安然公司 (Enron)，都会呈现出涉案主体多向互联、案件发展跨时绵长、案情复杂金额巨大、犯罪后果变幻天壤等特征。

及高质量数据欠缺性[①]等特征，指出了目前美国公司犯罪研究中所面临的巨大困境，以及公司犯罪及其威慑措施有效性研究的不均衡性（甚至空白性）[②]。它也再次突出和强调了循证方法与传统法学价值评价研究方法间的方法论差异，以及高质量研究数据在法循证学研究的极端重要性。

为此，作者决定在其系统评价研究报告中另辟蹊径，在基于传统干预措施如政策干预（pulling levers）、严苛管理（boot camps）及闭路监控（CCTV）等的研究之外，首先对既往研究中已经开展的、不同种类的研究成果，进行了分析评价，以决定某个重要系列研究成果，能否成为本报告的评价与估测对象。为此，作者对白领犯罪和公司犯罪的前期文献，在不区分公司犯罪具体预防或干预措施的情况下，进行了广泛的跨学科文献检索。对照分析检索结果，作者发现现存文献主体都集中于法律领域，尤其是对公司犯罪法律约束的影响或效果方面。基于此，作者进一步将其系统评价报告的主题最终锁定为：关于公司犯罪广义法律救济效果经验证据的系统评价。

另外，对于法律领域行之有效的公司犯罪预防和威慑方法，作者总结概括为两大类：①对社会公众的相关法律教育和②管制政策。因为，在法律领域中，公司的违法行为变化多端，而对其控制的主要理念则是预防和威慑。为此，法律一方面通过对潜在违法者的令行与禁止，来预防犯罪，如通过市场监管中的现场检查与警告信等，达到教育公司自觉识别自身合法活动领地的目的；另一方面，法律则通过增加对公司违法行为的非正式监控，即借助日常生活中人们对公司违法行为向政府相关部门防患于未然的检举控告，来震慑犯罪。当然，正式国家监管制度，不仅可以一般性地震慑公司违法行为，还可以切肤地惩罚白领犯罪。更不用说，在政府管制将增加公司尤其是上市公司声誉损失的情况下，其威慑力将进一步加大。

最后，根据传统公司犯罪的威慑理论，对东窗事发的恐惧，恢恢天网下的酷刑，将迫使公司自觉守法、不逾雷池。但在现实中，公司犯罪的违法者面临的却是低风险查处与低烈度惩罚。即，对经济犯罪的罚款数额，常常小于其所造成的损害。[③]这种理论与实践的内在矛盾，人为地挖掘出了研究结论与威慑效果之间的

---

① 在此领域，既没有美国 UCR（加州大学河滨分校）一样的国家数据库，可用以度量公司犯罪问题；也没有可与美国国家犯罪受害者调查（National Crime Victimization Survey，NCVS）相媲美的系统程序，来识别犯罪背后所隐藏的数据。绝大多数的公司犯罪研究，都是针对激情事件的、溯及既往的案例式定性研究。因为，几乎所有的联邦监管机构都将其资助的犯罪学研究集中于街道犯罪（street crime），并更青睐于对其政策措施的评估研究。导致包括文初所述的萨瑟兰主席的原创性公司犯罪系统评价研究，屈指可数。

② 事实上，在此领域，此前从未开展过基于循证方法的系统评价研究。

③ Cohen M A. Corporate Crime and Punishment: A Study of Social Harm and Sentencing Practice in the Federal Courts, 1984-1987[J]. Am. Crim. L. Rev., 1989, 26(3): 605-660.

鸿沟，造成了此前公司犯罪法律干预研究的硬伤。事实上，政府监管机构从来都是灵活运用多种不同策略来督促公司守法的。其中，既有单向威慑，也有双向合作；而且，不同措施的实施效果，也各有千秋，甚至因时而变，因人而异。为此，就非常有必要将整个法律体系，尤其是其中的公司犯罪法律干预措施，作为一个整体，统筹考量各种干预策略的比较优势与效果特征。

### （二）系统评价目标（Objectives of the Review）

不同于传统法学研究的低调含蓄甚至含沙射影，循证学方法的最大特征就是，从研究初始就必须要有明晰、可供研究者坚守和评论者审视的研究评价目标。为此，本报告的作者也在前述评价背景的基础上，将报告的总体评价目标界定为：甄别和综合分析已公开发表和尚未公开发表的研究成果中，公司犯罪的正式的法律和管制预防、控制策略和措施。包括政府执法部门、立法机关和监管机构针对公司犯罪的行动与计划。

为此，本研究报告检视了所有类型的、将公司犯罪预防和控制作为其产出组成部分的法律和监管措施。进而，基于相关循证证据，对特定策略和措施的有效性，进行了一个系统评价。

本评估报告，在全面评估现有研究文献及质量的基础上，具体探讨了如下三个问题。

第一，哪些法律、监管措施具有降低公司犯罪风险的效果？

第二，公司犯罪干预措施的效果，是否会随着个体与公司等分析单位的不同而发生变化？

第三，文献的研究特点是如何影响观察结果的？

### （三）研究材料与方法（Materials and Methods）

这是任何系统评价中最具技术性和含金量的部分，当然，也是跨学科引入法律领域和法学研究时，最具挑战性和难度的内容。从技术规范的角度，它主要包括以下几个方面。

1. （文献的）纳入和排除标准（Inclusion and Exclusion Criteria）

由于研究课题的限定性以及系统评价研究方法的实证性，要求作为证据（evidence）的研究文献，必须符合较为严苛的纳入和排除标准。否则，就有可能使得循证研究堕为一种大数据名义的"新瓶装旧酒"式的武断剪裁，或者面对海量数据的束手无策，抑或皓首穷经的低效科研，最终走向循证研究和决策的反面。当然，哪些文献应该纳入或被排除，取决于研究者所预设的具体研究主题。

本系统评价报告的作者，针对研究主题——公司犯罪的威慑措施及效果，分别从相关研究成果类型(包括已公开发表和未公开发表文献两大类)、分析单位类型(包括个人、公司、地域和其他)、干预措施类型(包括法律、惩罚性制裁、监管机构的非惩罚性措施及监管政策)、包含因变量要件(即文献中包含一种或多种针对公司不法行为的研究结果)等方面,设定了文献的纳入和排除标准。

2. 甄别文献的检索策略(Search Strategies for Identif cation of Studies)

依据上述纳入排除标准,作者对现存各类线上、线下数据库资源中的海量文献,进行了科学的、尽可能无遗漏的甄别检索。对于每个数据来源,作者根据其选定的 69 个搜索词汇①,从包括世界政治科学文摘在内的 11 个数据库中②,搜索了公开发表文献;又从包括谷歌学者 Google Scholar 在内的 30 个相关官方网站③,补充检索了未公开发表的其他相关文献。

其中,作者制定的主要甄别检索策略,包括:在线文摘数据库和网络数据库的关键词检索、相关文献的编码纳入评价、科学文献数据网络搭建、顶级期刊深度检索、向专家寻求文献帮助和研究结论撰写。具体而言,对于所选定的每个数据库和检索词,作者都追踪了关键词的出现频次;对于每个选定的文献,作者又通过阅读文献摘要,依据两个检验标准,即该文献是否与公司犯罪威慑有关,以及是否有足够的文献量来编码展开系统评价,来决定文献是否适格,以及能否进入合法编码的下一个阶段。进而,程序员根据五个指标④,决定前一阶段检索的潜在文献(potentially eligible),应该被编码为 "适格/eligible" "不适格/not eligible"

---

① 该检索关键词包括三个主要的公司犯罪威慑策略,即制裁/sanction、罚款/f ne 和规制政策/regulatory policy,以及六种主要的公司违法犯罪行为,即会计造假/accounting fraud、反竞争行为/anti-competitive behavior、反托拉斯/ antitrust、商业腐败/business corruption、商业不端/business misconduct、商业违法/business violation、公司腐败/corporate corruption、公司过失杀人/corporate manslaughter、公司犯罪/corporate crime、公司不端/corporate misconduct、公司违法/corporate violation、环境犯罪/environmental crime、医保欺诈/health care fraud、组织腐败/organizational corruption、组织犯罪/organizational crime、组织不端/organizational misconduct、组织违法/organizational violation、证券欺诈/ securities fraud、道德的商业文化/ethical business culture、不道德行为/unethical conduct、不道德举止/unethical behavior、白领犯罪/white collar crime。

② 具体是指:社会工作摘要(Social Work Abstracts);商业数据全文(Abstracts of Business Information);心理学文摘(PsycINFO);社会学文摘(Sociological Abstracts);埃里克(ERIC);CJA;世界政治科学文摘(Worldwide Political Science Abstracts);商业资源精粹(Business Source Premier);经济学文献(EconLit);PAIS 国际(PAIS International);世界分类(WorldCat)。

③ 其中,既包括大众学术搜索引擎如谷歌学者(Google scholar),还包括国际或区域组织官网,如联合国毒品和犯罪办公室官网(United Nations Off ce on Drugs and Crime website)和世界贸易组织官网(World Trade Organization website)等,还包括英国、加拿大、澳大利亚甚至荷兰的政府官网,但主要是美国相关政府部门的官网。

④ 五项指标为:1. 该文献是关于法律和监管领域针对公司犯罪预防或控制策略的评估研究;2. 该文献包含一个无条件的对照组(或包含一个在事前事后比较研究中的干预前比较阶段)。该研究可以是实验性、准实验性或事前事后评估形式;3. 该文献至少报告了一个关于某个公司犯罪或不当行为的研究结果,而且,根据我们在第一部分关于公司犯罪的宽泛定义,其研究产出可能是刑事犯罪、监管违法或民事违法等广泛目标中的任一种;4. 该文献是用英文写就,虽然在地理范围上可以是跨国研究;5. 该文献发表于 2012 年之前。

"相关/relevant review" 三大类中的哪一类。其中的"适格"文献，编码输入特定的科学网络数据库(Web of Science database)，以供后续研究使用。除了彻底搜索相关参考文献外，精读本领域的顶级期刊也是非常重要的。因为，高质量的"适格"文献大都发表在这些期刊上。本系统评价报告的作者，就特别分析研读了《法和经济学》期刊(*Journal of Law and Economics*)以及《人力资源》期刊(*Journal of Human Resources*)所有年份的目录。另外，根据所有适格文献，编织了初步纳入评价的文献目录后，为了防止挂一漏万，作者还将目录清单电子邮件发送给公司犯罪领域的专家学者，请他们来提意见，包括补充提供他们认为符合筛选标准的文献。最后，在完成公司犯罪领域法律威慑研究文献的所有检索后，将"适格"文献编码输入 Excel 数据库，以便计算其效应量。

在编码过程中，作者发现很多研究都不包含有方便计算效应量的必要数据，为此，作者尝试与每个被评价文献的权威学者取得了联系并获得了必要信息。表一提供了研究分析过程每一阶段的案例数目，以便更加全面和彻底地展示，研究结论是如何从当前系统分析中导出的。它同时也展示了，有多少案例是因为缺乏数据支持而被遗弃的。需要再次重申的是，目前的报告确实组合了两个不同研究成果。其中，第一个研究检索了截至 2004 年的所有公司犯罪预防方面的文章(但最终，作者剔除了与法律威慑无关的内容)；第二类研究，则只专注于专门针对法律公司犯罪领域法律威慑的研究成果。故此，表一从两个不同的研究分支出发，最终对所有的案例进行了合并分析。这是整个研究过程最为费时、费力的阶段。

3. 文献编码分类细节(Details of Study Coding Categories)

对"适格"文献进行编码分类，是系统评价的方法特征与内在要求。它主要有编码方案和评分者间信度两个方面需要特别关注。具体而言，由于是初次研究，本系统评价的作者就创建了一个可以囊括公司犯罪预防/威慑所有领域的编码方案。其中，包含了其感兴趣的具体对策变量(treatment variables)，即法律限制。由于整个编码方案庞大，一般将其后置于附录中。现行有效的对策自变量或者干预措施，主要包括如下五种：法律——所有具有禁止或限制公司行为目的的正式成文法，如环保法律、金融犯罪法律、反托拉斯法律等；官方制裁/罚款——所有公司或经理个人代表公司能够接受的正式惩罚，包括认罪书、刑事起诉、有期徒刑或金钱处罚；监管政策——增加公司犯罪发现可能性的日常监管程序设计，如监管人员的检查次数、监管预算、监管人员编制及监管力度等；多元对策——集多种干预措施于一身的文献，它将使得针对每一种干预措施的效应量无法单独计算；监管机构的非惩罚性行动——监管机构针对公司违法信息所采取的回应性(并不必然带来正式惩罚的)监管行为，如警告信、禁令等。

一个完整的编码方案，以本系统评价报告为例(详见附录六)，一般包括如下组成部分：用以描述文献资料来源的编码(第一部分，如发表国家、杂志领域)、研究特点编码(第二部分，随机实验的有无、首尾数据的收集、有效性的关切)、样本特征编码(第三部分，如针对的是个体抑或公司)、研究作者所使用的方法和程序编码(第四部分，如控制组或对照组的使用)、自变量描述编码(第五部分，如自变量的构建和操作)、因变量描述编码(第六部分，如因变量的构建和操作)、效应量数据编码(第七部分，如用以计算效应量的编码数据)，以及研究者的结论(第八部分)。在本报告的结尾部分，还附有描述不同类型效应量及相关统计数据的阴影框，以待未来展开深入分析研究。

4. 统计分析流程(Statistical Procedures)

编码后的"适格"文献，主要通过如下主要程序进行分析，具体包括：效应量计算、独立性假设、调节变量分析。以本报告关于公司犯罪的威慑措施系统评价为例，由于系统评价涵盖了范围广泛的研究文献及结果措施，为此，就必须要对多类型的效应量进行有针对性的编码和计算。作者依据主流的效应量计算方法，如"标准两分组均数差异效应量"方法、"积差相关效应量"方法、"比值比效应量"方法等，运用手工处理 Excel 表格和坎贝尔协作网推荐的 David B. Wilson 效应量计算器两种方式，进行效应量计算。计算对策措施的效应量后，对近似效应量展开比较，并报告。

由于所筛选的"适格"文献，在质和量两个方面所存在的问题，尤其是欠缺关于研究方法和研究样本的必要信息，使得本环节的效应量计算不得不排除和放弃那些质次量寡的文献及其相关的评价项目。然后，作者按照评价所涉及的主要自变量(法律、惩罚性制裁、非惩罚性制裁、监管政策、多元对策)与因变量(个人、公司、地理区域、其他；纵向与横向)，将效应量计算内容排列组合为 40 个不同分组，运用特殊的计算方法和软件进行了计算机演算。当然，为了保障计算效果的针对性，作者对于包括多项结果的研究报告和针对一个样本的多项研究成果，都进行了独立性处理或者平均值处理①，以保证每项效应量的计算都来自一个独立的样本。最后，对于平均值的计算，作者还特别考虑了每个分类中研究的同质性，即效应量有效性与随机样本错误间的关系。为此，还在分析中引入了 18 个调节变量，如论文公开发表与否、期刊在出版地区所属专业领域或主要作者的专业方向、出版年份等。

由此可见，对不同功能与利弊的统计软件、分析工具的熟悉掌握、熟练运用，是法循证学方法得以开展和应用的重点与难点。它既需要法学研究者努力学习，同时，还应该打破传统社会科学领域个体单干户的科研模式，积极树立跨学科团队合作的意识和能力，借助统计、信息、互联网、计算机等方面专业人士之长，提升法治决策和法学研究的实证研究，以及同步国际学术前沿的能力与实力。

① Lipsey M W, Wilson D B. Practical Meta-Analysis (Vol. 49) [M]. Sage Publications, 2001.

（四）系统评价结果（Results）

这是系统评价研究工作的集中与最终体现。主要包括如下步骤与方法。

1. 效应量计算（Computation of Effect Size）

纳入元分析的研究，需要具有同质性，使用不同分析单位、不同对策类型，并且需要具有时间顺序结构（见附录一）。那么，为了计算基于有意义且更同质研究组的平均效应量，对包含有法律、惩罚性制裁、监管政策、非惩罚性制裁、其他制裁和多元对策在内的每个对策组合，对包括个人违法、公司违法、地理空间内的违法率及其他分析单位在内的每个分析单位，以及包括纵向、横向和纵横交错向在内的每个时序，都要分别计算其平均效应量。

根据法林顿（Farrington）的研究[①]，在低效度犯罪和司法研究文献中广泛存在的问题是，文献效应量计算常常是间接的。效度作为"评价关键特征报告的充分性"，其外延是指研究设计、样本量、试验单位特征、实验和对照条件描述、观察指标和效应量等。上述信息是进行系统评价和元分析的前提条件。由于标准化效应量在绝大多数被评价论文中都没有提供（这可能就是法循证学研究的一个世界性难题），所以，现有文献的效应量计算，只能间接地来自其他各种统计数据。作者将计算效应量的统计频率也列呈在附录一中，将每个研究及其研究特征数据表列在附录二。同时，根据自变量是连续性与二分性标准，作者分别借用了相关性/ES-Rs（correlation）与标准化均差值/ES-Ds（standardized mean differences）两个不同指标，审查了同质性研究组中对策和违法结果之间的效应量。上述所有分析单位、对策及时序类型，都被分别计算了两种效应量类型，其结果也可见于附录二。所有研究文献的效应量被列为附录三，森林图（forest plots）在附录四。每个对策措施的结果，将在下面的元分析中被逐一讨论。上述所有步骤，共同构成了法循证研究中计算效应量的方法和流程。

2. 元分析结果（Meta-Analysis Results）

针对上述检索策略所制定的自变量和因变量，组成了 40 个分组。作者分别以自变量为纲，以因变量为目，依据前一阶段计算的效应量和信度，从四个方面实证地分析了不同公司犯罪威慑措施的边际威慑效果（marginal deterrent effect），并对分析结果进行了小结和总结。

其主要结论是：法律作为威慑措施，在公司层面，具有边际威慑效应，所有五项研究成果都具有正效应量；在地域层面，其平均效应量（mean effect size）为正，但不具有实质的威慑效果，同时还具有反直觉的效应量；地理纵向上的两个研究

---

[①] Farrington D P. Methodological quality and the evaluation of anti-crime programs[J]. Journal of Experimental Criminology, 2006, 2(3): 329-337.

成果的平均效应量,对于违法行为也无实质威慑效应。总之,由于缺乏坚实的证据支撑,有关法律/立法对公司犯罪的威慑效应,在各个层面都很少甚至没有实质意义。法律实施的长、短期威慑效应及在不同层面的细微差异,都应谨慎评估和冷静对待。更加有效的方法应该是,加强在此领域的研究,以不断挖掘立法对公司犯罪的影响。

惩罚性制裁的威慑效应方面,现有研究证据显示,惩罚性制裁措施在包括个体、公司、地理区域、其他分析单位,以及纵向和横向等在内的所有因变量层面,都不具有威慑效应。

监管政策方面,总体而言,监管制裁对违法行为的影响是不连贯的,同时似乎还取决于监管措施的界定方式。效应量计算结果表明,监管制裁对个体违法具有一定的威慑效应,在横向层面具有实质威慑效应,在纵向层面具有边际威慑效应,虽然支持该结论的研究文献数量很少(分别只有两篇);公司层面上,有可能存在一个临界点,在这个临界点上,一定数量的监管行动会鼓励反抗,而不是遵从。虽然这种解释纯粹是猜测,需要更多的证据来支持,但定性研究已经发现了违反监管的情况,以及"上有政策,下有对策"(creative compliance)的情况[1];在地域层面,似乎可以得出结论——更严格的监管似乎会促进犯罪,尽管影响很小且不显著。一言以蔽之,我们目前还不清楚监管制裁对公司犯罪行为的威慑效果。另外,关于其他分析单位的计算结果的平均效应量,也显示了一个无实际意义的结果。

就多元类型制裁而言,现有用于计算平均效应量的数据,已经充分证明:它在个体横向层面与公司相关性层面,具有实质威慑效果。比之其他对策措施,这一结论非常令人振奋,它虽然文献量小,但对违法行为的威慑效果却是连续的。它所提出的问题:"1+1+1>3"[2],很值得后来者深入研究。

最后,作者对本节内容进行了总括:由于数据量的不足(绝大多数分析都少于10篇文献),导致在25个所计算的效应量中,占64%的16个效应量呈现了预期(具有威慑的)效果,但其中没有一个是强量级的。另外,也只有4个的效应量具有统计学意义。不仅如此,绝大多数的研究,还缺乏严格的方法论依据。英美法循证学研究中的这一现状与困境,实际上为中国法循证学的展开敲了警钟。它提醒我们,法循证学的前途是光明的,但道路是曲折的。

3. 调节变量分析(Moderator Analysis)

由于本系统评价报告结果的整体质量不高,未达预期目的。为了从技术上进

---

① McBarnet D J. Crime, Compliance and Control[M]. Ashgate: Dartmouth, 2004.

② Simpson S S, Gibbs C, Rorie M, et al. An empirical assessment of corporate environmental crime-control strategies [J]. Journal of Criminal Law and Criminology, 2013, 103 (1): 231-278.

一步弥补其中的研究缺憾，作者不惜纸墨，分别从发表偏差、研究领域、发表年份、研究设计、作者国籍、设计控制、自变量和因变量数据源、样本选择、违法类型等方面，非常详尽地讨论了影响效应量计算的可能调节因素。

具体而言，未公开发表文献、公开发表文献与更强烈的威慑效果之间，表面上具有的相关性与事实上的一致性缺乏，使得发表偏差不可能真正影响研究结论。进而，作者在将所有公开发表文献又分为六个学科领域（包括犯罪学、社会学和心理学在内的人类行为学科 14.5%、金融学科 18.2%、政治学科 14.5%、环境学科 4.4%、交叉学科 27.7%和其他领域 8.2%）后，发现威慑效果在不同学科领域的差异，也不具有决定性意义。

进而，在出版年份、研究设计、研究国别、自变量与因变量的数据源、样本选择等评价指标方面，作者也都获得了一些左右摇摆、似是而非、不清晰也不确定的结论。

特别值得一提的是，在违法类型方面，作者讨论了金融违法（包括反托拉斯和贸易违法，占效应量的 30.2%）、环境犯罪（占效应量的 47.8%）、职业安全和健康违法（占效应量的 6.9%）、消费者安全违法（占效应量的 0.6%）、多结果混杂（占效应量的 5.0%）和洽谈类型犯罪（占效应量的 9.4%）在内的 6 个因变量，以及包括法律、惩罚性制裁和管制政策在内的 4 个自变量。最终所获得的基本结论如下。基于法律的教化功能与一般威慑，相关立法措施对公司横向层面的金融、环境违法，具有实质性威慑效果。惩罚性制裁，对个体横向层面的金融违法具有实质性的反直觉效果，但对个体横向层面的金融犯罪却无实效；它对公司横向层面的金融和环境犯罪有实效，但对其他类型犯罪却无能为力。监管政策，对公司横向与横向地域层面的金融犯罪具有明显的威慑效果；与此同时，对环境违法也具有无法掩盖的反直觉效果，它意味着，原则性规定在更大范围内可以有效地改善环境违法后果，而对于金融犯罪，则必须采取更有针对性的措施。多元对策，在公司横向层面对于金融和环境违法的威慑效果很明显，而且，对于几乎所有类型的犯罪行为，多元法律措施都可视为一剂灵丹妙药，具有一致的效果。最后一点，可能是本系统评价报告所获得的最具实证价值的结果。

## （五）研究结论（Conclusions）

基于系统评价分析所获得的科学评价证据，针对研究所设置的具体目标，需要在此部分对二者间的因果关系，进行回溯式概况总结。作者在本研究报告中，基于现有科学证据，分别从法律、惩罚性责任（punitive sanctions）、监管政策（regulatory policy）和多元干预措施（multiple treatments）等四个方面，就其对公司犯罪的威慑价值进行了评估。所获得的基本结论是：公司犯罪研究文献量大面广、研究方法变化多样。进而指出，虽然作为一个具有跨学科属性的研究论题，其上述文献特征不足以大惊小怪，但其文献涵盖领域过于宽泛，使得该评估报告的质量没有达到预期效果。即便将本系统评估报告系公司犯罪领域的处女作，以及目前关于公司犯罪威慑的强有力经验研究成果欠缺等事实，统统考虑在内。

它也再次说明，系统性评价研究作为一种行之有效的实证分析方法，在法律领域的应用，非常受制于作为证据（尤其是有效证据的）的前期研究成果的质与量。如果不能满足这一前提条件，即使勉强开展了所谓的系统评价研究，并撰写完成了研究报告，其实践价值也可能要大打折扣。对此，我们在开展中国法循证学研究时必须格外警惕，不能为了方法而方法，让系统评价研究变成一种"为赋新词强说愁"的"屠龙术"。

也正因此，作者在完成本系统评价报告的主体部分后，得出的总体结论或研究发现却是非结论性的。

最后，作者在进行了一些较为具体的、关于不同分析标准对公司犯罪的威慑效应后，自我安慰式地总结道，尽管本研究报告的系统评价结果并不尽如人意，但作为循证方法在公司犯罪领域的处女秀，其知识与技术价值，要远远大于学术和实践价值。

当然，在汉语法学语境下，我们学习和运用循证方法开展法学研究时，是否有必要动辄展开完整的系统评价分析，恐怕不尽然。相反，文献计量学分析应该作为决定是否或者能否进行系统评价的前提条件与基本方法要求。结合本系统评价报告，我们认为，如果作者先期进行了扎实有效的文献计量学分析，那么，就不至于贸然投入如此大的学术资源，展开一个名大于实的系统评价。不仅如此，当我们面对一些全新领域的议题，如大数据和人工智能法治问题，或者面对相关研究文献数量积累与质量进展都无法满足系统评价要求的课题时，还是应该实事求是地回归传统的价值论规范研究、典型案例研究或者社会调查实证研究等。总之，我们既不能神话也不该漫话循证方法在法律和法学研究领域的实际功效。

## （六）系统评价更新计划（Plans for Updating the Review）

循证研究方法与科学数据或前期研究文献的数量、质量间的关系，决定了它是一个不断逼近科学真理的过程。即需要我们根据数据的积累变化，不断更新研究成果和研究结论，以更加精准的方案，为科学决策和实践服务。因此，系统评价研究大都对未来的更新计划和时间（如 5 年），做出正式预告，以便同行动态跟进。

## （七）相关声明（Acknowledgments）

传统科学研究尤其是涉及科研资源整合的研究成果中，按照惯例都会对参与研究项目工作或者给予研究工作支持协助但未署名的利益相关方致谢。资源整合与团队协作是循证研究尤其是系统评价方法最突出的特征，因此，对团队成员的不同贡献(同时也包含其学术担当/责任)，以及相关资源提供方在系统评价中扮演的角色(权利、义务)等，都需要给予如实描述和报告。当然，基于法循证学的为法治决策服务的方法特征，系统评价报告声明中很重要的一部分内容，是对(尤其是在科研基金支持情形下)资源提供方及研究团队中可能存在的、与循证决策有关的利益冲突的有无和大小，做出正式和明确声明。其目的是为循证决策的公开透明、公平公正，提供防火墙和安全阀。当然，它在另一侧面也展现了：所谓价值无涉、科学中立的决策，在包括法治决策在内的社会科学决策领域，不是简单的先验假设，只能借助程序制度设计，经验地逼近目标。

## (八)参考文献(References)

此部分内容，虽然烦琐且需要足够耐心，但从技术层面看，最为科研工作者所熟悉。对此，我们只需根据国际、国内学术规范要求，对国际、国内参考文献就范编排即可。需要注意的是，基于循证方法的科学主义和实证主义研究特性，与传统学术论文的研究参考文献不同，系统评价报告中所涉及的文献，既包括作为系统评价对象的研究文献，也包括作为系统评价报告引证的研究文献。前者又可称为"纳入系统评价的适格研究文献"，后者可称为"其他未纳入系统评价的引证文献"。传统非系统评价研究文献中，只涉及引证文献(其中，又包括引用他人成果的参考文献与作者深入阐释的脚注)。评价文献和引证文献，不仅在系统评价中发挥的作用不同，而且，其作为循证证据的效度也有差异。

## (九)图标和数字(Tables and Figures)

本部分的内容是关于系统评价所涉及的研究成果数目，或者在每个阶段所呈现的案例，以及在文献检索和编码过程中涉及的数字。

实际上，它是整个系统评价研究中的最核心环节。在文献检索和编码环节中，所有的数据及其处理流程都被图标化展示。通过这个部分，有利于系统评价的研究者和报告的学习者理解隐藏于其中的逻辑，并快速核对其中数据内容的真伪。

## (十)评价报告索引(Appendix)

评价报告索引，是系统评价的最后一部分。即，对没有(基于篇幅或必要性)在报告主文中展示的数据统计分析情况，包括文献检索策略和方案等，进行证据附录。这样，不仅有利于佐证前面系统评价研究成果中的具体结论，而且，也便于验证其中的统计分析失误，以供未来改进统计分析方法包括统计分析软件之用。

附录的内容及编排，实际上(应该)与前面评价报告正文的前七个部分之间，建立一一对应关系。如附录五的森林图，就是对第五部分结论内容所涉数据的回应。

最后，能够纳入坎贝尔协作网的系统评价报告，一般还会在发布时，对外公布成果的出版时间、研究执行时间及报告编号等信息。

# 跋：法循证学范式前景展望

霍姆斯在其扛鼎之作《普通法》的开篇，就说："法律的生命不在于逻辑，而在于经验。对时代需要的感知，流行的道德和政治理论，对公共政策的直觉，不管你承认与否，甚至法官和他的同胞所共有的偏见对人们决定是否遵守规则所起的作用都远远大于三段论。法律包含了一个民族许多世纪的发展历史。它不能被当作由公理和推论组成的数学书。"①

法律同时也是人们在社会生产生活实践中所形成的，并为人们所共同遵守的规则、惯例和习俗等所凝练成的文化。法律不是被"被创造出来的"。法律的生命力体现于被人们遵守和认同，而不仅仅是法律文本自身的逻辑化、精密化。借用法社会学的"活法"理论，未经实践(传统而主流的法律实践范式主要是司法诉讼)检验，没有在具体、现实的有血有肉、有爱有恨的个案利害关系人或者所有利益相关者间达成共识，不管是法律本身还是其实施结果，都无法获得根植于社会公众内心的威信与实然的合法性基础。即俗话所说，无法做到案结事了，无法保持明镜高悬。

虽然，关于法学的学科属性，其中存在着到底是艺术(art)还是科学(science)的经久不衰争论②，但是基于法学作为社会科学的主流的建制性定位，我们在运用自然科学属性的大数据法循证学实证研究方法，并享受其带来的直接因果，可视化过程及有力结论的眩晕与幸福的同时，需要返本到社会科学的学术底层逻辑，对具有自然科学基因的循证方法进行不断的适配性改造，真正发挥"它山之石"的"攻玉"实效。

社会科学的底层逻辑就是：事实、观点、立场和信仰。③对人类与自然社会中某事物是否存在的有关研究，属于事实(facts)层面，特别是自然科学领域以科学和理性主导的发现和发明为目的科研活动。继而，是人们在此基础上，对于任何世界关系的主观(评)判断及其独特观点(opinions/arguments)；同样基于特定的事

---

① Holmes O W J. The Common Law[M]. New York: Routledge, 2004: 1.

② 郑戈. 法学是一门社会科学吗?——试论"法律科学"的属性及其研究方法[J]. 北大法律评论, 1998(1): 1-30; 陈建华. 法律既是一门科学又是一门艺术——读《中国传统诉讼艺术》有感[N]. 人民院报, 2019-11-22.

③ 底层逻辑, 指从事物的底层、本质出发, 寻找解决问题路径的思维方法。底层逻辑越坚固, 解决问题的能力也就越强。参见刘润. 底层逻辑: 看清这个世界的底牌[M]. 北京: 机械工业出版社, 2021.

实，人们之所以发表百花齐放百家争鸣的不同观点，实际上是由每个论者的不同立场，进而更深层次的不同信仰(belief/believes)支配和决定的。搞清楚思想与论证或者学术研究的底层逻辑，一方面，我们就更能明白立足事实开展研究的必要、重要和根本，当然，不同时代的事实具有不同的存在和表现形式，如经验证明的自然事实与规律、理性或科学实验证明的事实和规律、心理事实和规律、大数据事实和规律等；另一方面，也让我们在最大限度追求自己研究结论客观中立的同时，对研究者的预设立场与前置性信仰的作用予以足够的警惕和关注。

因此，法循证学研究需要在遵循科学思维探究过程"问题—假设—验证—结论"四个环节的基础上，直面问题，大胆假设，小心求证，得出结论，最后做出调整并重复上述过程。特别是在凝练问题(question)时，需要区分 issue，problem 和 question。表面上，它们作为名词都被翻译为中文的"问题"，但还是有着非常重要的语义和语用差异。简单地说，problem 泛指数学、物理等难题或待解决的问题；question 是有疑问和质疑，需要弄清楚真相的问题；issue 一般指社会、政治、经济等方面的大问题。那么，置于循证科学的实证语境下，法循证学所关注的问题，确切地讲，就是可以获得是与非答案的 question，而不是 issue 或者 problem。

基于此，研究者也对传统法学研究方法进行了反思，对具有时代特色的法学理论研究方法进行了详细梳理。认为法学研究应当以概念化为目标，以 question 为出发点，穿越 problem，重点研究 issue，并应当在解释理论而非规范理论上有所突破[①]；还有学者为了解决"问题"一词的多义性可能产生的混淆，提出了问题(question)、话题(problem)和命题(issue)这一区分翻译的解决方案。而基于相同问题和话题所进行的命题提炼与确定、论证推广等，必然是一个价值立场与内心信仰综合作用的结果。如学者所言，一定是"书本知识与社会实践""历史视野与现实关怀"和"中国意识与国际视野"互动的结果。[②]

从文明之初的"结绳记事"，到文字发明后的"文以载道"，再到近现代科学的"数据建模"，数据一直伴随着人类社会的发展变迁，承载了人类基于数据和信息认识世界的努力和取得的巨大进步。然而，直到以电子计算机为代表的现代信息技术出现，为数据处理提供了自动的方法和手段，人类掌握数据、处理数据的能力才实现了质的跃升。信息技术及其在经济社会发展方方面面的应用(即信息化)，推动数据(信息)成为继物质、能源之后的又一种重要战略资源。

在此崭新时代背景下，人类的生活和生活方式均发生了重大改变，科学研究

① 陈瑞华. 论法学研究方法[M]. 北京：法律出版社，2017.
② 尤陈俊. 作为问题的"问题意识"——从法学论文写作中的命题缺失现象切入[J]. 探索与争鸣，2017(5)：103-109.

也应当做出相应调整。科学发展中的每个重大突破都与新的科学研究方法的出现紧密相连。因此，各门学科和整个社会科学的发展水平可以根据它们所采用的方法的完善程度来判断。当某一学科的突破所形成的科学思维方法迅速向其他学科传播甚至向更广泛的社会生活领域渗透后，就会发展成为一种普遍的科学思维方式，并提高人类整体的认知能力。在当今社会多元化发展的新态势下，在科学研究领域，既定方法论和成熟架构的"循规蹈矩"研究，已无法适应科学研究的创新性和时代要求，尤其是社会科学研究领域，亟待释放能量、破冰重构，形成不唯学科、多维融合，不拘一格、包容并蓄，内敛底蕴、外获新生的新格局。

作为社会科学中最古老的学科之一，法学研究面向社会中的各种实践活动，因此将循证医学的理念引入到法学研究中来，必将更深刻地将"以问题为导向"的思路贯彻到法学研究中，借助大数据时代的各种便利，法循证学研究必将成为法治决策和法学研究的一种新锐力量和不可逆趋势。以司法大样本的法循证学研究为例，学者们承认，它可以从刑事司法实践的集体经验中分离出集体理性和集体非理性。因为在法律没有明确规定或规定比较模糊的情形下大数据揭示的司法集体理性，是法律适用者群体审慎保守的普遍选择，积极彰显了法的安定性、确定性和可预见性等价值；同时，大数据所揭示的司法集体非理性，虽然是法秩序总体中某些局部的法律适用者更容易在一定法律适用过程和结果中显露出来的地方性、部门性、结构性集体武断，但发现司法集体非理性本身，却有助于宏观法律工作的导向指引，让我们对法治中的结构性失调问题保持警醒，以提升法治整体结构的稳定性和社会治理的资产质量。①所以，法循证学范式在法学研究中具有不可替代的独特价值。

最后，还有一个不得不面对的严肃话题，即人工智能法治问题，特别是未来具有深度自学习能力的人工智能机器人的人工智能法治决策问题。虽然，它在某种程度上已超出了本书所关注的人类大数据循证决策的研究范围，但是，为我们这一代，特别是作为后来者的"网络原住民"们，在这个历史机遇面前绝不能变身为鸵鸟！

1764年，没有人意识到诞生在英国一个普通纺织工哈格里夫斯家中的"珍妮纺纱机"，实际上吹响的是人类进入机器大生产时代的号角。它所具有的"机器之风"底层通用性基因，轻松地将触角延伸至包括采煤、冶金、制造、交通等在内的各行各业，最终导致颠覆传统的生产生活方式，并主导人类过往数百年的工业革命。而今天的人工智能深度学习及其标准化、自动化和模块化工业大生产特征，同样具有类似的超级底层通用性。以人工智能为核心的技术创新和产业发展不仅将人类社会推向第四次工业革命，而且将通过三个层面的"深度学习+"，即

---

① 白建军. 反思刑事司法大样本研究[J]. 中国应用法学，2013(1)：85-94.

技术角度的"深度学习+知识"、生态角度的"深度学习+上下游生态伙伴"和产业角度的"深度学习+千行百业"，借助深度学习框架平台和大模型构建了人工智能时代的技术基座与基础设施，引领人类迈向人工智能工业大生产时代。[①]

展望技术不断升级迭代的未来，身兼知识通才与行业专才的人工智能，一定能够克服目前深度学习模型还存在的可解释性差、通用性不强等弊病；随着深度学习模型参数规模向千亿级别的进化，计算机技术在语言理解、文本生成、跨模态语义理解等领域取得的技术突破，将更加有利于捕获和识别各专业领域的知识，并将其编码到深度学习模型当中，进而提升模型的知识记忆和推理能力，使知识增强的深度学习范式更进一步接近人类大脑。在提升依赖知识积累的人类推理能力的同时，在知识演进系统 DIKWP（与知识演进有关的五个递进层级组成的系统（data，information，knowledge，wisdom，purpose，DIKWP）中[②]，升华人类千百年来的智慧。届时，类人脑的超强人工智能进入包括法治决策在内的人类各个领域的循证治理决策就是水到渠成之事，我们只有严肃认真地做好当下的对现实法律世界的数据化，进而法治决策的循证化，才有可能在未来找到人工智能在大数据循证决策中的分工与角色。

机遇和挑战并存，时不我待！

---

① Create AI 开发者大会，百度 CTO 王海峰："深度学习+"是创新发展新引擎[EB/OL]．(2023-01-10)[2023-10-28]. https://baijiahao.baidu.com/s?id=1754617962265037858&wfr=spider&for=pc.

② 段玉聪. 面向大模型 AI 的自然语言编程技术前景：基于 DIKWP 语言实现(The Technological Prospects of Natural Language Programming in Large-scale AI Models: Implementation Based on DIKWP)[EB/OL]. [2023-10-28]. https://www.researchgate.net/publication/374585374_The_Technological_Prospects_of_Natural_Language_Programming_in_Large-scale_AI_Models_Implementation_Based_on_DIKWP_duanyucongYucong_Duan.